KB057690

샤리아
알라가 정한 길

명지대학교중동문제연구소
키타불히크마HK총서 05

샤리아, 알라가 정한 길

임병필 지음

도서출판 모시는사람들

일러두기

أ	ㅇ	ذ	ㄷ	ظ	ㅈ	ن	ㄴ
ب	ㅂ	ر	ㄹ	ع	ㅇ	ه	ㅎ
ت	ㅌ	ز	ㅈ	غ	ㄱ	و	ㅇ
ث	ㅅ	س	ㅅ	ف	ㅍ	ي	ㅇ
ج	ㅈ	ش	ㅅ	ق	ㄲ	آ، ا	ㅏ
ح	ㅎ	ص	ㅆ	ك	ㅋ	أُ، وُ	ㅜ
خ	ㅋ	ض	ㄷ	ل	ㄹ	إِ، يِ	ㅣ
د	ㄷ	ط	ㄸ	م	ㅁ	أَوْ، أَيْ	ㅏ우 ㅏ이

1. 하나의 자음은 하나의 음가로 표기한다.
2. 된소리(ㄲ, ㄸ, ㅆ)를 표기한다.
3. 중복자음은 모두 표기하나, 약자음(ي, و, ا)이 중복된 경우에는 한 번만 표기한다.
4. 정관사(알)는 가문의 이름이 아니 경우 붙여서 표기한다.
5. 아랍어 원음과는 다르나 이미 널리 사용되는 관용어는 인정한다.

샤리아는 마실 수 있는 물의 발원지(로 가는 길) 또는 올바른 길이란 뜻이다. 물이 없으면 사람이 살 수 없듯이, 샤리아가 없다면 무슬림이 살 수 없다는 뜻으로 이해가 된다. 무슬림을 생명수와 같은 올바른 길로 인도하는 샤리아의 법원(法源)에는 여러 가지가 있다.

제1법원은 알라의 말씀이 기록된 코란이며, 제2법원은 사도 무함마드의 말, 행동, 결정사항(침묵)인 순나와 이를 기록한 하디스이다. 코란은 낭송되는 계시라고 하며, 순나(하디스)는 낭송되지 않는 계시라고 한다. 코란뿐만 아니라 순나도 알라의 계시라는 말이다. 계시의 말씀인 코란과 순나(하디스)는 1차법원이다. 어떠한 사안이 발생하고 이에 대한 해결책이 요구되는 경우, 무즈타히드(사도의 교우들인 싸하바, 법학파, 법학자, 이맘 등)들은 제일 먼저 코란을 찾는다. 코란에서 이 사안에 대한 언급이 발견되면 말씀대로 따른다. 코란에서 아무런 언급을 발견하지 못하면 사도 무함마드의 순나(하디스)를 찾는다. 순나(하디스)에서 이 사안에 대한 언급이 발견되면 말씀대로 따른다. 사도 무함마드가 살아 있을 때(570-632)는 직접 물어보면 되었지만, 사도가 사망한 뒤에는 순나(하디스)에 의존할 수밖에 없게 되었다.

순나(하디스)에서도 아무런 언급을 발견하지 못하면, 코란과 순나(하디스)에 정통한 무즈타히드가 코란과 순나(하디스)의 말씀을 근거로 2차법원(이즈마으, 끼야스, 이스티흐산, 이스티쓸라흐, 관습, 이성 등)을 통해 최선의 법해석 노력(이즈티하드)을 하게 된다. 2차법원은 코란과 순나(하디스)에서 어떤 사안의 해결책을 발견하지 못할 경우에 적용되는 이즈티하드의 방법들이다. 코란과 순나(하디스)처럼 실체가 있는 것이 아니다. 2차법원을 선택하고 적용하고 활용하는 주체는 코란의 계시와 사도 무함마드의 순나를 곁에서 지켜보았던 교우들(싸하바)과 코란과 순나에 정통했던 법학파(법학자)인 무즈타히드들이다. 무즈타히드가 코란과 순나(하디스)를 어떻게 해석하느냐에 따라, 2차법원들 중 어떤 방법을 채택하느냐에 따라 법적 견해(파트와)가 같을 수도 있고 다를 수도 있다.

이렇듯 샤리아에는 여러 개의 법원들이 있고, 법원의 순서와 절차가 정해져 있다. 가장 권위 있는 법원은 코란이며, 두 번째로 권위 있는 법원은 순나(하디스)이다. 그다음부터는 무즈타히드가 어떤 방법을 선택하느냐에 따라 이즈마으가 세 번째 법원이 되기도 하고, 끼야스가 네 번째 법원이 되기도 한다. 어떤 무즈타히드는 코란과 순나(하디스)를 제외한 어떠한 법원도 인정하지 않는다.

이 글은 제1부 '샤리아의 법원을 이해한다'와 제2부 '샤리아 규범은 이렇게 제정되었다'로 구성되어 있다. 제1부에서는 법원들을 이해하는 데 가장 중요하다고 생각되는 코란, 순나, 하디스, 법학파, 이즈마으, 끼야스를 살펴보았다. 제2부에서는 잇다, 리바, 음식과 의복이라는 특정 주제를 통해 샤리아 규범이 제정되는 과정과 절차를 다루었다.

제1장에서는 6,236개의 코란 구절들 중 법규범으로 해석되는 규범절을 주제별로 정리하여 소개하였다. 제2장에서는 순나가 샤리아 제2 법원으로서의 권위를 인정받게 된 근거와 이유를 정리하였다. 제3장에서는 참 하디스와 거짓 하디스를 구별하고 이해하는 데 필요한 하디스 전문용어를 소개하였다. 제4장에서는 2005년 요르단 암만에서 공표된 이슬람 세계의 주요 법학파들을 소개하였다. 법학파는 샤리아의 법원은 아니지만, 1차법원들인 코란과 순나(하디스)를 바탕으로 새로운 사안들에 적합한 법해석 노력인 이즈티하드를 하는 가장 주목해야 할 무즈타히드이다. 이즈티하드가 없다면 2차법원(이즈마으, 끼야스, 이스티흐산, 이스티쓸라흐 등)이 존재할 수 없다는 점과, 사도 무함마드의 교우들인 싸하바의 이즈티하드(이즈마으, 끼야스 등)가 법원으로 채택되었다는 점에서 법학파는 법원을 이해하는 데 필수적인 요소이다. 제5장에서는 이즈마으의 개념과 법원으로 인정받게 되는 근거들을 정리하였다. 제6장에서는 끼야스의 필수요소들과 끼야스의 개념 및 법원으로 인정받게 되는 근거들을 정리하였다. 제7장에서는 무슬림 이혼녀와 과부들이 재혼을 하기 위해서는 기다려야만 하는 의무 기간인

잇다가 샤리아 규범으로 제정되는 과정과 절차를 다루었다. 제8장에서는 리바의 개념 및 금지의 샤리아 규범으로 제정되는 과정과 절차를 다루었다. 제9장에서는 음식과 의복의 하람과 할랄에 대한 샤리아 규범이 제정되는 과정과 절차를 다루었다.

샤리아는 7세기에 계시된 코란과 사도 무함마드의 순나(하디스)를 1차법원으로 하여 9-12세기에 활발한 활동을 했던 법학파(순니, 시아, 이바디)를 거치면서 완성되었다고 할 수 있다. 하나의 샤리아 규범이 2백 년 이상의 기간을 거치면서 코란과 순나(하디스)에 정통한 무즈타히드들에 의해 제정된 것이다. 이와 같은 샤리아 규범 속에는 오랜 기간 동안 단련된 지식과 경험을 토대로 한 원칙과 지혜가 녹아 있다.

현대에 이르러 이슬람에 대한 오해와 왜곡이 사방에 난무하고 있다. 이슬람과 무슬림에 대한 객관적인 이해가 절실히 요구되는 시대이다. 그들의 본질을 정확히 이해하기 위해서는 샤리아를 전체적으로 살펴보아야 한다. 코란 구절을 문자대로 해석한다거나, 순나(하디스)의 한 구절을 이슬람의 본질인 것처럼 인용하는 것은 주변 사람들에게 왜곡된 인식과 선입관을 심어주게 된다. 따라서 어떠한 사안에 대한 샤리아 규범은 법학파의 견해까지를 포함해야만 한다. 법학파(법학자)는 코란과 순나(하디스)에 정통할 뿐만 아니라 어떠한 사안이 발생할 당시의 주변 상황과 무슬림들의 현재적 삶을 가장 잘 이해하고 있는 무즈타히드이기 때문이다.

샤리아를 지키며 살아가는 무슬림들은 더 이상 우리의 이방인이 아니다. 우리들 주변에도 점차 무슬림이 늘어가고 있고 전 세계 인구의 3분의 1 이상이 무슬림이다. 무슬림을 우리의 이웃이며 동반자로 인정해야 한다. 그들의 삶을 이해하려 노력해야 한다. 이것이 샤리아에 관심을 갖는 이유이다.

2018년 5월

임병필

제1부

샤리아의 법원을 이해한다

코란*
코란 구절은 모두가 법이 되나?

코란은 무슬림의 경전이며 삶의 지침서이다. 코란은 이슬람 세계의 최고 상위

법이며, 종교와 윤리에 관한 규범이고, 형법과 민법을 아우르는 기본법이다.

무슬림이 올바른 행동을 하면 현세와 내세에서 보상을 주기로 약속하고, 부정

한 행동을 하면 현세와 내세에서 처벌을 가한다.

* 이 글은 『법으로 보는 이슬람과 중동』(2016)에 「코란에 나타난 샤리아 규범」이라는 글의
  내용과 형식을 수정·보완한 것이다. 아랍어 참고문헌은 편집의 어려움과 가독성을 고려
  하여 생략하였다.

1. 코란의 유래

코란(아랍어 표기법은 꾸르안이나, 우리 사회에 널리 알려진 관계로 코란이라 함)은 계시의 책으로서 모든 무슬림의 삶의 기준이다. 이슬람의 교리, 종교 의례, 법이 모두 코란에서 나온다. 오늘날 무슬림은 세계화, 환경 문제, 테러와의 전쟁, 약물 복용, 의료 윤리, 여권 신장, 혼인과 이혼 등을 결정하는 기준을 코란에서 찾는다.

이처럼 코란이 무슬림의 삶을 지배하는 최고의 권위를 갖는 이유는 천사 가브리엘[1]을 통하여 사도 무함마드에게 계시된 알라의 말씀이기 때문이다. 코란은 이슬람학의 출발점이다. 코란을 정확하게 해석하기 위해 아랍어 문법이 발달했고, 코란을 정확히 낭송하기 위해 아랍어 음성학이 발달했으며, 코란의 독특한 문체를 기술하기 위해 수사학이 발달했다. 코란은 이슬람 신학과 법학의 바탕이기도 하다. 15세기의 저명한 이슬람 학자인 수유띠는 "모든 것은 코란에 근거한

---

1 아랍어로 지브릴이며, 계시의 천사이자 대천사 가운데 하나이다. 이슬람 전승에서 가브리엘은 사도 무함마드에게 여러 번 나타나는데, 코란의 계시를 사도에게 전해 준다(김정위, 2002, 193쪽).

다. "고 하였다(공일주, 2008, 6쪽).

코란은 610년에 사도 무함마드가 제96장 1-5절("창조하셨던 너의 주의 이름으로 읽으라. 그분께서는 굳은 피로 인간을 창조하셨다. 읽어라. 너의 주님은 가장 관대하신 분, 펜으로 가르쳤던 분, 알지 못했던 것을 인간에게 가르쳤던 분이시다.")을 계시받은 이래 632년 사망할 때까지 23년 동안 점진적이고 간헐적으로 계시되었다.[2] 코란은 610년부터 622년 메디나로 이주(히즈라; 이주라는 뜻이며, 사도 무함마드와 무슬림이 메카 주민들의 핍박을 피해 622년 메카에서 메디나로 이주한 사건)하기까지 13년 동안은 메카에서 계시되었고, 이후 10년 동안(622-632)은 메디나에서 계시되었다. 메카 계시는 주로 알라의 유일성(타우히드[3]), 무함마드의 예언자성, 최후의 심판(야움 알던[4]) 등과 같은 주제들을 여러 차례 반복한다. 당시 메카 주민들 대부분이 하나 이상의 신을 믿고 있었고 무함마드의 메시지를 거부하는 상태에서 이러한 주제들은 시대적으로 꼭 필요한 것이었다. 한편 메디나 계시는 무슬림 공동체(움마; 혈연과 지연의 유대감이

2 코란을 점진적이고 간헐적으로 계시한 이유는 사도 무함마드가 계시된 알라의 말씀을 암기하고, 이를 무슬림에게 정확하게 전달하도록 하기 위함이다. 코란은 어떠한 사안이 발생하였을 때마다 사도 무함마드와 무슬림 공동체(움마)가 필요로 하는 해결책을 찾기 위한 질문과 대답의 형식으로 계시되었기 때문이다.
3 알라의 유일성, 불가분성, 절대성, 유일한 실재임을 인정하는 것으로서, 이슬람의 핵심이고 구원의 토대가 된다(김정위, 2002, 633쪽).
4 코란의 여러 구절에서 최후의 날에 대해 언급한다(제35장 9절, 제70장 6-44절, 제73장 14절, 제73장 17-18절, 제75장 6-11절, 제75장 22-30절, 제82장 17-19절). 그날에 나팔 소리가 나면 세상은 멸망한다. 다시 한 번 나팔 소리가 나면 죽은 자들이 일어나고, 알라 앞에서 심판을 받는다(김정위, 2002, 467-469쪽).

아닌 이슬람의 가르침에 입각해서 형성된 이슬람 신앙 공동체)의 통치에 필요한 혼인, 무역, 재정, 국제 관계, 전쟁과 평화 등과 같은 주제들이 주를 이룬다.

사도 무함마드는 코란을 계시받으면 주변의 무슬림에게 낭송하였으며, 이를 들은 무슬림은 계시 내용을 암기하거나, 대추야자 잎, 매끄러운 돌, 가죽 조각, 헝겊 조각, 두터운 대추야자 밑동, 건조된 동물의 어깨뼈, 낙타 등에 놓인 널빤지, 짐승의 갈비뼈 등과 같은 곳에 기록하였다. 그러나 사도 무함마드가 사망한 뒤 발생한 633년 야마마 전투(야마마 지역의 아끄라바 평원에서 칼리파 아부바크르 군대와 예언자를 자처했던 무사일리마 군대 간의 전투)에서 다수의 코란 암송자들이 전사하자, 코란의 내용이 유실될 것을 염려한 제1대 정통 칼리파 아부바크르(632-634 재위)는 코란을 수집하여 기록할 것을 명령하였다. 23년 동안 점진적이고 간헐적으로 계시되었던 코란의 내용은 여러 장에 흩어져 놓이고, 사도 무함마드와 그의 추종자들이 낭송했던 대로 편찬되었다. 114장(수라) 6,236구절(아야)로 된 코란은 제1장(개경장)을 제외하고는 대체로 긴 장부터 짧은 장의 순서로 배열되었다.[5] 코란은 연대순으로

---

5 코란은 제1장을 제외하고, 대체로 긴 장부터 배열되었으며 마지막으로 갈수록 장의 길이가 짧다. 가장 긴 장은 286절로 된 제2장 암소의 장(수라 알바까라)이며, 그다음이 200절로 된 제3장 이므란가의 장(수라 알이므란)이다. 이후 제103장 오후의 장(수라 알아쓰르)은 3절, 제104장 중상하는 자(수라 알후마자)는 9절, 마지막 장인 제114장 인류의 장(수라 알나스)은 6절로 되어 있다. 자세한 것은 [부록1] 코란 114개 장의 특성 참조. 제1장은 코란 전체를 여는 장이라는 의미로 개경장(열어 주는 장)으로 불리고, 코란의 모경으로 짧은 기도문으로

배열되어 있지도 않고,[6] 주제 중심으로 배열되어 있지도 않다. 하나의 장 안에 다양한 주제가 포함되어 있다.[7] 이렇게 편찬된 코란 진본은 이후 제3대 정통 칼리파 우스만(644-656 재위)에 의해 필사되어 이슬람 세계 각지로 보급되고, 다른 사본들은 모두 불태워졌다. 오늘날 무슬림이 읽는 코란이 우스만본 코란이다(공일주, 2008 참조).

2. 코란의 규범절

무슬림에게 코란은 알라로부터 나온 증거이며, 인간을 진리로 인도하는 헌법이다. 코란의 가르침은 절대적인 것이어서 모든 무슬림은 이를 낭송하여 받들어야 한다. 코란은 인간 생활에 필요한 여러 측면의 샤리아 규범들을 제시하는데, 코란에 나타난 샤리아 규범은 크게 세 종류가 있다. 첫째는 신조 규범으로, 알라에 대한 믿음, 천사·경전·예언자들·최후의 심판일 등에 대한 무슬림의 믿음에 관한 내용이다. 둘째는 예절 규범으로, 무슬림의 도덕심을 고양시키는 것에

되어 있으며, 기독교의 주기도문과 같은 위상과 비중을 차지한다(손주영, 2007, 167쪽).
6 [부록1] 코란 114개 장의 특성 참조.
7 코란은 23년 동안 메카와 메디나에서 간헐적이고 점진적으로 계시되었는데 그 내용이 여러 장에 흩어져 놓이게 되면서 하나의 장 안에 여러 개의 주제가 뒤섞여 있게 되었다. 예를 들면, 제4장 여성의 장(수라 알니사으)에 무슬림 움마의 내외 안건에 대한 입법 문제, 여성, 가정, 정부, 사회와 관련된 입법 문제, 여성 고아의 권리(상속, 혼인), 혼인 금지(직접적인 가족, 수유를 통한 친척, 인척), 마흐르, 남편과 아내의 권리, 각종 사회문제 등이 포함되어 있다(공일주, 2008, 174쪽).

관한 내용이다. 셋째는 행동 규범으로, 무슬림의 행동에 관한 내용이다. 이 중 행동 규범은 신앙고백(샤하다[8]) · 예배(쌀라) · 단식(싸움) · 자카트[9] · 순례(핫즈)와 같이 알라와 인간과의 관계를 다루는 규범(아흐캄 알이바다트[10])과 계약 · 행동 · 범죄 · 형벌과 같이 인간 상호 간의 관계를 다루는 규범(아흐캄 알무아말라트)으로 이분된다. 이와 같은 법규범에 관한 코란 구절을 규범절이라 부른다. 코란은 114장 6,236구절로 기록되어 있는데, 코란에 제시된 규범절의 수는 800개, 500개, 200개, 150개 등 학자들 간에 이견[11]이 있다.

이처럼 이슬람에 정통한 학자들 간에도 코란에 나타난 규범절의

8 '신앙의 증언'이란 뜻이며, 이슬람의 다섯 기둥 중에서 가장 우선적이고 중요한 항목이다. 사도 무함마드는 "내가 가져온 것 중에서 샤하다가 가장 중요하다."고 말했다. 샤하다는 "알라 외에 신은 없고, 무함마드는 알라의 사도이다."라는 두 가지 증언으로 이루어져 있다 (김정위, 2002, 360-361쪽).
9 자카트는 '마음을 정화하다, 정의를 실현하다, 증식하다, 자선을 베푼다'는 의미의 동사 자카에서 파생된 명사이며, 일반적으로 자선, 헌금, 희사, 십일조와 같은 의미로 사용된다. 자카트는 일정한 양의 재산을 가진 무슬림의 의무인 반면, 싸다까는 일반 자선금이나 기부금으로서 의무가 아니다. 자세한 것은 최영길, 1985, 96-116쪽 참고.
10 아흐캄은 '규범'이란 뜻이며, 알이바다트는 '복종, 순종'이라는 뜻이다. 다음 줄의 알무아말라트는 행동하다는 동사의 동명사형으로 '행동, 상호 관계'라는 뜻이다. 결국 아흐캄 알이바다트는 알라에 대한 무슬림의 복종과 순종에 관한 규범으로서 종교적 규범이라 할 수 있으며, 아흐캄 알무아말라트는 비무슬림을 포함하는 모든 인간 상호 간의 행동 및 관계에 관한 규범으로서 사회적 규범이라 할 수 있다.
11 코란에 나타난 법규범의 숫자에 대해서 이븐 알아라비는 800개 이상, 가잘리는 약 500개, 산아니는 약 200개, 이븐 까이미는 약 150개라고 주장했다. 이원삼은 아흐캄 알무아말라트를 신분법에 관한 규범(70구절), 민법에 관한 규범(70구절), 형법에 관한 규범(30구절), 형사소송법에 관한 규범(13구절), 헌법에 관한 규범(25구절), 재정법에 관한 규범(10구절)으로 세분하였다(이원삼, 2002, 64-65쪽). 공일주는 300여 개(의식에 관한 것 100여 개, 개인과 관련된 것 70여 개, 민법에 관한 것이 70여 개, 형법에 관한 것이 30여 개, 사법적인 문제와 증언에 관한 것 20여 개)라고 소개했다(공일주, 2008, 171쪽).

수를 파악하는 데 상당한 차이를 보이는 상황에서 일반 독자들을 위한 자료를 선택하는 것은 매우 어려운 일이다. 이 글에서는 코란에 나타난 법규범을 신조 규범·예절 규범·행동 규범으로 구분하지 않고, 실생활에 적용할 수 있는 16개의 주제로 다루는 『Quranic Laws』[12]에 정리된 내용을 중심으로 코란에 나타난 규범절을 소개하였다. 『Quranic Laws』에서는 코란의 법규범을 16개의 대범주로 분류하고, 경우에 따라 다수의 소범주로 다시 세분하였다.[13]

대범주	소범주	관련 규범절
국가 업무	주권자	12:40, 18:26, 3:79, 35:32, 5:441
	이슬람 국가의 법령	5:44, 7:3, 5:15, 54:32, 4:82, 2:213, 6:115, 5:101-102, 2:85
	움마의 통치 참여	22:41, 3:110, 35:32
	협의에 바탕을 둔 시스템	42:38, 10:15, 6:116, 23:71
	등급 지정의 표준	46:19, 4:58, 49:13
	국가 관리	4:59
	결정	18:28, 33:36
	종파(분파)	30:31-32, 6:159, 3:105, 3:103, 28:4
	종교 계급	
	이슬람 국가의 기본 구성 요소	57:25, 24:55, 28:6, 39:74, 13:11
	이슬람 국가의 비무슬림 지위	2:256, 18:29, 3:117-120, 9:23-24, 60:4, 85:22, 5:8, 60:8-9, 22:40, 6:109
	국제 관계	2:213, 10:19, 5:2, 13:17, 2:60, 17:70, 8:60

12 이 책의 원저자는 코란의 주제들을 체계적으로 해석하려 노력했던 파키스탄 출신의 이슬람 학자 Gulam Ahmad Parwez(1903-1985)이다. 『Quranic Laws』는 2000년에 Dr. Abdul Wadud가 우루드어판(1978)을 번역한 것이다.
13 이 글을 참고로 한 후속 연구의 경우, 주제 관련 코란 구절이 정확히 언급되었는지에 대해 세밀한 검토가 필요하다. 본 연구 진행 과정에서 관련 코란 구절이 잘못 언급된 것이 간혹 발견되었고, 직접적인 관련이 없는 듯 보이는 구절이 언급된 경우도 발견되었다.

	조약(협정)		5:1, 8:58, 9:1-4, 9:12-13, 4:90, 8:72
	배반(반란)		5:33-34, 4:111, 9:63, 58:5-20, 58:22, 3:117, 60:4, 8:27, 4:107, 4:105, 58:9
	정부(공무원을 위한 지침)		40:19, 22:41, 4:58, 16:90, 61:2-3, 8:27, 2:283, 35:43, 5:2, 9:119, 4:85, 4:105, 2:188, 17:36, 23:96, 6:54, 42:40, 3:133, 31:19, 16:125, 17:34, 53:38, 3:188
정의	정의		5:44, 7:158, 38:26, 4:58, 49:9, 5:8, 5:42, 5:48, 57:25, 6:152, 4:135, 7:20, 16:90
	정의 집행에 관한 기본 명령		2:178-179, 4:93, 42:40, 17:33, 4:92, 17:33, 6:164, 2:48, 42:40, 2:194, 10:27, 16:126, 22:60, 40:40, 42:40, 24:12, 24:16, 4:23, 2:275, 5:95, 33:5, 4:92-93, 16:106, 53:32, 16:25, 4:112, 4:25, 33:30, 28:54, 23:96, 11:114, 17:33, 2:38, 6:14-15, 4:111, 40:19, 4:107-112, 5:33
	체형		4:15, 24:2, 24:4, 5:33-34, 33:59, 24:31, 33:60-61
	자백(증거)		5:8, 70:33, 4:135, 5:8, 2:282-283, 2:42, 25:72, 17:36, 5:106-108, 43:18, 4:15, 24:4, 24:23, 24:6-9, 65:2
	정황증거		12:26-28
가정생활을 위한 의무	남자와 여자의 지위		17:70, 16:58-59, 43:18, 2:282, 3:194, 4:32;34, 33:35, 4:124, 3:195, 16:97, 9:71
	남편과 아내의 관계	결혼	4:21
		결혼 연령	4:6, 6:154, 17:34, 40:67, 6:152
		상호 동의	4:13, 4:19, 2:237
		결혼식	5:5
		금지된 결혼	2:221, 5:5, 4:22-24, 6:10, 33:4, 24:3, 60:10
		일부사처제	4:20, 4:3, 4:127, 4:19, 4:129
		여성 포로	
		결혼 편의 시설	24:32-33
		부부관계	
		부부관계의 목적	2:223, 4:24
		결혼생활의 목적	30:21, 2:187, 2:228, 4:34, 25:54

		마흐르	4:24, 5:5, 4:4, 2:236-237, 4:20, 4:24, 33:49, 4:19, 2:229
		부양	4:34, 2:241, 65:1, 65:6-7
		긴장 관계	2:225, 5:89, 33:4, 58:3-4, 2:226-227, 95:89, 33:4, 58:3
		이혼	4:35, 4:128, 58:1, 65:1, 4:20-21, 2:228-232, 4:19, 65:2, 52:2
		잇다	2:228-236, 65:1-4, 33:49, 65:6-7, 2:240-241, 4:130
		수유	46:15, 2:233, 13:14, 31:14, 65:6
		이혼 후 양육	2:233
		자손	17:31, 6:151, 7:189-190, 19:12-14, 42:49-50, 16:58-59, 3:14, 63:4, 8:28, 64:14-15, 9:24, 58:17, 11:45-46, 4:36, 36:68, 16:70, 17:23-24, 19:41-45
		고아	89:17, 93:9, 2:220, 4:5-6, 6:152, 17:34, 40:67, 4:5, 17:37, 4:2, 4:10, 4:127
	오해의 제거		4:34
상속과 유언	유언		2:180-182, 4:11, 5:106-108, 2:240
	상속		4:11-12, 4:34, 4:176, 4:33, 4:9
	고아가 된 손주의 상속		
성관계와 범죄	간음		23:5-6, 47:4, 23:7, 70:29-31, 24:2, 4:25, 24:4, 33:30, 24:33
	동성애		4:16, 7:81, 27:55
	간음을 선동하는 것들		4:15, 24:2, 24:4, 4:19
	수치스런 행위들		6:152, 7:33, 24:19, 3:135
	명예로운 여성을 괴롭히거나 그들에 대한 소문을 퍼뜨리는 행위		33:59-61
	비방(중상모략)		24:4-9, 24:23, 60:12, 4:112
	사생활		24:27-29
	반항적인 여성		4:34
생명의 보호(생명의 중요성)			5:32, 4:29, 25:68, 17:33, 6:151, 2:178-179, 4:92-93, 42:40, 17:33, 5:32, 42:40, 4:92-93, 5:32, 6:52, 6:141, 17:31, 60:12, 2:2, 2:5
재산의 보호	재산의 보호		2:188, 4:6, 17:34-35, 6:152-153, 40:67, 9:34, 7:85, 83:1-3
	도박		2:219, 5:90-91, 5:3
	복권		5:90, 5:3

	절도	5:38-39, 13:31
	대출	2:282, 2:280
	저당	2:283
	리바	2:275-281, 59:9, 53:40, 30:39, 3:129-130, 74:6, 4:160-161, 6:147
	거래(무역)	2:275, 4:29-30, 54:39, 2:282
	신뢰의 위반	4:58, 8:27, 4:105-109, 40:19, 17:14, 23:8, 70:8
조약		5:1, 17:34, 23:8, 70:32, 3:75, 3:177, 70:32, 61:2-3, 16:91, 6:152, 13:25, 16:95, 3:76, 2:40, 9:111
금지와 허용	금지된 음식	2:173, 6:145, 5:3, 5:5, 5:95-96, 3:96, 22:27, 5:90, 6:118-119, 6:121, 2:168, 5:87-88, 10:59, 16:114-116, 7:31-32, 66:1, 2:25
	어쩔 수 없는 경우	
	취하게 하는 것(술)	4:43, 2:219, 5:90-91, 10:100
사회생활을 위한 의무	낭비	7:31, 17:26-27
	치장	7:31, 7:26
	육체적, 정신적 능력	2:247
	대화	33:70, 4:5, 2:83, 22:30, 6:152, 31:19
	헛된말	23:3, 6:151
	걸음걸이	31:18-19, 17:37, 24:30-31
	신중한 생각과 이해	17:36, 7:179, 2:285, 28:55
	염탐	49:12
	지식	39:9, 12:76, 2:88, 20:114
	사회적 관계	4:86, 24:61, 24:27
	선한 행동	4:36, 76:9
	협동	5:2
	만남	31:18
	계약(약속)	17:34
	방문	24:27-29
	모임 에티켓	58:11, 33:53
	질투	4:54
	비방(중상모략)	49:12
	다른 사람의 별명 부르기	49:11
	시기심	4:54
	비웃음	49:11
	폭로	4:148
	불신	49:12

	종교에 대한 조롱		4:140, 6:70
	잘못된 추론		16:125
	분노		3:134
	용서		6:54
	자기 교정		2:44, 66:6
	자신의 미덕으로 다른 사람들을 괴롭히지 말기		53:32, 3:167
소문(루머)			4:83, 49:6, 24:12, 24:15-16
기타	박해		33:58, 85:10
	학대		17:33
	음모와 비밀 상담		58:9
	사회 속 개인들 간의 상호 관계		49:9-10
경제			22:41, 1:1, 11:6, 17:31, 9:111, 20:118-119, 2:219, 7:199, 51:19, 9:34-35, 59:7, 9:103, 9:60, 41:10, 39:67, 56:73-74, 55:10, 56:63-73, 53:39
인권			17:70, 46:19, 3:79, 39:70, 16:90, 5:8, 70:24-25, 6:151, 4:29, 2:85, 7:32, 7:26, 18:31, 76:12-16, 2:256, 22:40, 4:148, 6:164
범죄와 처벌의 관계	범죄와 처벌		17:37, 17:32, 2:38
	끼싸쓰		2:179
	정의		2:178, 42:40, 24:12-16, 4:22, 33:5, 53:32, 4:25, 33:30, 4:111, 40:19, 11:114

이처럼 『Quranic Laws』에서는 16개의 대분류와 100여 개의 소분류를 통해 600여 개의 구절을 규범절로 언급하였다.[14] 그 내용을 살펴보면 믿음에 관한 신조 규범, 도덕심을 고양시키는 예절 규범, 무슬림의 행동에 관한 행동 규범 중 알라와 인간의 관계를 다루는 규범(아흐캄 알이바다트)이 다루어지지 않고, 인간 상호 간의 관계를 다루는 규범(아

---

14 하나의 코란 구절이 여러 개의 주제나 내용을 포함하고 있는 경우가 많아 중복된 구절이 다수 있다. 이들을 하나의 구절로 계산하면 규범절의 수는 600개가 안 된다.

흐캄 알무아말라트)에 집중되어 있다는 것을 알 수 있다. 또한 일부 규범절은 몇 개의 주제에 걸쳐 중복되어 있는데, 이는 코란의 포괄성 및 함축성으로 인한 다의적인 해석이 가능하기 때문이다. 이것은 코란을 해석할 때 의도적이든 아니든 오류가 발생할 수도 있다는 뜻이다.

인터넷에 '코란에서 가르치는 이슬람의 13교리'라는 글이 떠돌고 있다. 그런데 여기의 세 번째 항목에 "노예와 아내는 때려도 된다."(제4장 34절)라고 단정적으로 제시되어 있다. 코란 제4장 34절은 이 글의 '결혼생활과 목적'이란 주제에서 다루고 있는데 그 내용은 다음과 같다. "남자들은 여자들을 돌보는 이들이다. 알라께서 그들 중 일부(여자들)보다 일부(남자들)를 더 선호했기 때문이다. 또한 그들이 돈을 쓰기 때문이다. 그러므로 올바른 여자들은 순종하며 남편의 부재 시에 알라께서 보호하는 것을 보호한다. 너희들이 그녀들의 비행이 두려운 경우에는 먼저 그녀들에게 충고하고, 다음으로 그녀들을 침대에서 물리치며, 마지막으로 그녀들을 때려 주어라. 그녀들이 너희들에게 복종한다면 어떤 수단도 찾지 말라…." 이상의 코란 구절 한 부분에 "마지막으로 그녀들을 때려 주어라."라는 구절이 있는데, 인터넷 사이트에서는 이에 관한 코란의 전체 문맥을 무시한 채 그 부분만을 발췌하여 "노예와 아내는 때려도 된다."라고 제시하고 있다.

코란 구절에서 보듯, 여성이 남편의 말에 순종치 않으면 무조건 때려도 좋다는 뜻이 아니라, 먼저 충고를 하고 다음으로 잠자리를 멀리

해도 순종치 않을 경우 마지막으로–자국이 남지 않을 정도로, 어디가 부러지거나 피가 나지 않도록 얼굴 외의 부분을 손으로 살짝–때려 주라는 의미이다(조희선, 2015, 34-36쪽).

이처럼 잘못된 해석이나 문맥을 무시한 부분적인 발췌는 무슬림의 생활 규범을 이해하는 데 치명적인 오류를 가져올 수 있다. 『코란의 이해』에서는 코란의 문체가 역사적 배경에 대한 설명 없이 사건을 암시한다는 점에서, 아랍어 문법과 발언의 문맥을 고려하지 않으면 해석의 오류를 가져오게 된다고 지적한다. 특히 문화적 맥락의 이해를 코란 해석의 매우 중요한 부분으로 지적한다. 이렇듯 코란의 난해한 이해와 해석의 문제는 코란 주석(탑시르[15])의 발전을 가져왔는데, 어떤 구절은 순니 · 시아 · 무으타질라[16] · 수피[17]가 각각 다르게 주석하는 경우도 발생하였다. 따라서 코란의 의미를 명확하게 해석하기 위해서는 코란 구절 간의 상호 관련성, 원문과 문맥, 어휘의 문맥에 따른

15 '설명하다, 명료하게 하다'라는 동사에서 파생된 말로, '코란에 대한 의견, 설명, 배경 지식과 주해'를 뜻한다. 따바리, 싸알라비, 이븐 알아라비, 자마크샤리, 바이다위, 바가위, 마할리, 수유띠 등의 탑시르가 유명하다.
16 '분리된 이들, 이탈한 이들'이란 뜻을 가지고 있으며, 가장 초기의 신학자들(무칼리문)로서 순수한 이성에 기초한 사변적 종교 사항을 제일 중시한다. 진정한 무으타질라는 신의 유일성, 신의 공정함, 내세의 약속, 중간적인 상태, 윤리적 명령과 같은 5가지 주제를 인정하여야 한다(김정위, 1986, 157-166쪽). 와실 빈 아따를 추종하는 학파로서, 예언자들이나 경전이 없더라도 인간 행위에 대한 알라의 판단을 이성을 통해 알 수 있다고 주장한다(이원삼, 2001, 161-162쪽).
17 수피즘(이슬람 신비주의)을 실천하는 사람들로서, 영적 체험을 통해 신비적 직관을 얻고자 하였다(앨버트 후라니저, 김정명 · 홍미정 역, 2010, 147-153쪽).

변화, 아랍어 구문과 숙어, 대명사의 정확한 이해, 고전 아랍어 문체의 이해, 단락 나누기와 문장부호 등을 고려해야 한다고 제언한다(공일주, 2008, 31-61쪽).

3. 코란과 샤리아

코란은 무슬림의 경전이며 삶의 지침서이다. 코란은 이슬람 세계의 최고 상위법이며, 종교와 윤리에 관한 규범일 뿐만 아니라 무슬림의 삶 전반에 걸쳐 형법과 민법을 아우르고 가늠하는 기본법이다. 무슬림이 올바른 행동을 하면 현세와 내세에서 보상을 약속하고, 부정한 행동을 하면 현세와 내세에서 처벌을 가한다.

114장 6,236구절로 된 코란은 23년 동안 메카와 메디나에서 간헐적이고 점진적으로 사도 무함마드에게 계시되었다. 코란은 사도가 사망한 뒤 개경장을 제외하곤 대체로 긴 장부터 짧은 장의 순서로 편찬되었다. 연대순으로 배열되지도 않았고 주제별로 배열되지도 않았다. 내용 또한 암시적이고 함축적이며 포괄적이다.

코란의 6,236구절 모두가 법으로 기능하는 규범절은 아니다. 학자들에 따라 800여 개 구절부터 200여 개 구절을 규범절로 언급한다. 코란의 규범절은 최고법의 권위가 있다. 이를 바탕으로 사도 무함마드의 순나(하디스)가 좀 더 구체적인 규범을 확립하였고, 9~12세기에 이르러 전 이슬람 세계에 걸쳐 활동했던 순니와 시아 법학파들에 의해 국가·사회·가정에 적합한 법으로 정착하였다. 순니와 시아 법학파들의 제1법원은 코란이며, 코란의 내용이 명확할 경우는 그대로 따르고, 불명확하거나 모호할 경우에는 샤리아의 제2법원인 사도 무함마드의 순나(하디스)를 따른다. 순나(하디스) 역시 불명확하거나 모호할 경우에는 법학파마다 우선순위에 의한 법원들을 채택하게 된다.[18]

샤리아는 코란만으로 제정되는 것이 아니다. 코란은 의도와 방향을 설정해 주는 포괄적인 규범으로서의 역할을 하고, 더 세부적인 것은 순나(하디스)에서 담당하며, 시간의 흐름에 따른 사회 변화에 알맞은 규범은 법학파들이 제정하였다. 그리고 현대는 필요한 경우 현대 이슬람 법학자들의 파트와를 통해 사회의 요구에 부응하려 노력하고 있다.

---

18 순니 4대 법학파의 경우 하나피는 코란-하디스-이즈마으-교우들 개인의 법적 견해(이즈티하드)-끼야스-이스티흐산-무슬림의 관습 순으로 법원을 채택하며, 말리키는 코란-하디스-메디나 주민들의 관행-이즈마으-이즈티하드-끼야스-이스티쓸라흐-무슬림의 관습 순으로 법원을 채택한다. 샤피이는 코란-하디스-이즈마으-아말-이즈티하드-끼야스 순으로 법원을 채택하며, 한발리는 코란-하디스-이즈마으-이즈티하드-하디스 다이프-끼야스 순으로 법원을 채택한다. 그 외 시아 법학파(자으파리, 자이디)와 이바디 법학파의 경우는 임병필 (2015), 「8개 이슬람 법학파의 특성과 이크틸랍 원칙」 참조.

순나*
사도 무함마드의 말, 행동, 침묵이 법이 되나?

규정 제정의 의도와 목적이 담겨 있는 사도 무함마드의 언행을 포함한 모든

결정사항(침묵)까지도 무슬림이라면 반드시 따라야만 하는 규범이 되었다. 순

나는 제1법원인 코란 다음의 제2법원으로서 이론적이고 실질적인 측면에서

샤리아의 근본이 되는 규범이다.

* 이 글은 『지중해지역연구』 제16권 제4호(2014), 「순나가 샤리아 제2법원으로 인정된 근거에 관한 연구」라는 제목으로 게재된 필자의 글을 수정 · 보완한 것이다. 아랍어 참고문헌은 편집의 어려움과 가독성을 고려하여 생략하였다.

1. 순나의 의의

코란이 없다면 이슬람이 완전해질 수 없듯이, 순나[19]가 없다면 이슬람은 완전해질 수 없다. 코란과 순나는 서로를 보완하는 존재이다. 순나가 없다면 어느 누구도 코란과 이슬람을 완전하게 이해할 수 없으며 실생활에 적용할 수도 없다. 코란이 알라의 말씀이라면 순나는 실질적인 해석이다. 코란이 이슬람의 기초를 원론적으로 다룬다면, 순나는 코란의 세부 내용과 명령의 필수적인 부분을 설명해 준다.

순나는 코란 다음으로 중요한 샤리아 제2법원으로 인정되어 왔다.[20] 무슬림은 코란에 명시된 사항을 그대로 실천하며, 코란에 없는

---

19   순나는 많은 하디스 학자들에 의해 '사도 무함마드의 말과 행동 그리고 결정사항'으로 정의되었다. 여기서 '결정'은 말이나 행동으로 표현하거나 불승인의 암시 없이 침묵을 지키는 것을 가리키는데, 이때 침묵은 승인을 암시한다(Usmani, 5). 『이슬람법사상』은 이를 말씀의 순나, 행위의 순나, 결정의 순나로 분류하여 설명하였고(이원삼, 2002, 73-74쪽), 알후사인 샤와뜨는 여기에 묘사의 순나를 첨가해 4가지로 분류하였다. 순나는 '길을 닦다'는 동사에서 파생되었는데, 사람들이 따르는 길을 묘사하기 위해 사용되었다. 이슬람 용어로는 사도의 말, 행동, 승인, 신체적 특징과 성격적 특성에 대한 언급까지를 포함하는 의미이다(「The Sunnah: the second source of legislation」). Zarabozo는 순나의 의미를 사전의 정의, 법학자들의 정의, 하디스 학자들의 정의, 이슬람 법리론의 정의, 이슬람 교리 전문가들의 정의로 세분화하여 정밀하게 다루었다(Zarabozo, 2000, 7-26쪽, 34쪽). 이 외에도 관련 아랍어 자료에서는 이상에서 정리한 순나의 의미를 구체적이고 세부적으로 다루었다.
20   순나의 지위에 대해서는 3가지 견해가 논의되어 왔다. 첫째는 코란이 순나보다 우위에 있다는 견해로서, "무즈타히드는 코란에서 어떠한 사안에 대한 규범을 발견하면 순나에서

경우에는 순나에서 관련 사항을 발견하려 노력하였고 이를 발견하면 그대로 실천하였다.[21] 코란 다음가는 순나의 지위는 사도 무함마드 시대 이래로 지금까지도 지속된다. 무슬림 간에 법적 견해에 대해서는 수많은 이견과 논쟁이 있어 왔지만, 코란과 순나의 권위에 대해서는 어떠한 도전이나 논쟁도 허용된 적이 없었다.

순나가 샤리아의 제2법원으로 확고한 지위를 유지하는 근거는 무엇일까? 이러한 문제 제기의 근거는 순나의 주체인 사도 무함마드의 역할이나 권위와 밀접한 관계가 있다(김정위, 2002, 375쪽).[22] 따라서 우선 낭송되는 계시인 코란과 낭송되지 않는 계시인 순나에 의해[23] 사도 무함마드의 지위나 권위, 역할과 중요성이 어떻게 언급되는지를 살펴

그 사안에 대한 규범을 찾지 않는다."는 것이 그 이유이다. 둘째는 코란과 순나가 동등한 권위가 있다는 견해로서, "순나도 코란처럼 계시이다."라는 것이 그 이유이다. 셋째는 순나가 코란보다 우위에 있다는 견해로서, "코란은 순나가 코란을 필요로 하는 것보다 더 순나를 필요로 한다."라는 것이 그 이유이다(Zarabozo, 2000, 149-166쪽).

21 샤리아는 사회와 환경의 변화와 필요에 따라 입안-입법예고-심의-의결-공표와 같은 입법 절차를 거쳐 새로운 법을 만드는 실정법과 달리, 알라의 계시로부터 기원한다. 샤리아는 기본 논리와 법칙이 변하지 않는 영원한 것이며 보편적이고 유연한 법칙이므로, 사회와 환경의 변화와 필요에 따라 무즈타히드들이 원전의 포괄적인 판결을 해석하고 적용하게 된다. 이때 규범을 만드는 샤리아 법원은 코란, 순나, 이즈마으, 끼야스 등이다. 즉 어떤 사안이 발생했을 때 먼저 코란에서 찾아본 후 코란에서 발견하면 그대로 집행하며, 코란에서 규범을 발견하지 못하면 순나에서 찾아본다. 이 경우 규범을 찾게 되면 그대로 집행하며, 순나에서 규범을 발견하지 못하면 이즈마으, 끼야스 등과 같은 방법이 진행된다(이원삼, 2002, 30-31쪽, 59-60쪽).

22 순나의 중요성은 사도 무함마드의 역할 때문에 생겨난 것이다. 그의 행동에는 영감과 선견지명이 있기에 코란은 일반 신자의 행동 양식에 사도의 순나를 모범으로 삼도록 명령한다. 한편 순나는 확정된 순나와 보완적이고 선택적인 순나가 있다.

23 사도 무함마드가 알라에게 받았던 계시는 두 종류가 있다. 첫 번째는 코란, 두 번째는 순나이다. 코란은 낭송되는 계시이며, 순나는 코란에 계시된 원칙들의 세부 내용을 필요할 때마다 무함마드에게 알려 주는 계시로 낭송되지 않는 계시이다(al-Albaanee, 2004, 11-19쪽).

보았다.[24] 다음으로 사도의 순나를 기록한 하디스에 언급된 사도 무함마드의 권위에 대한 내용을 발췌하여 정리하였다. 마지막으로 순니 4대 법학파에 의해 표명된 순나와 하디스의 권위에 대한 견해들을 수집하여 정리하였다.[25] 이러한 일련의 과정을 통해 "순나는 샤리아의 제2법원이다."라는 명제에 대한 구체적인 문헌상의 근거와 증거들을 샤리아의 입법 주체들을 통해 탐구하였다.

2. 계시에 의한 사도 무함마드의 권위

1) 코란

코란에는 알라의 사도(라수룰라)의 역할과 기능을 언급하는 많은 구절이 있는데, 이는 '알라의 구절을 낭송하고, 알라의 책을 가르치며, 지혜를 가르치고, 사람들을 정화하는 것'[26]이라고 요약할 수 있다. 사

---

24 알후사인 샤와뜨는 순나의 권위의 증거로 코란, 순나, 정통 칼리파들의 이즈마으, 사도 무함마드의 무오류성 등을 제시하였다. 압둘가니는 예언자의 무오류성에 관해 방대한 페이지를 할애하여 설명하였다.
25 『이슬람법사상』은 순나의 정당성의 증거로 코란의 명령, 사도의 교우들(싸하바)과 싸하바의 추종자들(타비운)이 순나의 이해를 의무로 여겼던 점, 코란의 명령에 대한 설명의 필요성(이원삼, 2002, 74-76쪽) 세 가지를 들었다. 한편 이 책에서는 첫 번째와 두 번째의 증거를 코란, 하디스, 순니 4대 법학파로 분류하여 정리하였으며, 세 번째 증거로 제시한 코란 명령에 대한 설명의 필요성은 사도의 역할과 필요성 부분에서 다루었다.
26 「Role of Messenger」 참조. 『The authority and importance of the Sunnah』(103-147쪽)에서는 사도 무함마드의 역할을 코란의 해설자, 법의 독자적인 근원(입법자), 행동의 모델, 복종을 받는 이로 세분하여 설명했다.

도는 단순히 알라의 말을 전달하는 존재(예언자)가 아니라, 경전을 상세히 해석하고 해설하며, 적용하는 방법을 보여주고, 실제 본보기를 제시하는 존재이다. 더불어 사도는 사람들에게 코란을 가르쳐 삶에서 적용할 수 있도록 훈련시키는 존재이다.

ㅇ 알라시여 그들 가운데 한 사람을 사도로 보내어 그들에게 당신의 말씀을 전하고 경전과 지혜를 가르치고 그들을 정화하여 주십시오. 알라는 전지전능하시고 지혜로 충만하십니다.(제2장 129절)

ㅇ 알라를 믿는 이들에게 은혜를 베풀어 그들에게 사도를 보내어 알라의 말씀을 낭송하고 그들을 정화하며 경전과 지혜를 가르쳐 주셨다. 그들은 분명히 방황하고 있었다.(제3장 164절)

ㅇ 알라께서는 문맹자들 가운데 한 사도를 보내어 그들에게 알라의 말씀을 낭송하고 그들을 정화하며 그들에게 경전과 지혜를 가르친 분이다. 이전의 그들은 방황하고 있었다.(제62장 2절)

이와 같은 사도의 역할은 말과 행동으로 나타나는 그의 가르침이 추종자들에게 권위를 얻지 못한다면 결코 수행될 수 없다. 따라서 코란에는 사도에게 복종하고 따르라고 명령하는 구절이 많이 기록되었다.

첫째, 사도에게 복종할 것을 언급하는 코란 구절은 다음과 같다.

ㅇ알라와 사도에게 복종하라. 등을 돌리면(거부하면) 알라께서는 불신자들을 사랑하지 아니하신다.(제3장 32절)

ㅇ알라와 사도에게 복종하라. 그리하면 너희가 은혜를 받을 것이다.(제3장 132절)

ㅇ믿는 이들이여, 알라께 복종하고 사도와 너희 가운데 권위 있는 자들에게 복종하라….(제4장 59절)

ㅇ알라께 복종하고 사도에게 복종하라. 그리고 두려워하라.(제5장 92절)

ㅇ… 너희가 믿는 신앙인이라면 알라와 사도에게 복종하라.(제8장 1절)

ㅇ믿는 이들이여, 알라와 그의 사도에게 복종하라. 너희들은 이렇게 들었으니 등을 돌리지 말라(거부하지 말라)….(제8장 20절)

ㅇ알라와 그의 사도에게 복종하라. 그리고 다투지 말라….(제8장 46절)

ㅇ말하라, 알라에게 복종하고 사도에게 복종하라….(제24장 54절)

ㅇ믿는 이들이여, 알라에게 복종하고 그의 사도에게 복종하라. 그리하면 너희들의 일을 없던 것으로 돌리지 않으신다.(제47장 33절)

ㅇ…알라와 그의 사도에게 복종하라. 알라는 너희가 하는 일을 잘 알고 계시는 분이다.(제58장 13절)

ㅇ알라에게 복종하고 그의 사도에게 복종하라….(제64장 12절)

이상의 구절을 살펴보면, 알라와 사도 각각에게 복종할 것을 의무로 명령하는 구절이 있는 데 반해, 코란의 여러 구절에서는 "알라와 사도에게 복종하라."와 같이 사도에게 하는 복종이 알라에게 하는 복종과 결합되어 나타난다.[27] 또 다른 코란 구절에서는 사도에게 불복종하는 것은 알라께 불복종하는 것이라는 표현을 통해 사도에게 복종할 것을 강조하기도 한다.[28]

주목할 만한 사실은 코란에 "알라에게 복종하라."는 구절이 언급될 때는 "사도에게 복종하라."는 구절이 반드시 동반된다는 점이다. 코란 어디에서도 "사도에게 복종하라."는 구절 없이 "알라에게 복종하라."는 구절이 단독으로 사용된 예는 없다. 그런데 "알라에게 복종하라."라는 구절 없이 "사도에게 복종하라."는 언급이 단독으로 사용된 구절은 몇 곳에서 발견된다.[29]

이처럼 코란에서 사도에게 복종할 것을 강조하는 이유는 사도에게 복종하지 않고서는 알라에게 복종하는 것을 성취할 수 없기 때문이다. 알라는 인간에게 자신이 필요로 하는 것을 직접 말할 수 없기 때문이다("알라가 히잡 뒤에서 또는 그분의 허락을 받아 그분이 원하는 것을 계시한 사도들을 통하지 않고 말하는 것은 어느 누구에게도 적합하지 않다…." 제42장

---

27 코란 제4장 13절, 제4장 69절, 제9장 71절, 제24장 52절, 제33장 71절, 제48장 17절, 제49장 14절 참조.
28 코란 제4장 14절, 제8장 13절, 제9장 63절, 제33장 36절, 제72장 23절 참조.
29 코란 제4장 42절, 제4장 115절, 제24장 56절 참조.

51절). 따라서 알라는 그의 사도를 통해서 명령을 전달하기 때문에, 사도에 대한 복종 없이는 알라에 대한 복종이 이루어질 수 없는 것이다. 결국 알라가 "사도에게 복종하라."고 명령하는 것은 "알라에게 복종하라."고 하는 간접 명령의 형태라 할 수 있다("사도에게 복종하는 이는 누구나 확실히 알라에게 복종하는 이라…." 제4장 80절).

코란에서 "사도에게 복종하라."고 단독으로 언급되었다 하더라도 이는 "알라에게 복종하라"는 의미를 포함하는 것이다. 사도는 알라의 계시에 인도를 받지 않는다면 그 무엇도 말할 수 없기 때문이다("그는 자신의 욕망으로 말미암아 말하는 것이 아니다. 그것은 단지 그에게 계시된 계시라." 제53장 3-4절). 코란의 일부 구절에서 사도에게 복종할 것을 단독으로 언급하는 것은 알라에게 복종하라는 말을 대신하는 것이며, 이는 알라에게 복종하는 실제적인 방법이 사도에게 복종하는 것이라 보기 때문이다. 이와 반대로 "사도에게 복종하라."는 언급 없이 "알라에게 복종하라."는 언급이 코란에 단독으로 나타나지 않는 것은 사도에게 복종하지 않는다면 알라에게 복종하는 것이 완성되지 않는다고 보기 때문이다.

둘째, 사도를 따를 것을 언급하는 코란 구절은 다음과 같다.

○… 우리가 너희가 따랐던 끼블라[30]를 정한 것은 사도를 따르는 이와 발길을 돌리는 자를 구별하고자 함이다….(제2장 143절)

○말하라, 너희가 알라를 사랑한다면 나를 따르라. 그러면 알라는 너희를 사랑하고 죄를 사할 것이다….(제3장 31절)

○주여 당신이 계시한 것을 믿고 사도를 따릅니다….(제3장 53절)

○그들은 사도, 무학자 예언자를 따르는 이들이라. 그들은 구약과 신약에서 그를 발견할 것이다….(제7장 157절)

○… 알라와 그의 사도, 무학자 예언자를 믿으라. 그는 알라를 믿고 그분의 말씀을 믿으니 그를 따르라. 그리하면 너희가 인도될 것이다.(제7장 158절)

○사도여, 알라와 그대를 따르는 신앙인들은 그대를 충만케 하였다."(제8장 64절)

○알라는 사도와 고난의 시기에 그를 따랐던 무하지룬과 안싸르[31] 주민에게 관용을 베푸셨다….(제9장 117절)

○말하라, 이것이 나의 길이다. 나와 나를 따르는 백성들은 예증으로써 알라를 초대한다….(제12장 108절)

---

30 무슬림의 예배 방향으로, 이슬람 초기에는 예루살렘이었으나 사도 무함마드가 히즈라 2년(624)에 계시를 통해 메카로 변경함.
31 무하지룬은 '이주한 이들'이란 뜻으로 622년 사도 무함마드를 따라 메카에서 메디나로 이주(히즈라)한 무슬림이며, 안싸르는 '원조자들'이란 뜻으로 사도 무함마드와 무하지룬들의 이주와 정착에 도움을 준 메디나 주민들을 말한다.

○사람들에게 재앙이 올 그날을 경고하라. 나쁜 짓을 한 이들은 말할 것이다. 주여! 얼마간 저희를 유예하여 주십시오. 그러면 저희는 당신의 부름에 응하고 사도들을 따를 것입니다….(제14장 44절)

이상의 구절은 다양한 문체와 함축된 의미로 사도(예언자)를 따라야 할 필요성을 강조하고, 사도를 믿는 자는 누구나 그를 따라야만 한다는 것을 지시한다. 사도는 가르치고 설교하는 것에 대한 실제적인 본보기를 보여주기 위해 사람들에게 파견되었다는 것이 그 이유이다. 사도의 메시지는 말(설교)에만 한정된 것이 아니라, 행동도 삶의 올바른 길을 발견하고 배우고 따르기 위한 중요한 요소이다("알라의 사도에게는 너희를 위한, 알라와 최후의 날을 고대하는 사람들을 위한 훌륭한 모범이 있었거늘…." 제33장 21절). 결국 이론적인 교육만으로는 사람들을 개선하기가 쉽지 않다고 보았으며, 이것이 바로 알라가 경전만을 계시하지 않고 언제나 사도를 경전과 함께 내려보낸 이유인 것이다. 경전 없이 온 예언자들은 많지만, 사도 없이 계시된 경전은 없는 까닭이다.

2) 순나

순나가 샤리아 제2법원으로서의 지위와 중요성을 가지게 되는 또 하나의 근거는, 순나 역시 알라에게서 온 계시의 하나라는 점이다. 낭

무슬림은 처음에 예루살렘을 끼블라(예배 방향)로 정했으나 17개월 뒤 "너의 얼굴을 성스런 모스크로 돌려라."(제2장 144절)라는 계시에 따라 메카로 끼블라를 변경하였다. 메카를 예배 방향으로 정한 것은 사도 무함마드가 무슬림에게 했던 순나이다. 사진: 미흐랍, 아부다비 그랜드 모스크송되지 않는 계시인 순나는[32] 사도 무함마드의 말, 행동, 결정사항(침묵)을 통해 실증된다. 순나는 낭송되는 계시인 코란에는 포함되지 않지만, 알라에게서 온 계시라는 사실이 코란에 빈번하게 언급된다.

첫째, "… 우리가 너희들이 따랐던 기도의 방향(끼블라)을 정한 것은 사도를 따르는 이와 발길을 돌리는 자를 구별하고자 함이다…." (제2장 143절)

무슬림은 처음에 예루살렘을 끼블라로 정했으나 17개월 뒤 "너의 얼굴을 성스런 모스크로 돌려라."(제2장 144절)라는 계시에 따라 끼블라를 메카로 변경하였다. 이에 불신자들은 새로운 계시를 비판하였는데, 이에 대한 응답으로 제2장 143절이 계시되었다. 그러나 이 구절 중 '너희들이 따랐던 기도의 방향(끼블라)'이 예루살렘이라는 것은 언급되지 않았다. 메카를 예배 방향으로 정한 것은 사도 무함마드가 무슬림에게 했던 순나로서, 위의 구절에 구체적으로 명시되지 않았지만 낭송되지 않는 알라의 계시이다.

둘째, "단식날 밤 너희 아내에게 다가가는 것은 허락되었다. 그녀들은 너희들을 위한 의상이요 너희들은 그녀들을 위한 의상이다. 알라께서는 너희가 스스로를 속이는 것을 알고 계시나 너희에게 용서를 베풀고 은혜를 베푸셨다. 그러나 지금은 부부관계를 하고 알라께서 정

---

32 알후사인 샤와뜨는 계시를 말에 의한 계시인 코란과 의미에 의한 계시인 순나로 설명하였다.

하여 주신 것을 추구하고 새벽녘에 하얀 실이 검은 실과 구별될 때까지 먹고 마셔라. 그런 다음 밤이 올 때까지 단식을 지키고 부부관계를 하지 말 것이며 사원에서 경건한 신앙생활을 할 것이다."(제2장 187절)

이슬람 초기의 라마단 달에는 이프타르('단식을 깸'이라는 뜻이며, 무슬림이 라마단 기간 중 하루의 단식을 마치고 일몰 후 먹는 첫 만찬) 이후 잠깐이라도 졸고 난 뒤에는 부부관계를 할 수 없었다. 이러한 금지는 사도 무함마드에 의한 순나였으며, 코란에는 언급되어 있지 않다. 일부 사람들이 이러한 금지를 위반하자, 코란은 위의 제2장 187절처럼 처음에는 이들을 책망하다가('알라는 너희들이 스스로를 속이는 것을 알고 계시나') 이후에 금지 규정을 폐지하였다('그러나 지금은 부부관계를 하되'). 이처럼 새로운 계시가 있기 전까지 라마단 달 이프타르 이후에 부부관계를 금지하는 순나를 유효한 것으로 확인함으로써, 코란은 사도 무함마드가 입법자로서의 권위를 가지고 있다는 것을 인정했다.[33]

셋째, "예배를 잘 지키고 중간 예배를 지킬 것이며 알라에게 복종하며 서 있어라. 위험을 느꼈을 때는 선 자세로나 승마한 자세로 예배를 드리되, 안전할 때는 알라께서 가르친 대로 알라를 기억하라…."(제2

---

33 이슬람 법리론에 따르면 유일한 입법자는 알라이다("권능은 알라에게만 있노라." 제12장 40절, 67절). 이러한 권리는 오직 알라에게만 있으며, 어떠한 피조물에게도 알라가 계시했던 것의 테두리 내에서 승인되거나 허용되지 않는다면 다른 사람들을 다스리는 법을 제정할 권리는 없다. 알라의 법은 다른 수단이나 표식에 의해 알려지는데, 그러한 것들 가운데 하나가 알라의 말씀인 코란이다. 또다른 것이 알라의 사도인 무함마드의 순나이다 (Zarabozo, 2000, 32쪽).

이 구절에는 한 차례 이상의 예배가 무슬림에게 의무라는 것은 언급되어 있지만, 정확한 예배의 횟수는 명시되어 있지 않다. 코란 어느 곳에서도 정확한 예배의 횟수는 언급되지 않았으며, 의무 예배가 다섯 차례라는 것은 사도 무함마드가 언급하였다. 한편 "안전할 때는 알라께서 가르친 대로 알라를 기억하라."라고 코란에 언급되어 있지만, 예배를 수행하는 정확한 방법을 무슬림에게 가르친 것은 바로 사도 무함마드였다.

따라서 알라는 사도 무함마드에게 낭송되지 않는 계시를 통해 예배의 방향을 지정했고, 라마단 달의 부부관계 방식을 규정했으며, 예배의 방식을 가르쳤고, 사도는 이 같은 알라의 명령을 무슬림에게 가르친 것이다. 이처럼 코란에 사도 무함마드의 가르침이 알라의 가르침으로 묘사되는 것은 사도 무함마드의 말씀이 낭송되지 않는 계시에 바탕을 두고 있기 때문이다.

3. 하디스에 나타난 사도 무함마드의 권위

무슬림은 규범을 제정하기 위해 사도 무함마드의 언행과 결정 사항(침묵)을 수집하고, 이를 전승 과정별로 분류하여 법원으로 활용한다. 이처럼 순나를 바탕으로 한 규범은 코란을 바탕으로 한 규범과 마찬

가지로 모든 무슬림이 반드시 지켜야 하는 의무 사항이다(이원삼, 2002, 74쪽). 여기서는 사도 무함마드의 언행록인 하디스에서 발췌한 내용을 사도 무함마드의 권위를 다룬 구절과 순나의 권위를 다룬 구절로 분류하였다.

1) 사도 무함마드의 권위

○나는 우마르 빈 알캇땁이 흑석[34]에 입을 맞추면서, "내가 알라의 사도가 흑석에 입 맞추는 것을 보지 않았다면 입맞춤을 하지 않았을 것이라고 말하는 것을 보았다."(부카리본[35] 1610)

○어떤 사람이 "제가 순례를 위해 이흐람(순례할 때 무슬림이 몸에 걸치는 바느질 하지 않은 두 장의 흰 천 또는 그것을 걸치는 행위)의 상태에서 그 집(카으바신전)을 돌 수 있습니까?"라고 묻자, 이븐 우마르는 "당신을 방해하는 것이 무엇인가요?"라고 하면서, "우리는 알라의 사도가 순례를 위해 이흐람을 입고 그 집을 순회한 다음 사파와 마르와 사이를 달리는

---

34 카으바신전의 남쪽 모퉁이에 있는 1.4미터 높이의 검은 돌이며, 하디스에 의하면 이 돌은 천국에서 온 것으로 아담이 처음 카으바신전에 가져다 놓았다고 한다(김정위, 2002, 197쪽).
35 싸히흐는 '순수한, 사실의, 진본의'란 뜻이며, 수난은 사도의 언행을 뜻하는 순나의 복수형이고, 자미으는 수집가, 집합체, 모음집이라는 의미이다(최영길 편, 1989, 158-161쪽). 그런데 이와 같은 의미를 적용하여 부카리 진본, 무슬림 진본, 나사이 순나, 아부 다우드 순나, 티르미디 순나, 이븐 마자 모음집이란 명칭을 사용하는 것 또한 순나의 우열에 대한 혼란을 초래할 우려가 있어 여기서는 부카리본(本), 무슬림본, 나사이본, 아부 다우드본, 티르미디본, 이븐 마자본이란 명칭을 사용하였다.

것(사이; 순례할 때 무슬림이 메카에 있는 두 개의 동산인 사파와 마르와 사이를 빠른 속도로 7회 왕복하여 걷는 행위)을 보았습니다. 알라에 의해 규정되고 그의 사도에 의해 규정된 그 길은 그렇고 그런 사람들에 의해 보인 길보다 더욱더 따라야만 하는 것입니다."라고 말했다.(무슬림본 1233b)

○사도 무함마드가 "나를 따르는 모든 사람들은 거부하지 않는다면 천국에 들어갈 것입니다"라고 말했다. 그들이 "사도시여, 거부하는 이는 누구입니까?"라고 물었고, 사도는 "나에게 복종하는 이는 누구나 천국에 들어갈 것이고, 나에게 복종하지 않는 이는 누구나 천국에 들어가기를 거부하는 이들입니다."라고 대답했다.(부카리본 7280)

○알라의 사도가 말하길, "나로부터 (가르침을) 받으시오, 나로부터 받으시오. 알라께서는 여성들을 위한 길을 만들어 주셨습니다. 결혼하지 않은 남성이 결혼하지 않은 여성과 간음을 했을 때는 100대의 태형과 1년간 추방입니다. 결혼한 남성이 결혼한 여성과 간음을 했을 때는 100대의 태형과 투석형입니다.(무슬림본 1690a, 이븐 마자본 20권 2647, 티르미디본 1434)

○우르와가 아이샤에게, "사파와 마르와 사이를 도는 것은 죄가 아니 되며, 나는 그 둘 사이를 가는 것에 대해 신경 쓰지 않습니다."라고 하자, 아이샤가 "참으로 안된 말씀이군요. 자힐리야[36] 시대(450-622) 사

---

36 무식, 무지, 우매라는 뜻이며, 코란에서는 무지 또는 무지의 상태라는 의미로 언급된다. 우상숭배, 무절제한 살상, 간통의 허용, 도박과 음주와 노예제도의 유행, 부족 간의 끊임없

람들은 그 둘 사이에 가지 않았습니다만, 이슬람이 도래하고 코란이 계시되었을 때 사파와 마르와는 알라의 상징이 되었습니다. 알라의 사도가 그 둘 사이를 가셨고, 우리도 그와 함께 그렇게 했습니다. 그렇게 해서 순례의 일부가 된 것입니다."라고 말했다.(나사이본 2967)

○아부 사이드 알쿠드리가 말하길, "가난한 이들을 사랑하시오. 나는 알라의 사도께서 '알라시여, 나를 가난하게 살게 하시고, 가난하게 죽게 하시며, 부활의 날 가난한 이들 사이에 있게 하소서.'라고 간구하는 것을 들었기 때문입니다."(이븐 마자본 37권 4265)

○아부 구따입 알후달리가 전하길, "나는 모스크에서 압둘라 빈 우마르 빈 알캇땁에게 들었는데, 예배 시간이 되자 그는 일어나 우두으[37]를 하고 예배를 한 다음 앉아 있던 자리로 되돌아갔다. 오후예배 시간이 되자 일어나 우두으를 하고 예배를 한 다음 앉아 있던 자리로 되돌아갔다. 이와 같은 행동을 일몰(마그립)예배 때도 해서 그에게 '예배 때마다 우두으를 하는 것은 의무인가요 순나인가요?'라고 물었다. 그는 '아닐세. 내가 새벽(파즈르)예배 때 우두으를 하고 더러워지지 않았다면

는 전쟁 등과 같이 이슬람 정신이 부재하던 시대를 가리키며, 이슬람 이전 시대를 통칭한다(송경숙 외, 1992, 3쪽).

37 청결을 뜻하며, 이슬람에서는 예배를 하기 전의 세정 의식을 의미한다. 세정식은 정해진 절차에 따라 이루어지며, 순나에서는 우두으를 할 때 소량의 물을 사용하도록 한다. 이것은 세정의 주요 성질이 육체적 청결이 아니라 정화에 있음을 시사한 것이다. 한편 물이 없는 경우에는 모래, 흙, 돌 등으로 하는 짧은 정화(따얌뭄)로 대체할 수 있다(김정위, 2002, 497-498).

모든 예배를 할 수 있다네. 그러나 사도가 '깨끗한 상태인데도 우두으를 하는 사람은 누구나 열 배의 장점들을 갖게 될 것입니다'라고 말씀하셨고, 나는 그 장점들을 갖고 싶었기 때문이라네."(이븐 마자본 1권 552)

하디스에는 사도 무함마드의 권위를 보여주는 순나들이 여러 개 소개되어 있다. 흑석에 입을 맞추는 관행, 이흐람 상태에서 카으바신전을 도는 관행(따와프; 카으바신전을 왼편에 두고 시계 반대 방향으로 일곱 차례 순회하는 의례), 사파와 마르와 동산을 7차례 왕복하는 관행(사이), 예배 때마다 우두으를 하는 관행, 천국의 약속과 가난한 이들에 대한 사랑, 간음한 자들에 대한 처벌 등을 통해 모든 무슬림이 따르고 본받아야 하는 사도 무함마드의 권위를 보여준다.

2) 순나의 지위와 권위

ㅇ나는 알라의 순나와 사도의 순나를 듣고 복종할 것을 당신에게 충심으로 맹세합니다.(부카리본 7272)

ㅇ알하캄이 말하길, "내가 듣기로, 칼리파 우스만이 임시혼(무트아[38]),

---

38 한시적으로 맺은 결혼이며 쾌락의 결혼으로 불리는데, 약정된 기간이 만료되면 자동적으로 결혼 생활이 끝난다. 무트아는 시아 열두이맘파에서 허용되며, 순니는 이를 금지한다 (김정위, 2002, 316쪽; 안정국, 2007 참조).

대 순례(핫즈)와 소 순례(우므라[39])의 참가를 금지했는데, 알리가 '알라시여, 대 순례와 소 순례를 위해 여기 있습니다'라고 하자, 우스만이 '내가 그것을 금지했는데 이것을 하려는가?'라고 말했다. 알리가 '나는 어떠한 경우에도 사도의 순나를 포기하지 않을 것입니다.'라고 말했다."(나사이본 2723)[40]

○사도께서 "좋은 것을 먹고 순나에 따라 행동하는 사람은 누구나 해악으로부터 안전하고 천국에 들어갈 것입니다"라고 말하자, 어떤 사람이 "알라의 사도시여, 이것은 오늘날 많은 사람들의 경우입니다"라고 말했다. 사도께서는 "그것은 나 이후 세대에도 그럴 것입니다"라고 말했다.(이븐 마자본 37권 2711)

○아이샤가 전하길, 사도가 소변을 보았고 우마르가 물 항아리를 들고 그의 뒤에 서 있었다. 사도께서 "무슨 일인가, 우마르?"라고 말하자, 우마르가 "씻을 물입니다"라고 대답했다. 사도께서 "나는 소변을 볼 때마다 씻을 것을 명령하지 않았다. 내가 그렇게 했다면 순나가 되었을

---

39 핫즈는 이슬람의 오행(오주)들 중 하나로 메카의 하람성원과 그 인근(미나, 무즈달리파, 아라파트)에서 이슬람력 12월 7일부터 10일까지 거행되는 종교의식이다. 우므라는 핫즈를 단축시켜 놓은 형태로 아무 때나 할 수 있다(김정위, 2002, 376쪽).

40 무함마드의 순나는 칼리파라 할지라도 거역할 수 없는 권위가 있다는 실례라 할 수 있다. 그 외에도 "사도 무함마드가 금반지를 낀 것을 보고 모두 따라 했는데, 이후에 무함마드가 금반지를 끼지 않자 모두 금반지를 착용하지 않았다, 사도 무함마드가 예배할 때 신발을 벗고 하자 모두 따라 했다, 사도 무함마드가 문신을 금지했기 때문에 문신이 금지되었다, 사도 무함마드가 조로아스트교도들에게 세금을 거두었다는 말을 듣고 칼리파 우마르가 그들에게 세금을 징수했다 등". 이와 같이 교우들이 사도 무함마드의 순나를 알라의 규범처럼 여겼다는 많은 예들이 소개되고 있다(Zarabozo, 2000, 82-90쪽).

것이기 때문이다"라고 말했다.(아부 다우드본 42)

　○사도께서 말하길, "나는 당신들이 알라를 두려워하고 경청하며 복종할 것을 촉구합니다. 당신들의 지도자가 아비시니안 노예라 할지라도 말입니다. 내가 죽고 난 뒤 당신들은 커다란 충돌과 갈등을 겪게 될 것입니다. 나의 순나와 올바르게 인도된 칼리파(정통 칼리파[41])들의 길을 따르고 지키려고 노력하기를 바랍니다. 새롭게 만들어진 것들을 조심하십시오. 모든 비드아[42]는 길을 잃게 만들기 때문입니다."(이븐 마자본 1권 44)

　○나는 사도께서 "내가 죽은 후에 나의 순나를 되살리는 이는 누구나 조금의 축소도 없이 이를 위해 노력했던 사람들과 똑같은 보상을 받을 것입니다. 알라와 그의 사도가 기뻐하지 않는 비드아를 소개하는 이는 누구나 조금의 축소도 없이 이를 위해 노력한 사람들과 똑같은 죄를 받을 것입니다"라고 말씀하시는 것을 들었다.(이븐 마자본 1권 212 · 214 · 215, 티르미디본 2675 · 2677)

41　아부바크르(632-634 재위), 우마르 이븐 알캇땁(634-644 재위), 우스만 이븐 아판(644-656 재위), 알리 빈 아비 딸립(656-661 재위)의 초기 칼리파 4명을 말하며, 사도의 후계자라는 위엄을 지녀 권위가 높다(김정위, 2002, 754-755쪽).

42　사도 무함마드 시대에 선례가 없었던 혁신, 신념, 관행을 말하며, 전통을 의미하는 순나와는 반대되는 개념이다. 샤피이 법학파는 코란, 순나, 이즈마으 및 전통에 반하는 혁신은 잘못된 것으로 보았다(『The encyclopedia of Islam』). 이슬람에서는 이설적 행위, 반 이슬람적인 변혁, 새로운 것을 지어내는 행위 등의 의미로, 이슬람법학에서는 선례가 없거나 코란이나 순나에 반하는 새로운 것이란 의미를 나타낸다(http://en.wikipedia.org/wiki/Bid%E2%80%98ah).

○아나스 빈 말릭이 전하길, "사도께서 나에게 … 그것은 나의 순나이다. 나의 순나를 되살리는 이는 누구나 나를 사랑하는 것이며, 나를 사랑하는 이는 누구나 천국에서 나와 함께 있게 될 것이다."(티르미디본 2678)

○한 사람이 이븐 우마르에게 "내가 어떻게 위트르[43]를 수행해야 할까요?"라고 하자, 이븐 우마르는 "1 라크아로 위트르 예배를 하시오"라고 했다. 그 사람이 "사람들이 예배를 단축했다고 말할 것이 두렵습니다"라고 하자, 이븐 우마르는 "그것은 알라와 그의 사도의 순나입니다"라고 말했다.(이븐 마자본 5권 1232)

○알리가 말하길, "위트르는 의무 예배처럼 의무적인 것은 아닙니다." 그러나 '실로 알라는 한 분이시며, 그분은 위트르를 사랑하십니다. 그러니 코란의 백성들이여 위트르를 행하십시오'라고 말한 알라의 사도의 순나입니다."(티르미디본 453)

○사도 무함마드가 말하길, "순나로부터 12번의 라크아를 수행하려 노력하는 이는 누구나 천국에 그를 위한 집이 지어질 것입니다. 정오 전에 4번, 정오 후에 2번, 마그립 후에 2번, 저녁 후에 2번, 새벽 후에 2번."(이븐 마자본 5권 1194, 티르미디본 414)

---

43 홀수라는 뜻으로, 밤(이샤으)예배 후 새벽(파즈르)예배 전에 하는 여러 라크아(예배 시 절하는 횟수)의 예배 중 홀수 번에 해당하는 예배이다. 이는 하나피 법학파를 제외하고는 자발적으로 하는 예배이다(김정위, 2002, 508쪽). 위트르에 관한 하디스 구절은 최영길(2010), 『싸히흐 알부카리가 수집한 사도 무함마드의 언행록』 제1권 302-304쪽 참고.

○사도께서 말하길, "알라의 책을 가장 많이 알고 있는 사람이 예배를 인도하게 하시오. 코란 지식이 동등하다면 먼저 이주(히즈라)한 이가 인도하게 하시오. 같이 이주했다면 순나를 잘 알고 있는 사람이 인도하게 하시오. 순나의 지식이 동등하다면 나이가 가장 많은 사람이 인도하게 하시오."(나사이본 780, 티르미디본 235)

○우마르가 쓰길, "알라의 책에 있는 대로 판단하시오. 알라의 책에 없다면 알라의 사도의 순나에 따라 판단하시오. 알라의 책이나 사도의 순나에 없다면 의로운 사람들이 했던 대로 판단하시오. 알라의 책이나 사도의 순나에 없고 의로운 사람들이 판단한 것도 없다면, 원한다면 스스로 판단하고 원하지 않는다면 내버려 두시오. 내 생각엔 내버려 두는 것이 좋을 것 같습니다."(나사이본 5399)

○사도 무함마드가 무아드를 예멘에 파견하면서 "재결이 요구되면 어떻게 판단할 건가요?"라고 묻자, 무아드가 "저는 알라의 책에 따라 판단할 것입니다"라고 대답했다. "알라의 책에 없다면요?"라고 사도가 묻자, 무아드는 "그럼 사도의 순나에 따라 판단할 것입니다"라고 대답했다. 또다시 사도가 "사도의 순나에 없다면요?"라고 묻자, 무아드는 "제 생각에 따라 판단할 것입니다"라고 대답했다.(티르미디본 1327, 아부다우드본 3592)

○알라의 사도가 말씀하시길, "정직함은 하늘로부터 내려와 사람들의 마음에 뿌리를 내렸습니다. 그다음에 코란이 계시되었고 사람들이

코란을 읽고 정직함을 배웠고 순나로부터 그것을 배웠습니다. 코란과 순나는 사람들에게 정직함을 강화시켰습니다."(부카리본 7276)

하디스에 나타난 순나의 권위에 대한 구절은 크게 순나에 대한 복종과 천국 약속, 사도 무함마드 사후에 좋은 순나를 되살리는 이에 대한 보상, 자발적 예배의 수행, 예배 인도자의 순서, 판단의 순서, 배움의 순서로 요약할 수 있다.

이를 좀 더 구체적으로 살펴보면 순나를 따르고 무함마드 사망 후 좋은 순나를 되살리는 이에게는 천국의 약속을 보장하였고, 의무 예배는 아니지만 자발적 예배(위트르) 또한 사도의 순나이므로 따라야 하며 이를 수행하는 이에게는 천국의 보상을 약속하였다. 예배 수행 시 코란 지식이 뛰어난 이가 우선적으로 인도자(이맘)가 되며 그다음으로는 순나를 잘 알고 있는 사람이 예배의 인도자가 된다. 어떠한 사안을 판단할 때도 우선 코란에 따라 판단하고 코란에 없을 경우에는 순나에 의거해 판단하며, 배움의 순서 또한 코란 다음이 순나가 된다. 이처럼 순나는 복종하고 따르면 천국의 약속이 주어지며, 지도력을 발휘하거나 판단을 할 때 코란 다음의 권위를 가지게 된다.

4. 순니 4대 법학파에 의한 순나(하디스)의 권위

여기서는 순니 4대 법학파의 설립자들인 이맘 아부 하니파(699-767), 이맘 말릭(711-795), 이맘 샤피이(767-820), 이맘 아흐마드 빈 한발(780-855) 등이 언급하였던 순나(하디스)의 지위 및 권위에 관한 견해들[44]을 정리하였다. 이 견해는 이슬람 사회 통치의 기본 규범이 되어 그 영향력이 그들의 시대뿐만 아니라 현재에 이르기까지 지속된다는 점에서 매우 중요하다. 법학파들은 다양한 사안과 상황에 대해 공통의 목소리를 내기도 하였고, 경우에 따라서는 서로 다른 견해를 제시하기도 하였다.

1) 하나피 법학파

하나피 법학파의 설립자인 이맘 아부 하니파는 학파를 설립할 때 알라의 책(코란)이 첫 번째 법원이며, 순나(하디스)가 두 번째 법원이라는 것을 그의 말을 통해 분명히 제시하였다. 그 외 이즈마으, 교우들 개인의 법적 견해(이즈티하드), 끼야스, 이스티흐산, 무슬림의 관습(우

---

44 법학파와 하디스 편찬자들이 순나를 수집하고 연구한 목적 간에는 차이가 있다. 법학파들은 법학과 입법을 위한 기초 자료로 사용하기 위해 순나를 수집하고 연구하였는데 반해, 순니 6대 하디스의 편찬자들인 부카리(810-870), 무슬림(821-875), 나사이(829-915), 아부 다우드(817-889), 티르미디(824-892), 이븐 마자(824-887)는 책으로 편찬하기 위해 믿을 수 있는 순나를 수집하고 연구하였다(al-Siba'ee, 2009, 538쪽).

룹) 순으로 법원을 채택했다.

나는 알라의 책으로부터 채택한다. (근거를) 발견하지 못하면, 다음
으로 알라의 사도의 순나로부터 채택한다. 알라의 책이나 사도의 순나
에서 (근거를) 발견하지 못하면 그의 교우들(싸하바)[45]의 말을 채택한다.

내가 코란에서 (근거를) 발견하지 못하는 것은 알라의 사도의 순나와
신뢰할 수 있는 사람들 사이에 널리 퍼진 사도의 진실한 전승으로부터
채택한다.

사도 무함마드가 말한 모든 것은 우리가 그 말을 들었는지 아닌지에
관계없이 아무런 조건 없이 믿으며 알라의 사도의 말이라는 것을 증언
한다.

알라는 알라의 사도에 반대하는 이를 저주하신다.

그것이 사도로부터 나온 것이면 우리는 조건 없이 수용한다. 그것이
교우들(싸하바)로부터 나온 것이면 우리는 그들의 의견을 선택한다. 그
것이 타비운[46]으로부터 나온 것이면 우리는 우리 의견을 주장한다.

---

45 사도 무함마드의 교우들인 싸하바의 수는 11,400명으로 알려져 있으며 그들 중 아부 후
   라이라가 전한 전승의 수는 5,374개, 이븐 우마르가 2,630개, 아나스 빈 말릭이 2,286개, 아
   이샤가 2,210개, 이븐 압바스가 1,660, 자비르 빈 압달라가 1,540개의 순나를 전승하였다.
46 추종자들, 계승자들이란 뜻이며, 이슬람에서는 사도 무함마드의 교우 세대(싸하바)를 추
   종하는 세대들을 의미한다. 타비운 역시 싸하바와 더불어 제1세대 또는 선조(살라프)로 인
   정되며, 그들의 종교적 견해에 대한 권위는 그다음 세대(타비우 타비인)의 권위보다 우월
   한 것으로 인정된다(김정위, 2002, 630쪽).

우리가 계시된 문서(코란이나 하디스)보다 끼야스를 선호한다고 말하는 사람들이 있는데, 계시된 문서가 있는데 끼야스가 왜 필요하겠는가?

우리는 대단히 필요한 경우 끼야스에 의존한다. 어떤 사안에 대해 우리는 먼저 코란, 순나, 교우들의 결정(이즈마으)들에서 근거를 발견하려 노력한다. 우리가 근거를 발견하지 못하면 끼야스의 방법을 사용해서 근거가 없는 사안을 근거가 있는 사안과 비교한다.

우리는 먼저 알라의 책, 다음으로 순나, 그다음으로 교우들의 결정(이즈마으)으로부터 채택하며, 그들이 모두 일치하는 것을 적용한다. 그들이 각자 다르다면 서로 관련이 있는 사안들의 결정들을 비교한다. 그렇게 하면 명백한 결정을 도출할 수 있다.

나의 길은 순나의 권위를 증명하는 것이다.

알라의 사도로부터 온 말씀이 있다면 이는 머리이며 눈이다. 사도의 교우들로부터 온 말씀이 있다면 우리는 이들 중에서 선택한다.

개인의 의견을 바탕으로 알라의 종교를 말하는 것을 조심하시오. 당신은 순나에 충실해야 한다. 순나를 벗어나는 사람은 누구나 길을 잃을 것이다.

순나가 없다면 우리들 어느 누구도 코란을 이해할 수 없다.

사람들이 하디스(순나)를 공부하고 탐구할 때 선한 상태가 지속될 것이다. 그들이 하디스에 없는 지식을 추구한다면 그들은 부패할 것이다. 사도의 법이 진술과 일치한다는 것을 알기 전까지는 어느 누구도 진술을 해서는 아니 된다.

하디스(순나)가 진실하다면 그것이 나의 의견이다.

나는 하디스(순나) 신봉자들 사이에 있는 한 남자를 보았는데, 그는 이전에 내가 알라의 사도를 보았을 때 같았다.

이맘 아부 하니파는 새로운 사안에 대한 판결을 도출하기 위해 끼야스를 사용한 최초의 법학자였다. 그는 일어나지 않은 사안들에 대해 판결을 도출하곤 했는데, 이는 무즈타히드[47]의 역할이 우쑬 알피끄흐(법리론)[48]의 판결을 사람들이 수용할 수 있도록 준비하는 것이라고 보았기 때문이다. 이러한 이유 때문에 그의 학파는 추정자들 또는 사안의 발생에 가설을 세우는 사람들의 학파라고 알려졌다.[49] 그런데 아

47 어떠한 사안에 대해 독자적 판결을 내릴 수 있는 권위를 갖춘 이들로서, 순니 세계에서는 정통 칼리파 4명과 4대 법학파의 법학자들이다(김정위, 2002, 549쪽). 무즈타히드는 아랍어, 코란, 순나에 정통하고, 이즈마으, 끼야스, 규범들의 목적들을 잘 알고 있어야 하며, 이해력과 예측력이 뛰어나고, 건전한 의도와 신앙을 갖추어야 한다는 조건들을 충족시켜야 한다. 그중에서도 순나에 정통할 것을 요구했는데, 규범들과 관련된 순나의 암기가 아니라 순나와 그 주제들을 잘 알고 그곳에 다다르는 방법들을 알며 하디스의 인물들에 정통할 것이 그 조건이었다.
48 인간의 모든 언행을 규범화하고 있는 샤리아 중에는 코란과 순나(하디스)의 원전에 의해 정해진 것도 있고, 원전에는 설명되어 있지 않지만 무즈타히드들이 원전을 근거로 특정한 사안을 설명하고 규범화하는 것이 있다. 이때 무즈타히드들이 원전을 바탕으로 특정한 사안의 규범을 도출해 내는 방법을 우쑬 알피끄라고 한다(이원삼, 2002, 12-13쪽).
49 아부 하니파가 이성적 판단에 의한 유추를 이즈티하드에 사용함으로써 많은 비판을 유발했다. "그는 하디스의 백성이 아니다, 그에게는 의견도 없고 하디스도 없다, 아부 하니파와 관련된 하디스의 수는 150개를 넘지 않으며 이 중 절반은 오류이다" 등.

부 하니파가 끼야스를 사용하는 경우는 코란, 순나, 교우들의 결정(이즈마으)으로부터 아무런 근거를 발견하지 못한 사안들에 한해서였다.

이상에서 알 수 있듯 이맘 아부 하니파는 어떠한 사안에 대해 끼야스를 통한 개인적 견해(라으이[50])를 제시하는 방법을 사용하였지만, 그 견해가 무엇이든 진실된 하디스보다 우선할 수 없으며, 신빙성이 약한 다이프 하디스라 할지라도 라으이(개인의 견해)보다는 더 우선시된다고 보았다.

한편 아부 하니파가 신뢰할 만한 하디스를 채택하기 위해 적용한 조건들은 다음과 같다.

전승자가 1-2명인 소수에 의한 전승(하디스 아하드)은 샤리아의 보편적인 원칙들을 위반해서는 아니 된다. 전승은 코란의 명백하고 보편적인 결정들과 널리 알려진 순나, 동일한 수준의 다른 전승을 위반해서는 아니 된다. 전승자의 행동이 전승했던 것과 달라서는 아니 되며, 많은 사람들에게 영향을 미치는 사안에 대한 판결을 전하는 전승은 널리 알려진 전승(하디스 마셔후르[51])이어야 한다 등(Al-Siba'ee, 2009, 515-516쪽).

50 법학자 개인의 의견으로, 법적 사건을 해결할 때 코란, 순나, 선행 판례에 참조할 구절이 없는 경우 활용하는 마지막 의지 수단이다(김정위, 2002, 263쪽).
51 전언가 계보의 각 단계에 있는 전언가의 수가 무타와티르(전언가 계보의 모든 단계에 신뢰할 수 있는 전언가들의 수가 많은 경우)에는 미치지 못하지만 최소 3명 이상인 경우이다. 자세한 것은 제3장 하디스 참조.

2) 말리키 법학파

말리키 법학파의 설립자인 이맘 말릭이 학파를 설립할 때 채택했던 법원들은 코란, 순나(하디스), 메디나 주민들의 관행(아말), 이즈마으, 이즈티하드, 끼야스, 이스티쓸라흐, 우릅 등이다. 이맘 말릭은 사도의 순나를 실증하기 위해 메디나 사람들의 관행을 채택했다. 그는 어떠한 관행이 법제화되고 교우들에 의해 적용되며 알라의 사도에 의해 승인되고 다음 세대들에 의해 계승되지 않는다면, 메디나의 주민들은 그 관행의 적용에 동의하지 않을 것이라고 믿었다. 이맘 말릭은 메디나 주민들의 관행을 소수에 의한 하디스 아하드보다 더 강력한 증거라고 보았다. 다음은 순나의 권위를 인정하는 이맘 말릭의 언급들이다.

어떤 사람의 말은 수용될 수도 있고 거부될 수도 있다. 그러나 사도는 예외이다.

나는 보통의 인간이다. 나는 가끔 틀리기도 하고 옳기도 하므로 내 견해는 점검해야 한다. 코란과 순나가 일치하는 것은 그 무엇이든 수용하라. 그러나 그것들과 일치하지 않는 것은 그 무엇이든 거부하라.

사도 무함마드의 순나는 노아의 방주와 같다. 그곳에 탄 사람은 누구나 구원에 이르게 되나 거부하는 사람은 익사하게 된다.

이맘 말릭은 압바스조(750-1258)의 제2대 칼리파인 만쑤르(754-775 재

이맘 말릭 빈 아나스가 1,720개의 순나를 주제별로 정리한 『무왓 따으』에 대한 평가는 다양하다. 일부 학자들과 말리키 법학파의 학자들은 부카리본이나 무슬림본보다 더 우위에 있다고 주장하 며, 일부 학자들은 『무왓따으』가 현존하는 최초의 하디스라고 주 장한다. 사진: 『무왓따으』 표지.

위)의 요청으로 하디스 모음집인 『무왓따으』[52]를 편찬했다. 그는 1,720 개의 순나를 주제별로 정리했다. 『무왓따으』에 대한 평가는 다양한 데, 일부 학자들과 말리키 법학파의 학자들은 이를 부카리본이나 무 슬림본보다 우위에 있다고 주장하지만, 하디스 학자들 대부분은 이보 다 부카리본이나 무슬림본이 우위에 있다고 주장한다. 일부 학자들은 『무왓따으』가 현존하는 최초의 하디스라고 주장하는 반면에, 일부 학 자들은 이것이 하디스가 아니라 법학 서적이라고 주장한다.

3) 샤피이 법학파

샤피이 법학파의 설립자인 이맘 샤피이는 학파의 주요 법원을 코 란, 순나(하디스), 이즈마으, 아말, 이즈티하드, 끼야스 순으로 채택했

52 잘 다진 길이란 뜻이며, 이맘 말릭이 편찬한 최초의 하디스로 알려져 있다(김정위, 2002, 315쪽).

다. 순나(하디스)를 적용할 때 소수에 의한 하디스 아하드에 대해서는 매우 관대한 반면에, 하디스 무르살('전승된'이란 의미이며, 불완전하게 전승된 하디스를 뜻함)에 대해서는 전승자가 위대한 인물이 아닌 경우 증거로 채택하지 않았다.

이맘 샤피이는 하디스 학자로서 권위가 높았는데, 그가 하디스의 전승에 관한 원칙과 규범을 만들었으며, 이슬람 법학에서 순나의 역할에 관한 책을 썼기 때문이다. 그는 전승 경로가 사도 무함마드에게까지 이르는 하디스는 진실한 것이므로 아무 조건 없이 의무적으로 적용되어야 한다고 주장했다.[53] 이러한 이유로 그는 순나의 보호자로 불렸다. 다음에 제시된 여러 학자들의 언급을 통해 순나와 하디스에 대한 이맘 샤피이의 권위와 사도의 순나에 대한 이맘 샤피이의 확고한 믿음을 알 수 있다.

샤피이가 깨울 때까지 하디스의 백성들은 잠을 자고 있었다.

내가 사도의 말씀을 이야기하면서 동일한 의견을 갖지 않는다면 어느 땅이 나를 옮겨주고 어느 하늘이 나를 보호해 주겠는가! 내가 비무슬림의 벨트를 찬 것을 보았는가? 내가 교회로부터 나오는 것을 보았

---

53 한편 이맘 말릭은 그 하디스가 메디나 주민들의 관행과 일치해야만 한다고 규정하였으며, 이맘 아부 하니파는 하디스를 채택하는 많은 조건들을 규정하였다는 점에서 이맘 샤피이와 다른 시각을 보였다(al-Siba'ee, 2009, 536쪽).

는가? 내가 어떻게 사도로부터 나온 것을 이야기하면서 동의하지 않을
수 있겠는가!

당신들이 나의 책에서 알라의 사도의 순나와 다른 무엇인가를 발견
한다면, 사도의 순나에 따라 말하고 내가 말했던 것을 버리시오.

하디스가 진실하다면 그것이 나의 의견이다.

4) 한발리 법학파

한발리 법학파의 설립자인 이맘 아흐마드 빈 한발은 코란, 순나(하
디스), 이즈마으, 이즈티하드, 다이프 하디스, 끼야스 순으로 법원을 채
택했다. 그는 순나로부터 많은 것을 채택했으며, 그의 태도는 다음 언
급들을 통해 분명히 알 수 있다.

나는 사람들의 견해보다 하디스 아하드를 선호한다.

나, 이맘 말릭, 이맘 샤피이를 따르지 말고 그들이 채택했던 것(순나,
하디스)을 취하시오.

파멸의 가장자리에 있는 사람은 알라의 사도의 구원을 거부하는 것
이다.

알라의 사도를 따르고 본보기로 삼아야 한다. 모든 비드아들은 잘못
인도된 것이기 때문이다.

이맘 아흐마드는 그가 수집한 75만여 개의 순나들 중에서 4만여 개를 선별하여 『전승(알마스나드)』에 수록하였다. 이 책은 동일한 교우가 언급한 순나들을 하나의 장에 수록하는 방식, 즉 인물별 정리 방식을 채택했다.

이상에서 보았듯이 순니 4대 법학파의 설립자들이 학파의 두 번째 법원으로 삼았던 것이 순나(하디스)라는 것은 명백하다. 법학파들이 채택했던 법원들과 각 법학파 설립자들의 언급을 통해 순나가 코란 다음가는 샤리아의 제2법원으로서 확고한 권위를 인정받았음을 확인할 수 있다.

5. 순나, 알라의 낭송되지 않는 계시

사도 무함마드의 순나는 알라의 계시(코란과 순나), 순나를 기록한 하디스, 코란과 하디스를 연구하여 이슬람 사회의 법체계를 확립했던 순니 4대 법학파들에 의해 무슬림이라면 반드시 지켜야만 하는 제2법원으로 자리잡았다.[54]

---

54 모든 순나가 반드시 규범이 되는 것은 아니다. 어떤 순나는 사도가 선호하는 세속적인 것으로 단지 따르면 좋은 순나도 있다. 사도 무함마드 역시 평범한 인간이기 때문에 그의 인간으로서의 자연적 행위, 예컨대 먹고 마시고 자는 것 등은 규범 제정의 근거가 되지 못한다. 나아가 농사, 전쟁, 군사 조직, 임대차, 병간호 등 인간사에서 사도의 경험, 솜씨, 체험 등도 규범 제정의 근거가 되지 못한다. 이러한 것들은 그 근원이 신의 계시가 아니라 인간사의 경험과 개인적인 판단이기 때문이다(이원삼, 2002, 81-83쪽; 손태우, 2013, 156쪽).

알라의 낭송되는 계시인 코란에는 사도 무함마드에게 복종하고 따를 것을 명령하는 구절이 많이 발견되는데, 코란의 계시가 사도를 통해 낭송되고 교육되고 모범이 된다는 것을 보여준다. 예배의 방향, 라마단 달의 부부관계 방식, 예배의 방식에 대한 사도 무함마드의 순나역시 반드시 따라야 하는 의무가 되는 것은 순나가 알라의 낭송되지 않는 계시인 까닭이다. 사도 무함마드의 순나를 기록한 하디스에는 흑석에 입을 맞추고 카으바신전을 돌며 사파와 마르와를 왕복하는 행위(사이)가 관행으로 자리를 잡았으며, 순나에 복종하면 천국이 보상으로 주어지고, 예배의 인도와 판단의 근거로 순나가 코란 다음의 지위를 차지한다는 등 사도와 순나의 권위를 나타내는 구절이 다수 발견되었다. 다음으로 순니 4대 법학파의 설립자들이 코란과 순나(하디스)를 학파의 주요 법원으로 삼았으며, 순나가 코란 다음가는 제2법원이라는 확고한 권위를 인정하였다는 것을 확인하였다.

알라의 계시(코란과 순나), 하디스, 순니 4대 법학파들의 언급을 바탕으로 한 문헌학적 근거들로 볼 때, 규범 제정의 의도와 목적이 담겨 있는 사도 무함마드의 언행을 포함한 모든 결정사항(침묵)까지도 무슬림이라면 반드시 따라야만 하는 규범이 되었다. 순나는 제1법원인 코란 다음가는 제2법원으로서 이론적이고 실질적인 측면에서 샤리아의 근본이 되는 규범인 것이다.

하디스*
참 하디스와 거짓 하디스는 어떻게 구별하나?

사도 무함마드의 순나를 기록한 하디스는 많은 전언가들의 전승들을 수집하여 기록하였기 때문에 모음집들마다 내용이 다른 경우가 허다하였으며, 일부는 의도적으로 왜곡되기까지 하였다. 그 결과 9-10세기에 수집된 하디스들에 대한 검증이 본격화되면서 매우 복잡하고 세밀한 하디스 전문용어학이 생겨나게 되었다.

* 이 글은 『지중해지역연구』 제18권 제4호(2016), 「하디스 전문용어학의 분류와 적용에 관한 연구: 부카리 하디스를 중심으로」라는 글을 일부 수정·보완한 것이다. 아랍어 참고문헌은 편집의 어려움과 가독성을 고려하여 생략하였다.

1. 하디스, 순나의 기록

하디스는 본래 말, 이야기, 새로운 것을 의미하지만,[55] 전문용어로는 사도 무함마드의 말, 행동, 결정사항(침묵)인 순나를 기록한 것을 의미한다. 순나가 사도 무함마드의 관행을 의미하고 하디스가 사도의 순나를 담은 그릇이라는 점에서는 차이가 있지만, 순나와 하디스가 사도 무함마드에 의해 확립된 도덕적 · 종교적 · 사회적 규범을 다룬다는 점에서 근본적인 차이가 없다(조희선, 2015, 56쪽).[56]

순나와 하디스에는 샤리아의 제2법원이라는 권위와 법적 구속력이 있다.[57] 사도 무함마드를 통해 계시된 코란이 샤리아의 제1법원으로서 무슬림의 삶의 지침이 되지만, 포괄적이고 함축적인 의미로 인해

---

55 하디스라는 용어는 코란과 하디스에서 코란 자체(코란 제68장 44절), 역사적 이야기(코란 제20장 9절), 일반적인 대화(코란 제66장 3절)의 의미로 사용되고 있다(Philips, 2007, 1-2쪽).
56 이 글에서는 사도 무함마드의 관행을 의미할 때는 순나라는 용어를, 순나의 모음집이나 전언가 계보(이스나드)와 순나에 해당하는 내용(마튼)까지 포함하는 경우에는 하디스라는 용어를 사용하였다. 순나와 하디스를 명확히 구분하기가 쉽지 않은 경우에는 순나와 하디스를 같이 사용하거나 문맥에 따라 좀 더 적합하다고 생각되는 용어를 사용하였다.
57 코란에는 사도 무함마드에게 복종할 것을 명령하는 20여 개의 구절이 있으며, 하디스에도 사도의 권위와 순나의 권위를 언급하는 20여 개의 구절이 있다. 순니 4대 법학파는 순나(하디스)를 코란 다음가는 제2법원으로 인정하였다.

일상생활의 세세한 부분까지는 구체적으로 규정하지 못했다. 이러한 경우 무슬림은 사도 무함마드의 순나를 구체적인 행동 규범으로 삼았다.[58] 그 결과 사도 무함마드의 언행뿐만 아니라 침묵의 내용까지도 수집하여 전달하는 사람들이 생겨났고, 사도 무함마드의 생전에는 물론 사후에도 사도의 모든 삶을 수집하고 기록하고 전달하는 것이 무슬림 사이에 유행하였다. 이로 인해 하디스학(일므 알하디스)이라는 새로운 학문 분야가 생겨났으며, 이슬람 공동체(움마)가 직면했던 다양한 사안들에 대처했던 사도 무함마드와 싸하바(교우들)의 관행에 관한 공식적 기술이 이루어졌다.[59]

하디스 편찬가들은 이슬람 세계 곳곳을 찾아다니며 사도 무함마드의 순나를 수집하였고, 이들 중 일부만을 선별하여 모음집(하디스)으로 편찬하였다. 부카리는 약 60만 개의 하디스를 수집하였는데 그중 7,397개만을 간추려 수록하였다. 1천 개가 넘는 하디스 모음집들이 등장했으나, 순니 이슬람 세계에서는 9세기에 6개의 하디스 모음집(6

---

58 코란에서는 하디스를 낭송되지 않는 계시(제53장 3-4절), 코란의 해설(제16장 44절), 법(제4장 59절), 도덕적 이상(제33장 21절), 이슬람의 보호(제15장 9절)라고 언급하여 그 중요성을 인정하고 있다(Philips, 2007, 3-6쪽).

59 사도 무함마드 생존 시에는 순나를 기록할 필요성이 없었고, 사도가 자신의 말과 코란의 내용이 뒤섞이는 것을 예방하기 위해 순나의 기록을 금지했음에도 불구하고 많은 이들이 기록을 했다. 무함마드가 사망한 뒤에는 순나의 중요성이 부각되면서 일부 싸하바들이 순나를 본격적으로 기록하기 시작했으며, 제2대 정통 칼리파인 우마르는 하디스의 조작이나 위조를 막기 위해 공식적인 편찬을 명령했다. 8세기에 이맘 말릭은 1,720개의 순나를 수집하여 『무왓따으』를 편찬하였다. 이후 9세기에는 순니 하디스 6서가 편찬되었다(Philips, 2007, 8-13쪽).

서)이 편찬되었으며, 시아 이슬람 세계에서는 10세기에 4개의 하디스 모음집(4서)이 편찬되었다(명지대중동문제연구소, 2016, 158-159쪽).[60] 하디스 편찬가들은 수집된 하디스들 중 참 하디스와 거짓 하디스를 구별하기 위해 노력하였는데, 가장 중요한 구별 기준은 전언가(전승자)의 신뢰도였다. 순니 하디스의 경우 참 하디스로 판정되려면 10가지의 기준이 충족되어야만 했다(명지대중동문제연구소, 2016, 154-155쪽).[61]

이 글은 참 하디스와 거짓 하디스를 구별하는 하디스학을 이해하기 위한 기초 단계로서의 하디스 전문용어학에 초점을 맞추었다. 기준(상황과 조건)에 따라 다양하게 분류되는 하디스의 등급이나 단계들에 대한 용어와 내용의 이해는 하디스를 이해하는 데 필수적인 요소라 할 수 있기 때문이다.

---

60 순니 6서는 싸히흐 알부카리(약 7,397개), 싸히흐 무슬림(약 10,000개), 수난 아부 다우드(약 4,800개), 수난 알나사이(약 5,000개), 수난(자미으) 알티르미디(약 3,956개), 수난 이븐 마자(약 4,341개)이다. 시아 4서는 알카피(약 16,199개), 만 라 야흐두루후 알파끼흐(약 5,963개), 키탑 알이스팁싸르(약 5,511개), 키탑 알타흐딥(약 13,590개)이다. 순니 하디스는 대부분의 경우 사도 무함마드의 순나가 수집되어 기록된 것이지만, 시아 하디스는 사도의 순나가 이후의 이맘들에게 전승된 것, 이맘의 말이 후대 이맘들에게 전승된 것, 이맘의 말이 추종자들에게 전승된 것을 아우르고 있다. 시아의 이맘은 무결점의 존재이며 사도 무함마드의 권위를 상속받은 존재였다. 그러나 순니는 12이맘을 믿을 것을 요구하지 않았으며, 이맘들의 전승을 하디스로 생각하지 않았다(Brown, 2009, 124-125쪽, 138쪽).

61 순니 하디스의 10가지 기준은 검증된 전언가 명단을 지닐 것, 전언가들이 올바르고 존경 받을 만한 사람일 것, 전언가들이 위조, 종파 분쟁, 정치 분쟁, 신학 논쟁에 연루되지 않을 것, 하디스를 전하는 사람과 전해 받는 사람이 사제 관계일 것, 전언가가 비상한 기억력을 지닐 것, 전언가가 알려진 사람일 것, 하디스 본문과 의미가 코란과 일치할 것, 하디스가 역사적 사실과 부합할 것, 하디스 본문이 이성을 거스르지 않을 것 등이다. 한편 시아 하디스의 분별법은 전언가 계보가 단절되지 않은 상태로 이맘에게까지 연결될 것, 이맘과 함께 한 동료가 전언가 명단에 있고 이맘의 지지를 받을 것, 전언가들의 성품이 올바른 것으로 인정될 것 등이다.

2. 하디스 전문용어학

하디스 전문용어학은 10세기에 독립된 학문으로 자리를 잡았는데, 순나를 전달한 사람들의 이름을 나열하는 전언가 계보(이스나드)와 사도의 말씀, 행동, 침묵인 순나에 해당하는 것(마튼; 등, 본문), 또는 전언가(라위)와 전승[62]에 관한 하디스의 원칙들과 주제들에 관한 학문이다. 여기서는 하디스를 이해하는 데 필수적인 몇 가지 분류들을 정리하여 소개하였다. 서술의 순서는 하디스 전문용어학의 우선순위에 따른 것은 아니며, 하디스 이해에 필요하다고 여겨지는 개념의 중요성에 따른 배열이다.

1) 전언가의 신뢰도와 기억력

하디스는 전언가의 신뢰도와 기억력이라는 기준에 따라 싸히흐, 하산, 다이프의 3가지로 분류된다.

싸히흐는 '올바른'의 뜻이며, 전언가 계보의 연속성·전언가의 정직성·내용의 정확성·다른 하디스와의 일치성·숨겨진 결점 없음

---

62 순나를 전승하는 방식에는 스승의 낭독인 사마으, 학생들의 낭독인 아르드, 스승이 학생에게 자신의 책을 전승하도록 허락하는 이자자, 스승이 학생에게 자신의 책을 주는 무나왈라, 스승이 하디스를 집필하고 이를 전승할 학생에게 주는 키타바, 스승이나 학생이 다른 사람에게 알리는 이을람, 스승이 사망할 때 자신의 책을 학생에게 맡기는 와씨야, 스승이나 학생이 어떤 학자의 책을 허락 없이 발굴하는 와자다와 같은 8가지가 있다(Philips, 2007, 18-20쪽).

과 같은 5가지 기준을 충족하는 경우이다(Philips, 2007, 36-37쪽). 하디스 학자인 이븐 알쌀라흐는 '싸히흐는 전언가 계보가 불규칙성과 결함이 없이 신뢰할 수 있는 전언가들로부터[63] 신뢰할 수 있는 전언으로 연속적으로 전승된 경우'라고 정의했다. 싸히흐 하디스는 다시 싸히흐 리가이리히와 싸히흐 리다티히로 세분된다. 전자는 어떤 하디스의 전언가 계보가 다른 전승에 의해 보증되어 싸히흐가 된 경우이며, 후자는 앞에서 언급한 5가지 조건을 완전하게 충족한 경우이다.

한편 싸히흐는 전언가 계보(이스나드)와 순나의 내용(마튼)이 5가지 기준에 얼마나 부합하느냐에 따라 7가지 등급으로 세분된다. 첫 번째는 부카리와 무슬림 모두에 의해 전승된 하디스이며, 두 번째는 부카리에 의해서만 전승된 하디스이고, 세 번째는 무슬림에 의해서만 전승된 것이다. 네 번째는 부카리와 무슬림의 기준에 따라 다른 사람들에 의해 기록된 하디스이며, 다섯 번째는 부카리의 기준에 따라 다른 사람들에 의해 기록된 하디스이고, 여섯 번째는 무슬림의 기준에 따라 다른 사람들에 의해 기록된 것이며, 일곱 번째는 부카리나 무슬림의 기준에 따르지 않은 하디스이다(Philips, 2007, 39-40쪽).

하산은 '좋은'의 뜻이며, 싸히흐와 다이프의 중간에 있는 하디스로서 다음과 같은 몇 가지 정의가 존재한다. 이맘 아부 술라이만 알캇따

---

63 신뢰도에 따라 12가지 등급으로 분류된다(Philips, 2007, 88쪽).

비는 '하산 하디스는 출처가 알려져 있고, 전언가들이 유명하며, 다수의 하디스 범주 속에 들어 있고, 대부분의 이슬람 학자들(울라마)이 수용하며, 보통의 법학자들이 이용하는 하디스'라고 정의했다. 이맘 티르미디는 '하산은 전언가 계보에 거짓말쟁이로 의심되는 전언가가 없고, 상위 텍스트(코란)와의 충돌이 없으며, 한 사람 이상의 전언가를 통해 전승된 하디스'로 정의했다. 샤피이 법학자인 이븐 하자르는 '하산은 전언가 계보가 연속적이고, 정직한 전언가들에 의해 전승되었으며, 숨겨진 결함이나 상위 텍스트와의 충돌이 없는 하디스'로 정의했다. 이상의 정의들을 종합해 볼 때, 하산은 싸히흐의 5가지 충족 기준들(전언가 계보의 연속성, 전언가의 정직성, 내용의 정확성, 다른 하디스와의 일치성, 숨겨진 결함 없음) 중 내용의 정확성에만 다소 문제가 있는 하디스를 의미한다고 할 수 있다. 전언가들의 약한 기억력으로 인해 하산 등급에 속하게 된 하디스는 하산 리가이리히에 해당한다.

한편 이맘 바가위는 부카리와 무슬림의 하디스를 싸히흐로, 그 외 다른 수난[64](아부 다우드, 티르미디, 아부 나사이, 이븐 마자)의 하디스를 하

---

64 수난은 언어적 측면에서는 사도 무함마드의 관행인 순나의 복수형이다. 하디스학의 측면에서 보면, 여러 가지 유형의 하디스들 중 하나로 법리학의 순서에 따라 편집된 하디스를 말한다. 최초의 수난은 아미르 빈 슈라흐빌의 『샤으비의 장들』이며, 순니 6서 중 부카리와 무슬림을 제외한 4개를 수난 4서라고 한다. 그 외에도 몇 개의 수난이 있다. 티르미디하디스는 자미으로 불리기도 하는데, 자미으는 주제별로 편집된 하디스이다. 순니 6서 중 부카리와 티르미디가 이에 해당한다. 그 외에도 30여 개의 하디스 유형이 있으며, 자세한 것은 Ebrahim Desai의 「Introduction to Hadith」 참조.

산으로 분류하였다. 이에 대해 다수의 하디스 학자들은 수난에도 싸히흐, 하산, 다이프, 마우두으(위조된)가 뒤섞여 포함되어 있다는 이유를 들어 이맘 바가위의 주장에 반대하였다(Philips, 2007, 40-43쪽).

다이프는 '약한'의 뜻이며, 하산의 아래 단계에 있는 경우로 싸히흐의 충족 기준(전언가 계보의 연속성, 전언가의 정직성, 내용의 정확성, 다른 하디스와의 일치성, 숨겨진 결함 없음) 중 하나 또는 다수를 충족하지 못하는 하디스이다.

하디스의 허약함은 전언가 계보의 단절이나 전언가들의 결함으로 인한 허약함의 정도에 따라 다양하며, 전언가 계보가 매우 허약한 경우라면 위조된 전승일 수도 있을 것이다. 하디스 학자들의 이맘으로 불리는 하킴 니샤푸르는 그의 저서 『하디스학의 지식과 종류들의 양』에서 싸하바(교우들)와 지역(메디나, 쿠파, 메카, 이집트, 샴, 아라비아반도, 호라산)에 따라 발생하는 다이프 하디스에 관해 기록했다(Philips, 2007, 44-45쪽).

2) 전언가 계보의 각 단계에 있는 전언가들의 수

하디스는 전언가 계보의 각 단계에 있는 전언가들의 수라는 기준에 따라 크게 무타와티르와 아하드의 2가지로 분류된다.

무타와티르는 '연속의'란 뜻이며, 전언가 계보의 모든 단계[65]에 거짓을 말한다고 생각할 수 없는(신뢰할 수 있는) 전언가들의 수가 많은 경우이다. 대다수 학자들은 무타와티르의 권위가 코란과 동등하다고 보았다. 무타와티르는 무타와티르 비라프드와 무타와티르 빌마으나로 세분된다. 무타와티르 비라프드는 모든 전승이 동일한 문구와 동일한 의미를 가지고 있는 경우로서, 10개를 넘지 않을 정도로 매우 드물다. "나에 대해 의도적으로 거짓을 말하는 사람은 누구든지 지옥 불 가운데에 자리를 차지하게 될 것이다."라는 순나가 이에 해당하며, 17명의 싸하바에 의해 동일한 문구가 전승되었다. 무타와티르 빌마으나는 전언가들이 전하는 문구는 다르지만 의미가 동일한 경우로서 공식적인 예배, 순례, 단식, 자카트의 양, 끼싸쓰(이원삼, 2002, 54-56쪽) 규범 등에 관한 순나가 이에 해당한다(Philips, 2007, 91-92쪽).[66]

아하드는 '고립된, 혼자의'란 뜻이며, 전언가 계보의 각 단계에 있는 전언가들의 수가 무타와티르의 최소 수[67]에 달하지 못하는 경우이다. 이는 '한 개인의 전승'이라는 의미의 카바르 알와히드라고도 불린다.

---

65 전언가 계보는 시간의 흐름에 따라 12가지 등급으로 분류된다(Philips, 2007, 87쪽).
66 일부 학자들은 무타와티르 하디스 모음집들을 편찬하였으며, 그중 가장 유명한 것은 수유띠의 『무타와티르 하디스에 흩어져 있는 가장 빛나는 열매』이다. 여기에는 지식(2), 신앙(8), 청결(10), 예배(25), 자카트(1), 단식(5), 순례(1), 예절(42), 공적(12), 부활(5)이라는 주제로 총 113개의 하디스가 수록되어 있다.
67 무타와티르가 되기 위한 각 단계 전언가들의 최소수가 몇 명인지에 대한 구체적인 언급은 없다. 그러나 아하드의 하위 범주인 마셔후르가 최소 3명 이상, 아지즈가 2명 이상, 가립이 1명이라는 것을 감안할 때, 무타와티르는 4명 이상은 되어야 한다는 것을 알 수 있다.

이맘 한발과 일부 법학자들은 아하드가 확실성을 가지고 있다고 보았지만, 다수의 법학자들은 이에 반대하는 입장을 표명했다. 한편 다수의 법학자들은 믿을 수 있는 전언가나 이성과 모순되지 않는 전언 내용을 가진 아하드는 법규범을 제정할 수 있다고 보았다. 순니 4대 법학파의 대다수 법학자들은 아하드가 확실성이 보장되지 않는다고 하더라도 반드시 지켜야만 하는 의무라고 주장했다(Philips, 2007, 96-100쪽). 아하드는 마셔후르, 아지즈, 가립의 3가지로 세분된다.

마셔후르는 '유명한'의 뜻이며, 전언가 계보의 각 단계에 있는 전언가의 수가 무타와티르에는 미치지 못하지만 최소 3명 이상인 경우이다. 하나피 법학파는 마셔후르가 무타와티르보다는 확실성이 부족하지만 긍정적인 지식을 준다고 본 반면에, 다수의 법학자들은 추상적인 지식을 주는 아하드의 범주에 포함된다고 보았다. 하나피 법학파는 마셔후르에 따라 행동하는 것이 의무이지만, 거부한다고 해서 불신자가 되는 것은 아니라고 보았다. 이의 보기로는 "알라는 사람들로부터 지식을 빼앗아 제거하지는 않지만 학자들을 제거함으로써 지식을 빼앗을 것이다."(부카리본 100, 무슬림본 2673a, 티르미디본 2652)라는 하디스를 들 수 있다. 이 하디스에는 싸하바 단계에 4명의 전언가들(아이샤, 지야드 빈 라비드, 아부 후라이라[68], 압둘라 빈 아므루)이 있으며, 그다음

---

[68] '고양이의 아버지'란 뜻이며, 고양이를 매우 좋아해서 붙여진 이름이다. 본명은 아부 알라흐만 알다우시이다. 가장 많은 하디스를 전승한 사도의 교우이다(김정위, 2002, 78쪽).

단계에 3명의 전언가들(우르와, 살림 빈 아부 알주으드, 아부 술마), 그 이후의 단계에서도 계속해 4명, 5명, 5명의 전언가들이 있다. 따라서 이 하디스는 각 단계에 있는 전언가들의 최소수가 3명 이상인 마셔후르에 해당한다. 마셔후르를 수집한 모음집들로는 샤카위의 『선한 목적들』, 아즐루니의 『비밀 탐색』, 샤이바니의 『사악한 것과 선한 것의 구별』 등이 있다.[69]

아지즈는 '강한, 드문'의 뜻이며, 전언가 계보의 각 단계에 있는 전언가의 수가 2명 이상인 경우이다. 일부 학자들은 마셔후르와 아지즈를 구분하지 않는다. 아지즈의 보기로는 "내가 그의 부모, 그의 아이, 모든 사람들보다 그를 더 사랑하게 될 때까지는 너희들 어느 누구도 믿지 않을 것이다."(무슬림본 44b, 부카리본 14, 나사이본 5013, 이븐 마자본 Book 1, 70)라는 하디스를 들 수 있다. 이 하디스는 싸하바인 아부 후라이라와 아나스 빈 말릭이 사도의 말씀을 들었고, 이후 아나스 빈 말릭으로부터 타비운(계승자)인 까타다와 압둘아지즈 빈 쑤하입에게로 전승되었으며, 이후 까타다에게서 타비우 타비인(계승자의 계승자)인 슈으바와 사이드에게로 그리고 압둘아지즈 빈 쑤하입에게서 이스마일 빈 울라야와 압둘와리쓰에게로 전승된 것이다. 따라서 이 하디스는

---

69 『선한 목적들』에는 신앙, 지식, 청결, 자카트, 단식, 순례, 지하드 등과 같은 주제별로 분류된 1,356개의 하디스가 수록되어 있다. 『비밀 탐색』에는 3,281개의 하디스가, 『사악한 것과 선한 것의 구별』에는 1,697개의 하디스가 알파벳순으로 정리되어 있다.

각 단계에 있는 전언가들의 최소수가 2명 이상인 아지즈에 해당한다.

가립은 '이상한'의 뜻이며, 전언가 계보에서 싸하바 이후의 어느 단계에 1명의 전언가만 있는 경우이다. 1명의 전언가가 어느 위치에 오는가에 따라 가립 무뜰락과 가립 니스비로 분류된다. 가립 무뜰락은 파르드 무뜰락이라 불리기도 하는데, 1명의 전언가가 전언가 계보의 1단계(싸하바)에 있는 경우이다. 이의 예로는 "진실로 행동은 의도에 의해 판단된다."(부카리본 6689, 무슬림본 1907a, 나사이본 3794, 아부 다우드본 2201)라는 하디스인데, 전언가 계보의 1단계에 우마르 빈 알캇땁만이 있다. 이 하디스는 우마르 빈 알캇땁으로부터 알까마 빈 왓까쓰 알라이씨에게 무함마드 빈 이브라힘에게 야흐야 빈 사이드에게 압둘와합에게 꾸타이바 빈 사이드에게 전승되었다(부카리본 6689). 다음으로 가립 니스비는 1단계 이후에 1명의 전언가가 있는 경우이다. 즉, 1명 이상의 싸하바가 전승했지만 이후의 단계에 1명의 전언가만 있는 경우이다.[70] 이에 대한 예로는 "사도가 정복의 해(630년)에 헬멧을 쓰고 메카에 들어갔고 그것을 벗었을 때, 한 남자가 와서는 '이븐 카딸이 카으바신전의 덮개에 매달려 있다.'고 말하자, 사도가 '그를 살해하라'라고 말했다."(부카리본 1846 · 3044, 티르미디본 1693, 아부 다우드본 2685, 무

---

70 가립 니스비가 하디스가 되려면 첫째, 1명의 전언가가 믿을 수 있는 등급을 가져야 한다. 둘째, 특정한 전언가로부터 전승되어야 한다. 셋째, 특정한 지역의 사람들로부터 나온 전승이어야 한다. 넷째, 특정한 지역으로부터 나온 전승이어야 한다(Philips, 2007, 105쪽).

슬림본 1357)라는 하디스이다. 이 하디스는 싸하바인 아나스 빈 말릭에게서 싸하바인 이븐 시합에게로 전승되었는데, 이후 타비운 단계에는 말릭 한 사람에게만 전승되었다(부카리본 1846).

아하드를 법적 근거로 사용하려면 무엇보다 전언가의 행동이 그의 전승과 모순되지 않아야만 한다. 한편 이맘 아부 하니파는 아부 후라이라가 전한 "개가 접시를 핥는다면 7번을 씻어야 하는데, 그중 1번은 깨끗한 흙이다."(아부 다우드본 73, 나사이본 337·338, 무슬림본 279d)라는 하디스를 거부하였다. 일반적으로 청결의 충족 요건은 3번인데, 아부 후라이라가 전한 이 하디스가 허약(다이프)하다고 생각했기 때문이었다. 하나피 법학파는 전언가가 법학자가 아닌 경우 끼야스와 일치할 때만 아하드를 수용하였는데, 전언가가 법학자라면 그의 하디스가 끼야스보다 우선한다고 보았다. 하나피 법학파는 아하드가 코란의 의미와 모순되면 거부하였는데, "개경장(수라 알파티하)을 낭송하지 않는 이에게 예배는 없다."라는 하디스가 이에 해당한다. 이 하디스는 코란 제73장 20절("코란을 많이 읽으라. 너희에게 쉬워지리라.")과 모순된다는 것이다. 이맘 말릭 빈 아나스의 경우에는 아하드가 메디나의 관행과 모순되지 않으면 인정하였다. 그는 메디나의 관행이 아하드 하디스보다 우선한다고 본 것이다(Philips, 2007, 105-107쪽).

3) 전언가 계보의 시작

하디스는 전언가 계보의 시작이라는 기준에 따라 꾸드시, 마르푸으, 마으꿉, 막뚜으의 4가지로 분류된다.

꾸드시는 '성스러운'의 뜻이며, 전언가 계보가 알라(코란)로부터 시작되는 하디스이다.[71] 무슬림은 꾸드시 하디스가 가브리엘 천사를 통해 계시를 받은 것은 아니며, 사도 무함마드가 7층 하늘을 여행(미으라즈[72])하는 동안이나 꿈속에서 또는 영감을 통해 들었던 것으로 믿는다 (Brown, 2009, 62쪽). 몇 개의 꾸드시 모음집들이 편찬되었는데, 그중 가장 유명한 모음집은 압두루웁 알무나위가 편집한 『꾸드시 하디스에 함께하는 사도의 선물』로 272개의 하디스가 수록되어 있다.[73]

마르푸으는 '고상한'의 뜻이며, 전언가 계보가 사도 무함마드로부터 시작되는 하디스로서 사도 무함마드의 말, 행동, 결정사항(침묵), 속성이 포함된다. 여기에는 말씀의 마르푸으("사도께서 …라고 말씀하셨다."), 행동의 마르푸으("사도께서 …와 같이 행동하셨다."), 결정사항의 마

---

71 꾸드시 하디스와 코란 간의 차이점은, 첫째, 코란은 발화와 의미가 알라로부터 온 것이지만, 꾸드시는 의미는 알라로부터 왔지만 발화는 사도 무함마드로부터 온 것이다. 둘째, 코란은 낭송이 경배의 대상이 되지만, 꾸드시는 낭송이 경배의 대상이 되지 않는다

72 사도 무함마드는 메카에서 메디나로 이주(히즈라)하기 직전 가브리엘 천사와 함께 부라끄라는 천마를 타고 메카에서 예루살렘의 악싸사원으로 야간 여행(이스라으)을 가게 되고, 악싸사원에서 7층 하늘을 통과해 알라에게까지 승천(미으라즈)하였다고 한다. 미으라즈는 '사다리'라는 뜻이다(김정위, 2002, 463-464쪽).

73 13세기에 이븐 알아라비는 『알라에 관해 전해진 소식들의 램프』에서 101개의 꾸드시 하디스를 수록하였다(명지대중동문제연구소, 2016, 148쪽).

르푸으("사도께서 침묵하셨다."), 속성의 마르푸으("사도는 도덕적인 사람을 가장 좋아하신다.") 등 네 종류가 있다.

마으꿉은 '중단된'의 뜻이며, 전언가 계보가 싸하바로부터 시작되는 하디스로서, 전언가 계보가 사도 무함마드까지 이어지지 않고 싸하바에서 중단된 경우이다. 여기에는 말씀의 마으꿉, 행동의 마으꿉, 결정사항의 마으꿉 등 세 종류가 있다.

막뚜으는 '단절된'의 뜻이며, 전언가 계보가 타비운이나 타비우 타비인으로부터 시작되는 하디스이다. 여기에는 말씀의 막뚜으와 행동의 막뚜으 2종류가 있다.

4) 전언가 계보의 연결

하디스는 전언가 계보의 연결이라는 기준에 따라 무스나드와 뭇타씰의 2가지로 분류된다.

무스나드는 '전승된'의 뜻이며, 전언가 계보가 사도 무함마드까지 연결되는 경우이다.

뭇타씰은 '연결된, 연속적인'의 뜻이며, 전언가 계보가 사도 무함마드까지 연결되지 않고 중단되어 싸하바까지만 연결된 경우이다.

5) 전언가 계보의 단절

하디스는 전언가 계보의 단절이라는 기준에 따라 명시적 단절과 암

수라 알파티하는 코란 114개 장 중 제1장이며 여는 장이란 의미로 개경장으로 불린다. 코란의 핵심이며 절대 신인 알라와 인간의 관계를 요약해 준다. 개경장은 정기적인 예배(쌀라)에서뿐만 아니라 개인적이고 자발적인 예배(두아으)에서도 암송된다. 결혼식, 성지순례, 장례식 등에서도 암송된다.

시적 단절의 2가지로 분류된다.

(1) 명시적 단절

세대 차이 등의 이유로 인해 전언가가 그의 스승과 접촉하지 못하게 되는 경우이다. 따라서 하디스 학자는 전언가의 생몰 연대, 공부나 여행을 한 기간 등과 같은 전기 내용을 자세히 알 필요가 있다. 하디스 학자들은 단절이 일어난 곳이나 삭제된 전언가들의 수에 따라 명시적 단절을 무알락, 무르살, 무으달, 문까띠으의 4가지 범주로 세분하였다. 무알락은 '매달린, 걸려 있는'의 뜻이며, 전언가 계보의 시작에 있는 2명이나 여러 명의 전언가들이 연속적으로 삭제된 경우이다. 하나의 예로 "사도는 우스만이 들어왔을 때 그의 두 무릎을 덮었다." (부카리본 3695)라는 하디스를 들 수 있는데, 이맘 부카리가 싸하바인 아부 무사를 제외한 모든 전언가 계보를 삭제한 경우이다. 일반적으로 무알락 하디스는 다이프로 분류되어 거부되었다.

이븐 하자르는 부카리본의 모든 무알락 하디스들의 전언가 계보를 추적한 저서 『무알락 전승의 폐쇄』에서 부카리 하디스에는 무알락 하디스가 많이 포함되어 있지만, 무슬림 하디스에는 6개만 포함되어 있다고 주장했다(Philips, 2007, 47-50쪽).

무르살은 '발송된, 파견된'의 뜻이며, 전언가 계보의 1단계(싸하바)가 삭제되어 불완전하게 전승된 경우이다. 법학자들은 무르살을 전승 경로 중 어느 하나가 생략된 것이라고 정의했다. 이에 대한 예로는 "무함마드 빈 라피으가 나에게 말하길, 후자인 빈 알무사나가 우리에게 전하길, 라이스가 우까일로부터, 이븐 시합으로부터 사이드 빈 알무사이입으로부터 우리에게 전하길 '사도 무함마드는 무자바나와 무하깔라를 금지하셨다. 무자바나는 나무에 매달린 생 대추야자를 말린 대추야자에 대한 보상으로 판매하는 것이며, 무하깔라는 이삭에 매달린 밀을 밀가루나 밀 경작지의 임대에 대한 보상으로 판매하는 것이다.'"(무슬림본 1539b)라는 하디스를 들 수 있다. 이상의 하디스에 대한 전언가 계보에서 사이드 빈 알무사입은 타비운인데, 그와 사도 무함마드 사이에 싸하바 단계가 삭제되어 있다. 타비운까지 거슬러 올라가는 전언가 계보가 진실한 경우에는 무르살 싸히흐 또는 싸히흐 무르살이라고 불리게 된다. 무르살은 연속성의 결여로 인해 본질적으로 다이프에 해당되며, 독자적인 법적 증거로는 사용될 수 없다(Philips,

2007, 51-53쪽).[74]

한편 다이프의 등급으로부터 예외가 되는 무르살이 있다. 전언가가 불신자였을 때 사도 무함마드가 행동하고 말하는 것을 보거나 들었던 것을 전승했거나, 전언가가 이슬람으로 개종하기 전에 사도 무함마드가 사망했다면 그의 전언은 진실한 것으로 인정된다. 싸하바가 나이 때문에 사도 무함마드의 행동이나 말을 보거나 듣지 못했을 경우, 또는 이슬람에 늦게 귀의한 경우로 인해 사건 당시에 그 자리에 있지 않은 상태에서 사도 무함마드의 말이나 행동을 전승한 경우는 무르살 알싸하바라 불린다. 이러한 예는 매우 많으며, 이븐 압바스나 이븐 알주바이르와 같은 싸하바에 의해 전승된 경우이다(Philips, 2007, 51-53쪽).

무으달은 '당혹스러운, 난처한'의 뜻이며, 전언가 계보의 중간이나 마지막에 있는 2명이나 더 많은 전언가들이 연속적으로 삭제된 경우이다. 이에 대한 보기로는 "아나스 빈 말릭이 아부 후라이라로부터 전하길 '사도 무함마드는 노예에게 음식과 의복을 제공하고, 그가 감당

---

74 무르살을 문헌 증거로 채택할 것인가에 대해서는 이견이 있다. 첫째, 대부분의 하디스 학자들은 무르살이 다이프라는 이유로 증거로 채택하기를 거부한다. 둘째, 아부 하니파, 말릭, 아흐마드 빈 한발과 일부 법학자들은 타비운이 믿을 수 있는 전언가라면 무르살을 유효하다고 보고 증거로 수용한다. 셋째, 이맘 샤피이와 일부 학자들은 다음의 4가지 조건을 충족시킨다면 증거로 채택한다. 첫째, 타비운이 주요하거나 상위 타비운일 경우, 둘째, 타비운이 믿을 수 있는 사람인 경우, 셋째, 믿을 수 있는 학자들이 그의 유효성에 의문을 제기하지 않는 경우, 넷째, 이상의 세 조건이 다른 전승에 의해 강화되는 경우.

할 수 있는 것이 아닌 일을 맡겨서는 아니 된다고 말했다.'"(부왓따으 1806)라는 하디스를 들 수 있다.

문까띠으는 '단절된'의 뜻이며, 전언가 계보의 중간에 있는 1명이나 여러 명의 전언가들이 무작위로 삭제된 경우이다. 대부분의 하디스 학자들은 문까띠으를 싸하바와 타비운의 중간이 삭제된 경우로 본다. 이에 대한 보기로는 "압두랏자끄가 알사우리로부터 아부 이스학으로부터 자이드 빈 유사이으로부터 후다이파로부터 전하길 '사도 무함마드는 아부바크르를 당신들의 지도자로 만든다면 좋을 것이다. 그는 강하고 믿을 수 있는 사람이기 때문이라고 말했다.'"는 하디스를 들 수 있다. 이 전승에서 알사우리와 아부 이스학 사이에 슈라이크라는 전언가가 삭제되었다. 알사우리는 아부 이스학으로부터 이 순나를 직접 들은 것이 아니며, 아부 이스학의 제자인 슈라이크를 통해서 들었던 것이다(Philips, 2007, 55쪽).

(2) 암시적 단절

전언가가 삭제되었거나 개인적인 전기 연구에도 불구하고 거의 보이지 않을 정도로 숨겨져 있는 경우로 무달라스, 무르살 카피, 무안안과 무안난의 3가지 범주로 세분된다.

무달라스는 '위조된'의 뜻이며, 전언가 계보에서 전승의 결함을 숨기면서 그 결함의 외관을 미화하는 경우이다. 이것은 다시 타들리스 알사나드와 타들리스 알슈유크로 세분된다. 타들리스 알사나드는 전언가가 자신이 들었던 것을 공개적으로 주장하지 못하고 '그가 말했다'나 '~로부터'와 같은 말을 통해 암시하는 경우와, 한 전언가가 만났던 2명의 강력한 전언가들 사이에 있는 약한 전언가를 생략하는 경우이다. 타들리스 알슈유크는 전언가가 자신의 스승들(슈유크)을 직접 언급하지 않고 익명, 별명, 특징으로 언급하는 경우이다.

위조(타들리스)를 하는 이유는 첫째, 전언가들이 더 강력한 전언가들을 확보하기 위해서나, 유명한 스승으로부터 직접 받았던 전승을 잊어버렸다는 것을 숨기기 위해서 전언가 계보를 모호하게 만드는 경우이다. 둘째, 약한 전언가들을 숨기거나 많은 스승들을 가졌다는 인상을 주기 위해서 전언가들의 정체를 왜곡하는 경우이다.

무르살 카피는 '숨겨진 전승'의 뜻이며, 어떤 사람이 자신이 만났던 사람으로부터 듣지 않은 것을 전승하는 경우나, 그가 들었던 것을 암시하는 용어를 사용하는 경우이다. 무르살 카피와 타들리스 알사나드 간에는 차이가 있는데, 무르살 카피는 배우지 않았던 사람의 말을 전하는 것이고, 타들리스 알사나드는 배웠던 사람(스승)의 말을 전하는 것이다.

무안안은 전언가를 명확히 밝히지 않고 '…로 부터'라는 의미의 전치사(안)를 사용해 전승하는 경우이며, 무안난은 '…라는 것'이라는 의미의 접속사(안나)를 사용해 전승하는 경우이다.

6) 전언가의 결함

전언가들이 비난을 받는 10가지 이유가 있는데, 그중 5가지는 정직성과 관련된 것이며, 나머지 5가지는 정확성과 관련된 것이다. 정직성과 관련된 것은 거짓, 거짓에 대한 의심, 사악함, 비드아, 어리석음(눈의 어리석음)이며, 정확성과 관련된 것은 끔찍한 실수, 허약한 암기력, 부주의함, 지나친 착각, 신뢰 위반이다. 하디스는 전언가의 결함이라는 기준에 따라 11가지로 분류된다.

마우두으는 '위조된'의 뜻이며,[75] 사도 무함마드에 대해 거짓말을 하는 경우로서 창조된 것이고 제작된 것이다.

마트룩은 '버려진'의 뜻이며, 전언가가 거짓말을 한다고 의심을 받는 경우이다.

문카르는 '거부된'의 뜻이며, 전언가의 끔찍한 실수나 부주의함으로 인해 정확성이 결여되었다고 판단되는 경우나, 싸히흐 하디스가 전하는 것과 상반된 순나를 다이프 하디스가 전하는 경우이다.

마으룹은 '알려진, 유명한'의 뜻이며, 다이프 하디스가 전하는 것과

---

75 하디스 위조의 이유들로는 순니와 시아의 차이, 무으타질라를 필두로 한 이슬람철학 운동, 변절자나 배교자, 이야기꾼들, 필요 이상의 경배심을 불러일으켰던 금욕주의자들, 민족주의나 파벌주의, 개인적 선호에 따른 동기, 격언이나 속담이 하디스로 바뀐 경우 등이다(Philips, 2007, 105쪽; Brown, 2009, 69-74쪽). 하디스 위조는 사도의 순나, 즉 마튼에 대한 위조보다는 전언가 계보인 이스나드에 대한 위조가 더 일반적이었다(Brown, 2009, 75-77쪽). 순나를 기록한 근본적 이유는 방대한 영토로 인한 새로운 환경과 관습을 고려한 종교적 권위의 필요성 때문이기도 하였지만, 위조된 하디스로 인한 혼란을 막기 위함이었다(조희선, 2015, 60쪽).

상반된 순나를 싸히흐 하디스가 전하는 경우로 문카르와 반대되는 개념이다.

샷드는 '대중으로부터 고립된, 외톨이'의 뜻이며, 정확성과 평판이 좋은 사람이 그보다 더 선호되는 사람과 반대되는 순나를 전하는 경우이다.

무알랄은 '착각에 빠진'의 뜻이며, 지나친 착각으로 인해 결함이 나타나는 하디스를 말한다.

무드라즈는 '삽입된'의 뜻이며, 연속된 전언가 계보(이스나드)가 변형되거나 내용(마튼)이 아닌 것이 삽입된 경우이다.

마끌룹은 '전복된'의 뜻이며, 이스나드나 마튼에서 어떤 단어가 다른 것으로 대체된 경우이다.

마지드 피 뭇타씰 알아사니드는 '연속되는 전언가 계보에 덧붙이기'의 뜻이며, 이어지는 전언가 계보 사이에 착각으로 인해 어떤 전언가를 덧붙이는 경우이다.

무듯따립은 '동요된, 무질서한'의 뜻이며, 서로 모순되지만 힘에서 동등하여 선호됨이 없는 경우이다.

무싸흐합은 '잘못 읽혀진'의 뜻이며, 낱말이나 의미가 신뢰가 있는 사람이 전한 것과 다르게 변형된 경우이다.

3. 부카리 하디스의 전언가 계보 분석

부카리 하디스에 수록된 일부 구절의 전언가 계보를 위에서 설명한 하디스 전문용어학의 분류를 적용하여 분석하였다. 이와 같은 시도를 통해 하디스 전문용어학의 중요성과 필요성을 인식하는 계기로 삼고자 하였다. 여기서는 앞에서 정리했던 하디스 전문용어학의 분류 중 전언가의 신뢰도와 기억력, 전언가 계보의 각 단계에 있는 전언가들의 수, 전언가 계보의 시작, 전언가 계보의 연결이라는 4가지 분류를 부카리 하디스의 일부 구절에 적용해 보았다.

1) 부카리 하디스 5385번(Vol. 7, 193쪽)

"무함마드 빈 시난이 우리에게 말하길, 함맘이 까타다로부터 듣고 우리에게 말했다. 우리는 아나스의 집에 그의 요리사와 함께 있었는데, 아나스가 말했다. '사도 무함마드는 알라를 만날 때까지(사망할 때까지) 얇은 빵과 구운 양고기를 먹지 않았다.'"

전언가의 신뢰도와 기억력에 따른 분류에 의하면, 부카리 하디스에 수록된 것이니 싸히흐에 해당한다. 싸히흐의 7가지 분류에 따르면, 부카리에 의해서만 전승된 두 번째 등급에 해당한다.

전언가들의 수에 따른 분류에 의하면,[76] 아나스는 싸하바이며 까타다는 이븐 하자르의 책에 4명이 등장하는데 2명은 싸하바이고 2명은 타비운 또는 타비우 타비인에 해당한다. 함맘은 이븐 하자르의 책에 언급되지 않았다. 이상의 정보들을 종합해 볼 때 싸하바 이후의 어느 단계에 1명의 전언가만 있는 가립 하디스일 가능성이 높다는 것을 알 수 있다.

전언가 계보의 시작에 따른 분류에 의하면, 전언가 계보가 싸하바인 아나스로부터 시작되기 때문에 마으꿉 하디스에 해당한다.

전언가 계보의 연결에 따른 분류에 의하면, 전언가 계보가 싸하바까지만 연결되어 있으므로 뭇타씰 하디스에 해당한다.

2) 부카리 하디스 5429번(Vol. 7, 211쪽)

"아부 누아임이 우리에게 말하길, 아나스 빈 말릭이 수마이로부터 아부 쌀리흐로부터 아부 후라이라로부터 사도로부터 듣고 우리에게 말했다. '여행은 일종의 고통이다. 그것은 당신들의 잠과 음식에 방해가 된다. 그러므로 일이 끝나면 서둘러 가족에게로 돌아가야 한다.'"

전언가의 신뢰도와 기억력에 따른 분류에 의하면, 부카리 하디스

---

76 전언가의 신용 등급은 하디스 전언가와 수집가의 신뢰도를 상세히 언급한 이븐 하자르의 『교육의 접근』을 참조하였다. 그러나 하디스에 전언가의 전체 이름이 언급되지 않은 경우 정확한 등급을 판단하기가 어렵다는 점이 분석의 신뢰도에 장애가 된다.

1천 개가 넘는 하디스 모음집들이 등장했으나, 순니 이슬람 세계에서는 9세기에 6개의 하디스 모음집(6서)이 편찬되었으며, 시아 이슬람 세계에서는 10세기에 4개의 하디스 모음집(4서)이 편찬되었다. 사진: 순니 하디스 6서.

에 수록된 것이니 싸히흐에 해당한다. 싸히흐의 7가지 분류에 따르면, 부카리와 무슬림 모두에 의해 전승된 첫 번째 등급에 해당한다.

전언가들의 수에 따른 분류에 의하면, 아부 후라이라는 싸하바이고 아부 쌀리흐는 타비운이며 그 이후의 전언가들은 타비운 또는 타비우 타비인들에 해당한다. 이상의 정보들을 종합해 볼 때 싸하바 단계에 1명의 전언가(아부 후라이라)만 있기 때문에 가립 하디스라는 것을 알 수 있다.

전언가 계보의 시작에 따른 분류에 의하면, 전언가 계보가 사도 무함마드로부터 시작되기 때문에 마르푸으 하디스에 해당한다. 좀 더 세분화된 분류로는 사도의 말씀을 전하고 있으므로 말씀의 마르푸으 하디스에 해당한다.

전언가 계보의 연결에 따른 분류에 의하면, 전언가 계보가 사도 무함마드까지 연결되어 있으므로 무스나드 하디스에 해당한다.

3) 부카리 하디스 5442번(Vol. 7, 217쪽)

"무함마드 빈 유숩이 수프얀으로부터 만쑤르 빈 싸피야로부터 듣고 말했다. 나의 어머니가 아이샤로부터 듣고 말했다. '우리(사도 무함마드와 아이샤)는 검은색을 띤 대추야자와 물을 배불리 먹었고, (이후 편안히) 사도가 사망했다.'"

전언가의 신뢰도와 기억력에 따른 분류에 의하면, 부카리 하디스에 수록된 것이니 싸히흐에 해당한다. 싸히흐의 7가지 분류에 따르면, 부카리와 무슬림 모두에 의해 전승된 첫 번째 등급에 해당한다.

전언가들의 수에 따른 분류에 의하면, 아이샤는 싸하바이며 만쑤르 빈 싸피야는 타비운이고 수프얀은 이븐 하자르의 책에 10여 명이 언급되어 있는데 싸하바 또는 타비운에 해당한다. 가장 최근의 전언가인 무함마드 빈 유숩의 경우 10여 명이 이븐 하자르에 의해 언급되어 있어 정확한 정보를 파악하기 어렵다. 이상의 정보들을 종합해 볼 때 싸하바 단계에 1명의 전언가(아이샤)만 있기 때문에 가립 하디스에 해당한다.

전언가 계보의 시작에 따른 분류에 의하면, 전언가 계보가 싸하바인 아이샤로부터 시작되기 때문에 마으꿉 하디스에 해당한다.

전언가 계보의 연결에 따른 분류에 의하면, 전언가 계보가 싸하바까지만 연결되어 있으므로 뭇타씰 하디스에 해당한다.

4) 부카리 하디스 5448번(Vol. 7, 220쪽)

"아부 누아임이 우리에게 말했다. 무함마드 빈 딸하가 주바이드로부터 이븐 우마르로부터 사도 무함마드로부터 들었던 것을 우리에게 말했다. '나무들 중에 무슬림 같은 나무가 있는데, 그것은 대추야자 나무이다.'"

전언가의 신뢰도와 기억력에 따른 분류에 의하면, 부카리 하디스에 수록된 것이니 싸히흐에 해당한다. 싸히흐의 7가지 분류에 따르면, 부카리에 의해서만 전승된 두 번째 경우에 해당한다.

전언가들의 수에 따른 분류에 의하면, 이븐 우마르는 싸하바이며 이후의 전언가들인 주바이드, 무함마드 빈 딸하, 아부 누아임은 모두 타비운 또는 타비우 타비인들이다. 이상의 정보들을 종합해 볼 때 싸하바 단계에 1명의 전언가(이븐 우마르)만 있기 때문에 가립 하디스에 해당한다.

전언가 계보의 시작에 따른 분류에 의하면, 전언가 계보가 사도 무함마드로부터 시작되기 때문에 마르푸으 하디스에 해당한다. 좀 더 세분화된 분류로는 보기가 사도의 말씀을 전하고 있으므로 말씀의 마르푸으 하디스에 해당한다.

전언가 계보의 연결에 따른 분류에 의하면, 전언가 계보가 사도 무함마드까지 연결되어 있으므로 무스나드 하디스에 해당한다.

5) 부카리 하디스 5451번(Vol. 7, 222쪽)

"무삿다드가 우리에게 말했다. 압둘와리쓰가 압둘아지즈로부터 들었던 것을 우리에게 말했다. 아나스는 '사도 무함마드가 마늘에 관해 말씀하시는 것을 들었나요?'라는 질문을 받았을 때, '사도는 그것(마늘)을 먹은 이는 모스크에 접근하지 말라고 말씀하셨다.'"

전언가의 신뢰도와 기억력에 따른 분류에 의하면, 부카리 하디스에 수록된 것이니 싸히흐에 해당한다. 싸히흐의 7가지 분류에 따르면, 부카리와 무슬림 모두에 의해 전승된 첫 번째 등급에 해당한다.

전언가들의 수에 따른 분류에 의하면, 아나스는 싸하바이며 그 외 압둘아지즈, 압둘와리쓰, 무삿다드에 대한 정확한 정보를 알 수는 없지만 싸하바가 아닌 것으로 판단된다. 이상의 정보들을 종합해 볼 때 싸하바 단계에 1명의 전언가(아나스)만 있기 때문에 가립 하디스에 해당한다.

전언가 계보의 시작에 따른 분류에 의하면, 전언가 계보가 사도로부터 시작하기 때문에 마르푸으 하디스에 해당한다. 좀 더 세분화된 분류로는 사도의 말씀을 전하고 있으므로 말씀의 마르푸으 하디스에 해당한다.

전언가 계보의 연결에 따른 분류에 의하면, 전언가 계보가 사도 무함마드까지 연결되어 있기 때문에 무스나드 하디스에 해당한다.

4. 하디스 용어학, 참 순나를 위한 여정

사도의 말, 행동, 결정사항(침묵)인 순나를 기록한 하디스는 많은 전언가들의 전승들을 수집하여 기록하였기 때문에 모음집들마다 내용이 다른 경우가 허다하였으며, 일부는 특정 집단의 주장을 관철시키기 위해 의도적으로 왜곡되기까지 하였다. 그 결과 9-10세기에 수집된 하디스들에 대한 검증이 본격화되면서 매우 복잡하고 세밀한 하디스 전문용어학이 생겨나게 되었다.

이에 하디스 이해에 필수적인 전문용어를 분류하고 내용을 정리하였다. 하디스를 분류하는 기준은 다양한데, 여기서는 6가지 기준에 따라 하디스 연구에 빈번하게 등장하는 전문용어를 분류하고 정리하였다. 기준은 전언가의 신뢰도와 기억력, 전언가 계보의 각 단계에 있는 전언가들의 수, 전언가 계보의 시작, 전언가 계보의 연결, 전언가 계보의 단절, 전언가들의 결함이다.

무슬림이 이렇듯 복잡하고 세밀한 분류를 통해 얻고자 했던 것은 무엇이었을까? 그것은 바로 전승 과정을 철저히 검증함으로써 거짓

되고 왜곡된 내용을 걸러내고, 사도 무함마드의 진실한 참 순나를 밝혀내고자 함이었다. 이를 통해 모든 무슬림이 사도 무함마드의 진실한 순나(말, 행동, 침묵)를 본받아 올바른 신앙생활을 할 수 있는 지침과 안내서를 만들고자 노력하였다.

　부카리 하디스 모음집에 포함된 일부 구절을 발췌하여, 6가지 기준에 따라 분류하고 정리하였던 하디스 전문용어학의 내용을 적용해 보았다. 이를 통해 해당 하디스의 신뢰성을 검증해 보려 시도하였으나, 전언가들의 수에 따른 분류의 경우 해당 하디스에 전체 이름이 명시되지 않음으로 인해 전언가의 정확한 등급을 확인하지 못하는 한계가 있다. 그럼에도 불구하고 이와 같은 시도를 통해 하디스 전문용어학의 중요성과 필요성을 확인하였다는 점은 의미있는 일이라 할 수 있다.

법학파*
주요 법학파들과 그들의 주요 법원은 무엇인가?

초기 이슬람 세계에는 코란과 순나(하디스)의 해석, 법원의 채택 순서에 대한 의견 차이로 인해 500여 개의 법학파들이 형성되었으나 대부분 소멸되거나 통합되었다. 2005년 이슬람 학자들은 순니 5개(하나피, 말리키, 샤피이, 한발리, 자히리), 시아 2개(자으파리, 자이디), 이바디 법학파를 주요 법학파로 인정하는 합의를 공표하였다.

* 이 글은 『아랍어와 아랍문학』 제19집 제4호(2015), 「8개 이슬람 법학파의 특징과 이크틸랍 원칙」이라는 글을 일부 수정·보완한 것이다. 아랍어 참고문헌은 편집의 어려움과 가독성을 고려하여 생략하였다.

1. 법학파, 연구의 방법

2015년 8월 인도에서, 남편이 아내를 향해 이혼이란 뜻의 아랍어 단어(딸락)를 세 번 연속으로 외치면 가정법원에 갈 것도 없이 이혼이 성립되는 트리플 딸락 폐지에 대한 논란이 보도되었다. 이런 관습이 남아 있는 것은 인도 무슬림의 대다수가 따르는 하나피법이 이를 인정하고 있기 때문이다. 이러한 관행은 이웃 나라인 파키스탄이나 방글라데시를 비롯해 터키, 튀니지, 알제리, 이라크, 이란, 인도네시아 같은 많은 이슬람 국가에서는 법에 의해 금지되었다.

이슬람을 공통의 신앙으로 가지고 있는 이슬람 세계에서 이혼이란 동일한 사안에 대해서도 국가들마다 다른 법이 적용되는 이유는 무엇일까? 그 이유는 각 지역(국가)마다 신봉하는 법학파가 다르고, 법학파마다 자신들만의 독특한 법적 견해(파트와[77])가 있기 때문이다. 이러한 같음과 다름을 이해하기 위해서는 이즈마으와 이크틸랍(Khan, 2013, 23

---

[77] 법률 담당 관리인 무프티가 내놓은 종교 교리 및 법과 관련하여 공표된 견해나 결정(김정위, 2002, 652쪽)

쪽)[78]의 개념을 통해 법학파를 살펴볼 필요가 있다.

사도 무함마드 사후 상당수의 싸하바가 자신들의 독자적인 학파를 창설함으로써 많은 법학파들이 존재하였으나(Makdisi, 1979, 3쪽),[79] 9-12세기경에는 법학파들 대부분이 통합되거나 소멸되었다. 아래에서는 공통의 견해를 가진 법학자들의 집단인 법학파(마드합[80])들을 개괄하였다. 이슬람 역사에서 중요한 역할을 한 것으로 알려진 8개 법학파들의 설립자와 형성 과정, 주요 계승자 및 법원과 견해, 발전 역사, 분포 지역 등을 포함하는 특성들을 종합적으로 정리하였다.[81]

이들은 2005년 50여 개 이슬람 국가에서 모인 200여 명의 이슬람 학자들에 의해 채택된 암만 메시지(Amman Message)에서 공표된 법학파이다. 이와 같은 과정을 통해 공통의 견해를 가진 이슬람 법학파의 특징을 일목요연하게 이해할 수 있는 기초 자료를 확보하고자 하였다.

---

78 이즈마으는 공통의 견해라는 의미로, 이크틸랍은 다른 견해라는 의미로 사용하였다. 이때 공통의 견해는 어떤 사안에 대해 명백히 표현되거나 암묵적인 경우를 다 포함하며, 이슬람 학자들뿐만 아니라 대중들의 공통의 견해도 해당된다. 이즈마으는 코란, 순나(하디스), 끼야스와 더불어 샤리아의 법원들 중 하나이다.
79 순니 4대 법학파가 정착되지 않았던 9세기 초 무렵까지 500여 개의 개인 법학파들이 생성하고 소멸했다.
80 행동의 길, 과정, 방식, 철학, 법, 교리, 주의, 법학파 등과 같은 다양한 의미로 해석되나 (『The Encyclopaedia of Islam』), 여기서는 법학파의 의미로 사용한다.
81 여기서 다룰 법학파는 하나피, 말리키, 샤피이, 한발리, 자히리, 자으파리, 자이디, 이바디 법학파를 포함하는 총 8개 법학파이다. 이는 2005년 요르단 암만에서 채택된 암만 메시지의 내용을 토대로 한 것이다.

2. 이슬람 법학파

1) 순니 법학파

처음 순니 이슬람에 하나피 법학파, 말리키 법학파, 샤피이 법학파, 자히리 법학파의 4개 법학파가 있었고, 이후 한발리 법학파와 자리리 법학파[82]가 학파로 발전했다. 그 후 10세기경 자리리 법학파가 소멸했으며, 맘룩조(1250-1517) 때 자히리 법학파도 소멸되면서 나머지 4개가 주요 법학파로 확립되었다(Makdisi, 1979, 6쪽). 이후 오스만조(1299-1922) 들어 네 법학파의 공식적인 지위가 재확인되었다는 것이 다수의 주장이다. 그 외에도 주요 법학파들의 형성과 발전에 대해서는 다양한 의견이 제시되고 있다.[83]

(1) 하나피 법학파

설립자: 아부 하니파

법원 채택 순서: 코란 → 순나(하디스) → 이즈마으 → 교우들 개인의 법적 견해(이즈티하드) → 끼야스 → 이스티흐산 → 무슬림의 관습(우릅)

---

82 여기서는 자리리 법학파를 제외하고 암만 메시지에서 언급된 5개의 법학파만을 다룸.
83 10세기의 시아 학자인 이븐 알나딤은 말리키, 하나피, 샤피이, 자히리, 이마미 시아, 아흘 알하디스, 자리리, 카와리지 등 8개의 법학파가 있었는데, 12세기에 자리리와 자히리가 샤피이 법학파에 흡수되었다고 주장했다. 이븐 칼둔은 하나피, 자히리 외에 샤피이와 말리키와 한발리를 합친 하나의 법학파 등 총 3개의 순니 법학파를 언급하기도 하였다.

영향 지역: 터키, 발칸 국가들, 시리아, 레바논, 요르단, 팔레스타인, 이집트, 이라크 일부, 코카서스, 중앙아시아, 파키스탄, 방글라데시, 인도, 러시아 등(전 세계 무슬림의 3분의 1)

하나피 법학파는 아부 하니파 알누으만 빈 사비트 알쿠피(699-767)[84]의 이름에서 유래된 것이며, 그의 법적 견해는 제자들인 아부 유숩(731-798)과 『다히르 알리와야』를 편찬한 무함마드 알샤이바이(748-804)에 의해 계승되었다. 제4대 정통 칼리파 알리가 메카에서 이라크 쿠파로 수도를 옮기고 다수의 초기 세대들이 그곳에 정착하게 되면서 하나피 법학파는 이들 초기 무슬림의 전통을 규범의 토대로 삼았다. 이로 인해 하나피 법학파는 쿠파 학파 또는 이라크 학파로 불리기도 한다.[85] 아부 하니파는 끼야스를 샤리아의 법원으로 채택한 최초의 인물로 여겨지고 있으며, 이로 인해 그는 끼야스의 이맘이라는 칭호를 얻었다(Zacharias, 2006, 495-496쪽).[86]

주요 견해로는 배교를 종교적 범죄로 간주하고 남자의 경우 사형에

---

84 아부 하니파를 비롯하여 순니 4대 법학파의 설립자들에 대한 정보뿐만 아니라 칼리파, 법학자, 신학자 등 이슬람 세계의 주요 인물들에 대한 정보는 손주영 외(2012) 참조.

85 하나피 법학파는 죄에 대한 심판이 오직 신에 의해서만 이루어진다고 보고 현세의 중죄인에 대한 심판을 연기해야 한다는 입장을 취하면서 연기론자란 의미의 무르지아파로 불리기도 하였다(손주영 외, 2012, 292쪽).

86 아부 하니파는 추측에 근거한 법학의 창시자로 여겨지며, 법적 문제를 구체적인 사례 없이 추상적으로 토론하였다. 이로 인해 "그는 일어나지도 않은 일을 일어난 것처럼 만드는 가장 박식한 사람이지만, 실제로 일어난 일에 대해서는 전혀 모르는 사람"이라는 비판을 받았다.

처하며 여자의 경우 마음을 돌릴 때까지 감금한다. 배교자에게는 재산 몰수, 결혼 무효, 상속권 몰수 등과 같은 각종 민사책임을 부과하였다. 신성모독에 대해서도 배교와 동일한 처벌을 부과하며, 무슬림 성인 자유민이 간음한 경우 투석형을 집행한다. 무슬림과 이슬람에 득이 되는 경우 폭력을 정당화하며, 불신자에 대한 영원한 전쟁을 의무로 부과하고 있다. 오스만조의 노예법을 제정하였으며, 음악이나 춤, 노래를 불법적인 것으로 규정하였다. 여성이 재판관에 임명되는 것을 허용하지만, 남성 곁에서 예배를 보거나 남성들의 예배를 인도하는 것은 허용하지 않는다.

하나피 법학파는 코란과 하디스에 집중하고 법학자들의 재량을 좋아하지 않았던 메디나 전통주의자들보다 유연하였기에 통치자들에게 환영을 받았다. 그 결과 10세기경부터 압바스조(750-1258)의 공식 법학파가 되었으며(Zacharias, 2006, 497쪽; Sharif&Ijaz, 2014, 3쪽),[87] 11-12세기의 셀죽조(1037-1194), 이후의 오스만조에 의해 공인 법학파로 인정받았다.

---

87 하나피 법학파는 압바스 시대에 가장 지배적인 지위를 확보하였는데, 하나피 법학파가 쿠파에 기원을 두고 있다는 점과 아부 하니파의 제자인 아부 유숩이 칼리파 하룬 알라시드 시절에 판사 임명의 업무를 맡는 최고 재판관이었다는 점이 크게 작용하였다.

(2) 말리키 법학파

설립자: 말릭 빈 아나스

법원 채택 순서: 코란 → 순나(하디스) → 메디나 주민들의 관행(아말) → 이즈마으 → 교우들 개인의 법적 견해(이즈티하드) → 끼야스 → 이스티쓸라흐 → 무슬림의 관습(우릅)

영향 지역: 이집트 북동 지역, 서아프리카, 차드, 수단, 바레인, 쿠웨이트, 아랍에미리트, 사우디아라비아 북동부

말리키 법학파는 메디나 출신의 아부 압둘라 말릭 빈 아나스 빈 아비 아미르 알아쓰바히 알하미리 알무두니(711-795)의 이름에서 유래되었으며, 그의 견해는 『무왓따으』에 기록되어 있다.

말리키 법학파는 전통을 중시하였는데 하디스에 기록된 것뿐만 아니라 4명의 정통 칼리파들, 특히 제2대 정통 칼리파였던 우마르의 규범들을 전통에 포함시켰다. 이맘 말릭은 메디나 주민들의 관행을 약한 하디스(하디스 다이프)보다 더 생생한 순나라고 보았다(Brown, 2010, 155쪽; Zacharias, 2006, 498-499쪽).[88] 이즈마으의 경우에는 무슬림 1세대나 메디나 1-3세대로부터 나온 법원의 경우에만 채택하였다. 끼야스는 다른 법원들에서 근거를 찾을 수 없을 경우에만 채택하였는데, 이맘

---

88 이맘 말릭은 순나(하디스)가 사도 무함마드의 관행이나 사도가 인정한 이슬람 이전 시대의 메디나 관습에 바탕을 둔 아말에 의해 형성된다고 보았다. 이맘 말릭은 메디나 주민들의 이즈마으인 아말이 모든 도시에서 권위를 가진다고 보았으며, 이맘 샤피이도 아말의 권위를 인정하였다.

말릭은 끼야스를 평생 단 한 번밖에 사용하지 않았다고 한다(Zacharias, 2006, 499쪽).[89]

주요 견해로는, 배교를 알라에 대한 범죄들 중 하나로 여겼으며, 10일간의 취소 기간을 주었지만 배교자는 남녀를 불문하고 사형에 처했다. 배교자에게는 재산 몰수, 결혼 무효, 상속권 몰수 등과 같은 각종 민사책임을 부과하였다. 신성모독은 배교보다 더 심각한 범죄로 보아 남자는 사형에 처하고 회개를 수용하지 않았다. 여성의 경우에는 회개하고 이슬람으로 되돌아올 때까지 또는 죽을 때까지 감금한다. 결혼한 사람들의 불법 성행위(지나)에 대해서는 투석형에 처했으며, 노예제도를 법제화하였다. 마흐르를 합법적 결혼을 위한 필요조건으로 보았으며, 결혼 당시나 이후에 이의 절반은 반드시 지불되어야 한다고 보았다. 유효한 결혼을 위해서는 남성 증인 두 명이나 남성 한 명과 여성 두 명의 증인을 필요로 하였다.[90] 동성애를 간음으로 보아 사형에 처했으며, 음악과 노래는 하람으로 규정했고, 사람이나 동물을 그리는 것도 비합법적인 행위로 보았다.

말리키 법학파는 메디나에서 기원하였으나 아프리카에서 상당

---

89 "일어나지 않은 것이 아니라 일어난 것에 관해 물으시오."라는 말처럼, 이맘 말릭은 가상적인 사고에 기초한 토론을 허용하지 않았다.

90 증인 4명이 요구되는 지나(간음, 간통)의 경우 외에는 증인 2명이 요구된다. 남성 2명이 없는 경우 남성 1명과 여성 2명의 증인이 증언할 수 있다. 이때 남성 증인 1명을 여성 2명으로 대체할 수 있는 것은 "증인으로 두 남성이 가능하지 않은 경우 한 남성과 두 여성이다"(코란 제2장 282절)에 근거한다(최영길, 1985, 419쪽).

한 인정을 받았으며(Sharif&Ijaz, 2014, 5쪽),[91] 한때 안달루스 우마이야조 (750-929)와 무라비뚠조(1056-1147)에서 공인을 받기도 하였지만, 자히리 법학파를 신봉한 무와히둔조(1130-1269)에 밀려나면서 안달루스에서 힘을 잃었다. 9세기 이래로 말리키 법학파의 중심지는 튀니지 까이라완에 있는 까이라완 모스크(우크바 모스크)였다.

(3) 샤피이 법학파

설립자: 무함마드 빈 이드리스 알샤피이

법원 채택 순서: 코란 → 순나(하디스) → 이즈마으 → 메디나 주민들의 관행(아말) → 교우들 개인의 법적 견해(이즈티하드) → 끼야스

영향 지역: 지부티, 소말리아, 에티오피아, 이집트 동부, 예멘, 레바논, 요르단과 사우디아라비아 일부 지역, 인도네시아, 말레이시아, 스리랑카, 태국, 싱가포르 등

샤피이 법학파는 샤리아의 최초 이론가로 여겨지는 팔레스타인 가자 출신의 아부 압둘라 무함마드 빈 이드리스 알샤피이 알뚜딸리바 알끼르시(767-820)의 이름에서 유래되었으며, 그의 견해는 『리살라』[92]에 수록되어 있다. 이맘 샤피이는 순나에 코란과 동등한 지위를 부여

---

91 9세기 중반경 메디나를 중심으로 내전이 격해지면서 말리키 법학파의 법학자들 다수가 메디나를 떠나 이집트로 이주하였다.
92 '편지, 서신, 임무'라는 뜻이며, 이맘 샤피이는 이 책을 통해 모든 시대의 무즈타히드들이 샤리아 규범을 설명하기 위해 필요한 규정을 편찬하기를 원했다.

했다. 사도 무함마드의 순나는 그 자체로 충분하다고 보고, 어떠한 전통이 사도에게 귀속되지 않거나 사도의 순나에 모순된다면 결정적인 것이 될 수 없다고 보았다.

주요 견해로는, 배교를 종교적 범죄로 간주하여 남녀 배교자 모두 3일간의 철회 기간 이후 처형한다. 배교자에게는 재산 몰수, 결혼 무효, 상속권 몰수 등과 같은 각종 민사책임을 부과한다. 신성모독을 배교보다 더 심각한 범죄로 보지만 회개를 수용하고, 회개하지 않는 남녀 모두를 사형에 처한다. 결혼한 사람들의 간음(지나)이나 동성애에 대해서는 투석형에 처하며, 결혼하지 않은 사람의 경우에는 채찍형에 처한다. 투석형을 집행할 시에는 목격자의 증언이나 자백을 필요로 한다. 마흐르를 합법적 결혼을 위해 신랑이나 그의 가족이 신부에게 지불해야만 하는 의무로 보았지만 그 양을 규정하지는 않았다. 샤피이 법학자들은 노예제도를 법제화하였고, 결혼 최소 연령을 남성 12세, 여성 9세로 보았으며, 남성은 자신의 아내와 이혼할 수 있지만 아내에게는 이혼의 권리를 허용하지 않았다. 결혼 적령기에 있는 이성과의 접촉은 의례의 순수성을 무효화시키며, 불신자와의 전쟁은 영원한 의무라고 보았다. 음악과 춤, 생명체의 그림을 하람으로 보았으며, 남녀 할례를 의무로, 면도를 하람으로 간주했다.

샤피이 법학파는 제자들에 의해 메카, 카이로, 바그다드에서 널리 퍼졌으며(Zacharias, 2006, 501쪽)[93] 이슬람 초기에는 가장 폭넓게 인정되었다. 특히 셀죽조, 장기조(1127-1250), 아이윱조(1171-1260), 맘룩조에 의해 공식 법학파로 인정되었다. 하드라마우트의 카시리 술탄국(14세기-1967)과 메카 샤리프가[94]의 인정을 받았다. 이후 오스만조가 세력을 확장하면서 하나피 법학파로 대체되었는데, 그 이유는 하나피 법학파가 통치자들에게 유연성을 제공하는 이스티흐산을 허용하기 때문이었다. 샤피이 법학파는 하나피 법학파가 법원으로 채택하는 이스티흐산과 말리키 법학파가 법원으로 채택하는 이스티쓸라흐를 부패하기 쉽고 정치적으로 이용될 가능성이 있는 주관적인 의견이라는 이유를 들어 수용하지 않았다.

(4) 한발리 법학파

설립자: 아흐마드 빈 한발

법원 채택 순서: 코란 → 순나(하디스) → 이즈마으 → 교우들 개인의 법적 견해(이즈티하드) → 다이프 하디스 → 끼야스

---

93 이맘 샤피이는 메카의 꾸라이시부족 출신이며, 바그다드에서 이맘 말릭의 제자를 자처하며 강의를 시작했고, 이후 카이로로 건너가 자신의 독자적인 이론을 펼쳤다. 이런 이유 때문에 그의 제자들은 바그다드 학파와 이집트 학파로 나뉘었다.

94 사도 무함마드의 딸인 파띠마와 사촌이며 제4대 정통 칼리파였던 알리 사이에서 태어난 하산과 후사인의 후손들이다. 하산의 후손들은 사이드, 후사인의 후손들은 샤리프로 구분하기도 한다. 이들은 고귀한 혈통으로 여겨져 시디, 사이드, 마울라이와 같은 특별한 호칭으로 불렸다. 현재 모르코와 요르단 왕실이 이들의 후손들로 알려져 있다(김정위, 2002, 351-352쪽, 360쪽).

영향 지역: 사우디아라비아, 카타르

한발리 법학파는 바그다드 출신의 아흐마드 빈 한발(780-855)의 이름에서 유래되었으며, 『무스나드』를 편찬했다. 그는 가장 저명한 신학자들 중의 한 명으로서 이슬람의 세이크로 불렸다.

한발리는 하나피나 말리키와 달리 법학자들의 개인적 견해나 이후 세대 무슬림(타비운)의 이즈마으가 샤리아의 법원으로 사용되는 것을 부정했다. 이맘 한발은 코란과 하디스의 문자적 해석을 주장했으며, 그와 동시대 법학자들의 이즈마으를 거부했다. 그러나 한발리 법학파의 대표적인 학자인 이븐 타이미야(1263-1328)는 종교 학자들로 구성된 이후 세대 무슬림의 이즈마으를 인정했다.[95] 끼야스의 경우에도 이맘 한발은 이를 유효한 법원으로 거부하였지만, 후 세대 법학자들은 이를 인정하였으며 샤피이의 끼야스를 채용하기도 하였다.

한발리 법학파는 초창기에는 순니 4대 법학파에 포함되지 못할 정도로 작은 법학파였다. 무함마드 빈 자리르 알따바리(839-923)와 같은 무슬림 주석가들은 이맘 한발이 법학자가 아니라 전승학자라는 이유를 들어 무시하였다. 정치적으로도 한발리는 압바스조 통치자들과 관

---

95 이맘 아부 하니파와 샤피이는 이후 세대 무슬림인 타비운의 전승을 법원으로 인정하였으며, 이맘 한발은 교우들의 전승이 없는 경우에만 타비운의 전승을 인정하였다. 이맘 말릭은 타비운의 전승을 인정하지 않았음에도 불구하고 이들의 전승이 『무왓따으』에 많이 발견되는 모순을 보여준다. 한편 순니 4대 법학파는 모두 교우들인 싸하바의 전승을 법원으로 인정한 반면에, 시아와 카와리즈는 이를 인정하지 않는다.

계가 좋지 못했다. 특히 알하산 빈 알리 알바르바하리(?-941)가 법학파의 지도자였던 때에는 죄를 범한다고 의심이 되는 순니와 시아 무슬림에게 폭력을 가하는 등 난폭한 행동을 함으로써 칼리파 알라디(934-940 재위)의 비난을 받고 국가의 공식적인 후원이 중단되기도 하였다. 그러나 한발리 법학파는 맘룩조와 오스만조에 의해 순니 4대 법학파들 중의 하나로 공인되었다.[96] 이후 사우드가가 메카를 합병한 1926년부터 한발리 법학파는 사우디아라비아의 후원을 받았다.

(5) 자히리 법학파

설립자: 다우드 빈 알리 알자히리

법원 채택 순서: 코란 → 순나(하디스)

영향 지역: 없음

자히리 법학파는 다우드 빈 알리 알자히리(815-884)의 이름에서 유래되었으며, 또한 이들이 코란과 순나의 분명하고 명백하게 드러난 의미(자히르)를 추구하였기 때문에 이러한 이름으로 불리게 되었다. 다우디 법학파라는 명칭으로 불리기도 하고, 다수의 무슬림 1세대들

---

96   한발리 법학파가 생존하게 된 이유는 지도자인 이맘 한발의 법적 태도 때문이 아니라 무으타질라의 이성주의에 대항하는 전통주의 신학을 추구하였기 때문이다. 한발리는 무으타질라에 반대하여 코란이 창조되지 않은 알라의 말씀이라고 주장하였는데, 이는 이슬람의 전통주의 이론으로 남아 유지되고 있다. 법학파의 생존과 소멸은 지도자의 법적 지식이나 태도 때문이 아니라 전통주의의 고수 여부에 달려 있다.

이 이 법학파의 방식을 따랐기 때문에 제1세대 학파라고 불리기도 한다. 자히리 법학파는 원전(코란과 하디스)의 문자적 해석에 집중하며 끼야스·이스티흐산·임의적인 관행을 법원으로 인정하지 않고, 끼야스를 비드아로 간주한다.[97] 이즈마으의 경우 교우들의 것만을 인정하며, 이후 세대인 타비운의 이즈마으는 인정하지 않는다.

주요 견해로는, 코란의 창조설을 부정하였으며, 성모 마리아를 여성 예언자로 보았다. 리바를 금지하였고, 6가지 물품들(금, 은, 대추야자, 소금, 밀, 보리)의 물물교환을 금지하였지만 그 외의 물물교환은 허용하였다. 여성은 신체 부위를 가려야 하지만 얼굴은 노출할 수도 있다는 견해를 제시함으로써 여성의 히잡 착용을 의무라기보다는 권장 사항으로 보았다. 단식 기간인 이슬람력 9월(라마단) 동안에 여행을 떠날 경우 출발 당일 단식을 중단할 수 있다고 보았으며, 여행 기간에 관계없이 예배를 단축할 수 있다고 보았다.

자히리 법학파는 다른 순니 법학파들로부터 관행을 따르지 않는 이들이라고 비판을 받았다. 안달루스에서는 말리키 법학자들이 자히리 법학의 대표 학자인 이븐 하즘(994-1064)을 비판하고 공격하였으며, 샤피이의 일부 법학자들은 자히리 법학파를 전혀 효력 없는 학파로 보았다. 어떤 한발리 법학자는 자히리 법학파를 '그들의 주(God)의 책과

---

97 대표적인 이슬람 학자인 할락은 문자적인 해석에 치중한 채 경전에 근거한 이즈티하드나 끼야스를 거부한 것을 자히리 법학파의 소멸 이유로 보았다(박현도, 2015, 10쪽).

그들의 사도의 모범을 따르는 이들'이라고 묘사하기도 하였다.

초창기에 자히리 법학파는 현재의 이라크 지역에서 주도권을 장악하고 있었으며, 압바스조 당시에는 하나피, 말리키, 샤피이와 더불어 순니 4대 법학파의 하나로 인정받고 있었다. 그러나 정부와의 관계 약화·엘리트 의식·텍스트 부재와 같은 원인들이 지배력을 약화시켰으며, 결국 메소포타미아와 페르시아 지역의 지배권을 하나피 법학파에게 넘겨주고 말았다. 자히리 사상은 말리키 법학자들에 의해 북아프리카와 스페인 안달루스로 전파되어 무와히둔조 때에는 국가의 공식 법학파로 인정받기도 하였으나, 안달루스가 1492년경 기독교인들에 의해 재정복된 이후에는 거의 사라졌다. 현대에 들어 자히리 법학파는 이슬람 세계의 어떤 지역에서도 다수를 차지하지 못하지만 자히리 공동체와 법학자들이 존재하기 때문에 절반만 활동하는 것으로 묘사되고 있다(Shehab, 2013, 1-4쪽).[98] 그러나 여전히 자히리 법학이 주목을 받고 있기 때문에 2005년 암만 메시지에서 순니 이슬람의 공인 법학파로 인정된 바 있다.

---

98 자히리 법학자들은 코란과 하디스 원전의 문자적 해석에 여전히 집착함으로써 신문자주의자들이라고 불리고 있으며, 지적 능력, 언어, 피부색, 사고 능력에 따라 다른 견해들을 제시할 수 있다는 이크틸랍 원칙을 이해하지 못하고 있다. 또한 이성을 통한 끼야스를 부정하고, 법적 견해가 상황과 환경에 따라 변화하는 유연성과 융통성을 보여주지 못하는 경직된 태도를 보여준다.

2) 시아 법학파

(1) 자으파리 법학파

설립자: 자으파르 알싸딕

법원 채택 순서: 코란 → 순나(하디스) → 법학자들의 개인적 의견(라으이)

영향 지역: 이란, 이라크 일부(시아 무슬림 다수)

자으파리 법학파는 시아 6대 이맘인 자으파르 알싸딕(702-765)의 이름에서 유래되었으며 12이맘파,[99] 알라위파,[100] 이스마일파[101]가 신봉하는 시아 최대의 법학파이다. 주요 법학서는 시아 4서로 알려진 『알카피』, 『만 라 야흐두루후 알파끼흐』, 『키탑 알이스팁싸르』, 『키탑 알타흐딥』이다. 자으파리는 끼야스를 부정하고 칼리파 임명, 사도 무함마드와 이맘의 무오류성, 타끼야,[102] 재림, 임시혼(무트아) 등을 포함한

99 이마미라고도 하며, 알리를 시작으로 12명에 이르는 그의 후손들이 이맘위를 계승한 데서 유래한다. 16세기 초 사파비조에 의해 이란의 국교가 된 이래 오늘날까지 이란의 지배적 종교임은 물론, 시아 중 신자 수가 제일 많다(『네이버지식백과』).
100 기본 교의는 제4대 정통 칼리파 알리의 신격화이며, 모든 무슬림이 따라야 하는 5가지 의무(신앙고백, 예배, 단식, 희사, 순례)를 상징적인 것으로 간주하고 이를 실천하지 않는다. 알라위파는 자신들을 12이맘파와 크게 다르지 않은 온건한 시아로 생각하며, 주로 시리아에 거주한다(『브리테니커온라인백과사전』).
101 두 번째로 큰 분파로 7이맘파로도 불린다. 시아의 제6대 이맘인 자으파르 사후 먼저 사망한 장남(이스마일)의 아들이 제7대 이맘위를 계승하여 일어난 분파이다(『위키온라인대백과사전』).
102 '신념, 생각, 감정들을 숨김'이라는 뜻으로 순니 무슬림에 의해 심한 종교적 박해를 받던 시아 무슬림이 생존과 종교적 신념을 보존하기 위하여 위험한 경우 자신의 신앙을 감추는 행위를 말한다. 자세한 것은 『네이버지식백과』 참조. 종교상의 박해나 절박한 위기를 모면

여러 가지 규범들에서 순니 법학파들과 이견을 보이고 있음에도 불구하고 공통점이 많아(Montgomery, 1958, 123쪽)[103] 순니 법학자들이 5번째 법학파로 인정하기도 한다(Watt, 1958, 122-128쪽).

자으파리 법학파에는 우쑬리와 아크바리의 두 개 분파가 있다. 우쑬리는 법학자들의 독자적인 법해석 노력인 이즈티하드를 적극적으로 이용하며, 숨은 이맘의 중재자로서 그리고 무슬림 공동체(움마)의 안내자로서 성스런 법원들(코란과 순나)을 독자적으로 해석할 수 있는 무즈타히드의 역할을 강조한다. 이즈티하드를 통해 상황과 시대의 변화에 유연하게 대처하며, 객관적인 성격의 관습적 법리론과 주관적 성격의 역동적 법리론을 주장한다. 아크바리는 이즈티하드의 제한적 접근을 채택하는데, 현재는 거의 소멸한 상태이다.

(2) 자이디 법학파

설립자 : 자이드 빈 알리

법원 채택 순서: 코란 → 순나(하디스) → 이스티흐산 → 이즈마으 → 끼야스 → 이성(아끌)

하고자 자신의 신앙을 위장하는 행위(김정위, 2002, 627쪽).

103 순니와의 가장 중요한 공통점은 사도 무함마드의 순나를 중시함으로써 순니 하디스(6서)와 대부분의 경우에 유사한 내용을 공유한다는 점이다. 주요 법원으로 코란과 순나(하디스)를 2대 법원으로 하고, 이즈마으와 끼야스를 채택하고 있다는 점도 공통점이다. 그러나 이즈마으는 교우들의 것을 채택하는 순니와 달리 이맘들의 견해를 채택하고 있으며, 끼야스의 경우에도 이맘들에 의한 끼야스를 채택하고 있다.

영향 지역: 예멘(후시 반군, 예멘 무슬림의 약 40%)

자이디 법학파는 8세기에 형성되었으며, 후사인 빈 알리의 손자로서 법학자이며 신학자인 자이드 빈 알리(695-740)의 이름에서 유래되었다. 자이디들은 자이드 빈 알리가 우마이야조에 저항하다 740년에 순교하였다는 이유를 들어 그를 이맘위의 합법적인 계승자로 믿는다. 그들은 무슬림 공동체 움마의 지도자는 사도 무함마드의 딸인 파띠마의 후손들이어야 한다고 믿는다.

자이디 법학파는 이맘 후사인 이후 이맘들의 무오류성을 믿지 않으며, 이맘위가 하산 빈 알리나 후사인 빈 알리의 자손들에게로 이어져야 하지만, 아버지에서 아들로 계승되어야만 한다고는 믿지 않는다. 자이디는 이맘의 은폐(가이바[104]) 개념을 부정하는 등 이맘에 대해서는 시아의 다른 분파들과 근본적으로 다른 견해를 가지고 있다.

자이디 법학파는 현재의 모로코 지역을 통치했던 이드리스조(788-974), 아라비아반도의 중앙인 야마마 지역을 통치했던 바누 우카이디르(867-11세기 중반), 스페인 남부를 통치했던 함무드조(11세기 중반), 예멘 북부를 통치했던 무타와킬 왕국(1918-1962), 이란 북부의 알리드조(864-928), 현재의 이란과 이라크 지역을 통치했던 부와이흐조(932-1062), 예멘을 통치했던 라시드조(897-1962)의 공인 법학파였다.

---

104 시아 열두이맘파의 12번째 이맘이 이 세상 모든 것들로부터 은폐하였거나 사라졌다는 숨은 이맘 사상.

3) 이바디 법학파

설립자: 압둘라 빈 이바드 알타미미

법원 채택 순서: 코란 → 순나(하디스) → 이즈마으 → 다이프 하디스

영향 지역: 오만, 잔지바르, 알제리, 튀니지, 리비아, 아프리카 동부

이바디 법학파는 하디스 학자이며 법학자인 압둘라 빈 이바드 알타미미(?-708)의 이름에서 유래되었으며, 오만 니즈와 출신의 자비르 빈 자이드(?-711)에 의해 정착되었다. 이바디 운동의 역사는 사도 무함마드 사망 약 20년 뒤인 7세기 말경에 시작되었기 때문에 순니와 시아보다 앞선다. 한 역사학자는 이와 같은 이바디의 역사를 '메디나에서 알을 낳고, 바쓰라에서 부화했으며, 오만으로 날아간 새'라고 표현했다. 이바디는 끼야스에 의해 수용된 견해들을 비드아로 보아 거부하였다.

주요 견해로는, 심판의 날에 알라가 모습을 드러내지 않을 것이며, 코란이 알라에 의해 창조되었다고 믿는다. 이는 무으타질라와 견해를 같이하는 것인데, 순니 무슬림은 코란을 알라의 말씀이 계시된 것이라고 믿는다. 이바디는 코란에 있는 의인화된 알라에 대한 언급들을 상징적으로 해석하며, 순니의 칼리파나 시아의 이맘에 대한 믿음과 달리 한 명의 지도자가 전체 무슬림 세계를 통치할 필요는 없으며, 적합한 지도자가 없다면 무슬림 공동체(움마)가 스스로를 통치할 수도 있다고 본다.

원래 이바디 이념은 이라크 바쓰라에서 발전했다. 이바디는 아부 바크르(제1대)와 우마르(제2대)를 정통 칼리파로 인정하였지만, 우스만(제3대)의 경우 전반기는 인정한 반면 후반기는 족벌주의와 이단이라는 이유를 들어 그의 통치에 반대하였다. 제4대 정통 칼리파 알리에 대해서는 그의 칼리파직을 인정하였지만, 싯핀 전투(657)에서의 중재 수락을 부적합한 것으로 보았다.[105] 그들은 우마이야조의 창건자인 무아위야(608-661)와의 협상을 반대했던 카와리즈의 지도자 압둘라 빈 와흡 알라시비(?-659)를 합법적인 칼리파라고 보았다. 이바디는 무슬림 간의 무력 충돌 이전의 이슬람으로 돌아가기를 소망함으로써 인내하는 청교도, 정치적 수용주의자라고 불린다.

이바디는 8세기에 반란을 일으켰으나 우마이야조의 마지막 칼리파인 마르완 2세(744-750 재위)의 군대에 의해 메카, 예멘의 사나, 하드라마우트에서 완패하였다. 이후 평화조약이 체결되어 시밤 지역의 공동체를 유지하였고, 예멘 내륙지역에 이맘 왕조를 건설하였다. 9세기에는 현재의 파키스탄에 있는 신드와 코라산, 이란 동북부의 호라산, 오만의 하드라마우트와 도파르, 오만 중부, 무스카트, 이란의

---

105 현재의 이라크 라까 지역에 위치한 싯핀에서 제4대 정통 칼리파 알리와 당시 시리아 총독이었던 무아위야 간에 벌어진 전쟁이다. 무슬림 간의 첫 번째 내전으로 기록되어 있다. 전투가 결말이 나지 않고 장기화되면서 알리와 무아위야가 중재안에 합의하게 되는데, 알리의 일부 추종자들은 칼리파의 계승 문제가 타협에 의해 결정될 문제가 아니라 신에 의해 결정될 문제임을 주장하면서 진영을 이탈하였다(카와리즈).

케슘섬, 리비아의 네푸사 산맥으로, 13세기에는 안달루스 지역, 시칠리아, 알제리의 미잡,[106] 아프리카 사헬 지역으로 세력을 확장하였다. 한편 예멘 시밤 지역의 이바디들은 12세기 시아 쌀리흐조(1037-1139)에 의해 추방되었다.

2005년 암만 메시지에서 인정된 8개 법학파들의 특성을 살펴보았다. 이 법학파들은 중복되는 지역들도 있으나 특정한 지역(하나피-오스만조 지배 지역, 말리키-북아프리카와 아라비아반도의 일부 국가들, 샤피이-아라비아반도의 일부 국가들과 동남아시아 지역, 한발리-사우디아라비아와 카타르, 자으파리-이란, 자이디-예멘, 이바디-오만)에서 독자적인 법적 견해를 인정받음으로써 지배력을 확보하고 있다. 이슬람을 공통의 신앙으로 가지는 하나의 종교 공동체에 다양한 법학파들이 공존한다는 사실은 주요 법원이나 견해에서 법학파들 상호 간에 공통점과 차이점이 공존한다는 의미이다. 이와 같은 현상이 나타나는 주요 원인으로는 샤리아의 주요 원칙들인 이즈마으(공통의 의견)와 이크틸랍(다른 의견)에 기인한다고 할 수 있다. 각 법학파들이나 개별 법학파 내에서 나타나는 공통점은 이즈마으 원칙에 따른 결과이며, 차이점은 이크틸랍 원칙을 인정하기 때문에 나타나는 것이다. 이러한 상반된 원칙

---

106 알제리에 건설된 루스탐조(767-909)는 이바디였으며, 그곳으로부터 온 피난민들이 미잡에 공동체를 형성하였다.

들로 인해 대체로 공통의 견해를 가진 법학자들이 독자적인 법학파를 형성함으로써 다수의 법학파들이 공존하게 되었다.[107]

8개 법학파들 모두는 코란과 순나(하디스)를 최선의 법원으로 채택하는 데 공통의 견해(이즈마으)를 보인다. 그러나 그 외 법원의 채택 종류와 순서에 대해서는 법학파들마다 조금씩 다른 견해(이크틸랍)를 보이고 있다.[108] 법학파의 주요 법원을 포함하여 다양한 사안들에 대한 독자적인 법적 견해의 경우에도 이즈마으와 이크틸랍 원칙이 밑바탕에 자리 잡고 있다.

---

107 8세기 우마이야 시대에는 체계적인 법률 체계의 부재와 각 지역마다의 상이한 법률 체계로 인해(Okon, 2012, 108쪽) 샤리아를 표준화하려는 이슬람 학자들이 대거 등장하였으며(손주영 외, 2012, 290쪽), 법적 표준화와 규정 제정의 필요성 속에 법학파들이 채택한 법원의 차이와 코란과 하디스의 해석 차이가(Sharif&Ijaz, 2014, 1쪽) 다양한 법학파들이 형성될 수 있는 원인을 제공하였다. 다원주의의 인정도(Hasan, 2012, 28쪽) 하나의 원인이 되었다.

108 예를 들면, 하나피 법학파가 이스티흐산을, 말리키가 이스티쏠라흐를 채택하고 있는데 반해, 샤피이는 이 둘을 부정하고 있으며, 한발리는 이 둘에 대한 언급 없이 다른 법원을 채택하고 있다. 하나피가 쿠파, 말리키가 메디나, 샤피이가 바그다드와 카이로에 기반하고 있는 것처럼 법학파의 중심지와 지역 관습의 차이가 이크틸랍을 생산하는 하나의 요인으로 작용하고 있다.

이즈마으*
언제, 누구의, 무엇에 대한 합의인가?

이즈마으가 샤리아의 법원이 된 것은 코란과 순나(하디스)를 바탕으로 독자적

인 법해석 노력(이즈티하드)을 하였던 무즈타히드의 권위가 이슬람 공동체(움마)

에서 인정을 받았기 때문이다. 이즈마으는 샤리아의 발전에 중요한 역할을 하

게 되는데, 이슬람 법학의 실체는 이즈마으와 이즈티하드의 결과물이라 할 수

있다.

* 이 글은 『지중해지역연구』 제18권 제2호(2016), 「이즈마으의 특성과 현대적 적용 가능성」
이라는 글의 내용과 형식을 일부 수정 · 보완한 것이다. 아랍어 참고문헌은 편집의 어려움
과 가독성을 고려하여 생략하였다.

1. 이즈마으와 이즈티하드

이즈마으[109]는 샤리아의 1차법원인 코란과 순나(하디스) 다음의 권위를 가진 2차법원들(이즈마으, 끼야스, 이스티흐산, 이스티쏠라흐 등) 중 하나다. 법학자들이 어떤 사안에 대하여 법적 해석이나 판단을 할 때, 코란과 순나에서 각각 근거를 발견하지 못할 경우 그다음으로 이즈마으에서 근거를 찾게 된다. 이처럼 이즈마으는 코란과 순나(하디스)처럼 알라로부터 계시된 것은 아니지만 샤리아 법원으로서의 법적 권위와 구속력을 갖는다.

이즈마으가 샤리아의 법원이 된 것은 코란과 순나(하디스)를 바탕으로 독자적인 법해석 노력(이즈티하드[110])을 하였던 무즈타히드의 권위가 이슬람 공동체(움마)에서 인정을 받았기 때문이다(손주영, 2005, 64-65

---

109 '결심과 준비, 동의, 합의'라는 뜻이며, 전문적인 의미로는 시간, 사람, 사안에 따라 3가지로 구분되고 있다. 시간에 따른 구분에서는 사도 무함마드 이후 움마의 합의를 말하며, 사람에 따른 구분에서는 공동체나 울라마 또는 움마의 합의를 뜻하고, 사안에 따른 구분에서는 종교적 사안이나 일상적 사안에 대한 합의를 의미한다.
110 '열심히 일하다'라는 뜻의 아랍어 동사 이즈타하다의 동명사로 '노력'이라는 뜻이다. 이슬람법학에서는 법해석 시에 이성적인 판단을 하는 것을 의미하고, 끼야스를 통해 이성적인 해석을 시도하는 것을 말한다. 「이즈티하드의 문 폐쇄에 대하여」(2015) 참조.

쪽). 법적 구속력이 없는 규범이라도 이즈마으를 통해 움마의 인정을 받게 되면 결정적인 것이 되어 법적 권위와 구속력을 갖게 된다. 이러한 과정을 통해 이즈마으는 샤리아의 발전에 중요한 역할을 하게 되는데,[111] 이슬람 법학의 실체는 이즈마으와 이즈티하드의 결과물이라 할 수 있다(Farooq, 2006, 1-2쪽; Al-Haj, 10쪽).

이즈마으는 하루 다섯 차례의 예배나 자카트의 의무와 같은 근본적인 문제 외에는 빈번하게 발생하지 않았다. 이즈마으는 개념과 정의에 대해 구체적으로 합의된 바 없이 다양한 주장들이 제기되어 왔으며, 이즈마으의 권위를 입증하기 위한 근거로 제시되는 코란과 순나(하디스)의 구절에 대해서도 학자들 간에 서로 다른 주장이 있어 왔다(Farooq, 2006, 7쪽).

이 장에서는 이즈마으의 중요성, 권위, 필요조건, 다양한 개념 및 정의들을 종합하여 공통으로 적용되는 이즈마으의 개념을 정리하였다. 두 번째로 이즈마으의 유효성과 권위를 지지한다고 주장되는 다양한 근거를 코란과 순나(하디스)를 중심으로 정리하였다. 세 번째로 이즈마으와 이즈티하드, 이즈마으와 이즈티하드의 문 폐쇄 주장을 통해 이즈마으의 현대적 적용 가능성을 검토하였다. 이러한 과정을 통

---

111 이즈마으는 코란과 순나의 정확한 해석을 보장하고 이즈티하드의 사용을 합법화하였다. 신의 원천(코란과 순나)이 정확하게 해석되었느냐의 문제는 언제나 논란이 되어 왔는데, 이즈마으만이 이러한 논란을 잠재울 수 있었다(Al-Haj, 10쪽).

해 이즈마으에 대한 좀 더 구체적인 이해를 돕고자 하였다.

2. 이즈마으의 개념

"이즈마으 원칙을 부정하는 사람은 종교를 부정하는 것이다."(바이다위), "이즈마으의 유효성을 부정하는 사람은 종교의 파멸을 간접적으로 추구하는 것이다."(아부바크르 알사르카시) 등과 같은 이즈마으의 중요성과 권위에 대한 언급이 발견된다.[112] 11세기 샤피이 법학자였던 유숩 주와이니와 13세기 말리키 법학자인 슈합딘 알까라피는 "샤리아의 진실성은 코란, 순나, 끼야스에 있는 것이 아니라 이즈마으에 있다."고 주장했다(Farooq, 2006, 2-3쪽).

여러 법학자들이 중요성과 권위를 인정하였던 이즈마으가 성립되기 위해서는 다음과 같은 필요조건들이 충족되어야 한다. 첫째, 이즈마으는 각각의 논리를 가진 여러 의견에 대한 단일안이므로, 특정 사안이 발생한 시점에 다수의 무즈타히드가 존재해야 한다. 둘째, 이즈

---

112 이 외에도 "법학자들은 이슬람 초기 이즈마으의 유효성에 동의했지만, 그들 이후의 칼리파들에게로 확대되지는 않는다."(굿싸쓰), "대부분의 무슬림은 이즈마으가 모든 무슬림에게 적용되는 법적 유효성을 갖는다는 것에 동의했다."(아미디), "이즈마으는 대중들에게 절대적인 유효성이 있다."(이븐 꾸다마 알막디시), "이즈마으는 대다수에게 절대적인 유효성을 갖는다."(이븐 알리함), "이즈마으는 모두에게 유효하지만, 일부 카와리즈들과 시아에게는 그렇지 않다."(이븐 알하집) 등과 같은 견해들이 있다.

마으는 사안이 발생한 시대에 사는 모든 무즈타히드가[113] 국적·인종·환경에 관계없이 만장일치로 동의해야 한다. 셋째, 무즈타히드의 동의 방식은 사안에 따라 구두·행위·침묵으로 나타날 수 있다.[114] 넷째, 법 판결에 대한 무즈타히드의 동의는 실천으로 이어져야 한다. 이것의 실천을 소수 또는 다수가 반대한다면 이즈마으로 성립되지 않는다. 이견이 있다는 것은 오류 가능성이 있다는 의미이기 때문이다. 결국 특정 사안에 대해 사안 발생 시기의 모든 무즈타히드의 의견 일치가 이슬람 공동체(움마)의 합의가 되면 샤리아 규범이 되며, 무슬림이 실천해야만 하는 법적 구속력을 갖게 된다(손태우, 2013, 156-157쪽; 이원삼, 2009, 83-85쪽; Kamali, 11-12쪽).[115]

---

113 모든 무즈타히드라는 부분에 대해서는 이견이 있다. 저명한 샤피이 법학자인 아미디와 일부 학자들은 이즈마으를 대다수 무즈타히드의 합의라고 주장했으며, 법학에서는 이즈마으를 법학자들만의 합의라고 보고 있다(Al-Haj, 11쪽).

114 이즈마으가 이루어지는 방식에 따라 명시적 이즈마으와 침묵의 이즈마으가 있다. 명시적 이즈마으는 무즈타히드들이 자신의 의견을 말이나 행동으로 명백히 표명하여 판결에 동의한 것을 말하며, 손녀에게 유산의 6분의 1을 상속한다거나 아내의 가까운 친척과 동시에 결혼할 수 없다는 규범이 여기에 해당된다. 명시적 이즈마으는 대부분의 법학파에서 법원으로 채택하고 있다. 침묵의 이즈마으는 일부는 명백히 의견을 표명한 반면 또 다른 일부는 침묵한 경우를 말한다. 하나피 법학파는 다른 법학파들과 달리 침묵의 이즈마으를 증거로 채택한다(이원삼, 2002, 90-91쪽; Al-Haj, 13쪽, 21쪽).

115 일부 학자들은 이상의 충족 요건으로 볼 때 과거에 이즈마으의 성립은 불가능했을 것이라고 주장한다. 이즈티하드를 할 수 있는 수준에 도달한 사람(무즈타히드)을 구분하거나 확인할 수 있는 척도나 기준이 없으며, 먼 나라들에 흩어져 있는 무즈타히드들을 한 곳에 모아 의견을 청취하거나 각각의 의견을 확실하게 전달할 방법이 불가능했기 때문이다. 그럼에도 불구하고 대부분의 학자들은 이즈마으의 성립 가능성을 인정하고 있다(손태우, 2013, 158쪽; 이원삼, 2002, 87-88쪽). 한편 일부 학자들은 이즈마으의 불필요성을 주장한다. 이즈마으는 이즈티하드에 의해 생산되는데, 무즈타히드가 코란이나 순나(하디스)의 근거에 의존할 때 그 근거가 절대적인 것이라면 이즈마으를 할 필요가 없으며, 그 근거가 추측에 근거한 것이라면 이즈마으가 아닌 이크틸랍(이견)을 생산하게 될 것이기 때문이다.

이상에서 언급된 이즈마으의 성립 필요조건들을 충족시켰는지는 정확히 알 수 없지만, 무슬림에게 법적 효력을 가진 규범이며 의무사항으로 널리 알려져 있는 이즈마으의 보기[116]를 정리하였다.[117]

이즈마으	동의 및 합의의 주체
한자리에서 딸락(이혼)이란 단어를 세 번 외치는 것(트리플 딸락)은 유효하다.	이것은 대부분의 법학파에서 인정되며, 움마의 합의이다.
이슬람력 9월(라마단) 밤에 수행되는 특별 예배인 타라위흐는 20번의 라크아다.	한발리 법학파의 이맘이었던 이븐 꾸다마 알막디시는 그의 저서에서 "타라위흐 예배에 20번의 라크아를 하는 것은 싸하바의 합의이다." 라고 언급했다.
리바는 금지되었다.	모든 이슬람 법학파들은 리바가 엄격히 금지되었다는 것에 만장일치로 합의했다.
의도적으로 생략한 예배는 수행해야 한다.	예배를 의도적으로 생략한 사람은 이를 수행해야 한다는 것에 학자들이 합의하고 있다.
여성이 지도자가 되는 것은 금지되었다.	여성이 지도자가 되는 것은 허용되지 않는다는 것에 움마가 합의하고 있다.

116 Farooq, 2006, 3-5쪽 참조. 그 외 돼지비계 금지, 조부모에게 6분의 1의 유산 상속, 손자에게의 상속 금지(손태우, 2006, 158쪽), 아내의 가까운 친척과 동시 결혼 금지(Ap-Hat, 8쪽) 등도 실제로 성립된 이즈마으의 예로 언급되고 있다.

117 『이슬람 법학의 이즈마으 대백과』(사으디 아부 하밥, 1996)에는 싸하바의 이즈마으 210개, 싸하바 개인의 언급 548개, 모든 무슬림의 이즈마으 654개, 무즈타히드의 이즈마으 1,550개, 누가 동의했는지를 말하지 않은 언급 4,468개 등이 포함되어 있다(Al-Haj, 14쪽). 그중 일부만 소개하면, "무슬림은 식사, 음료, 청결 등에 금과 은으로 된 그릇의 사용을 금지하는 데 합의했다."(46쪽, 6번), "도망친 노예를 발견한 사람은 그를 주인에게 돌려준다는 것에 합의했다."(48쪽, 17번), "그들은 임대가 일정한 기간 동안 발생할 경우 그 기간을 한 달이나 일 년처럼 알려야 하며, 그 기간의 종료를 언급해야만 한다는 것에 합의했다."(제50쪽, 23번), "순례자가 홍화 등으로 염색한 옷을 입는 것은 괜찮다."(68쪽, 97번), "울라마들은 순례자가 이흐람 이후에 사냥을 하거나 사냥한 것을 구매하는 것을 허용하지 않는다는 것에 합의했다."(76쪽, 121번) 등. 그 외 무함마드 알우므리는 안달루스의 말리키 법학자였던 아야드가 수집한 320개의 이즈마으를 정리했으며, 안달루스의 말리키 법학자였던 이븐 압두바르르가 수집한 자료도 참고할 만하다. 한편 이와 같은 이즈마으 모음집들에 수록된 내용은 모든 법학파들에 의해 인정되는 것이 아니며 저자 개개인들의 주장이라는 점을 간과해서는 아니 된다.

사도 무함마드의 묘지는 가장 성스런 장소이다.	학자들은 무함마드가 쉬고 있는 땅이 그 어떤 곳보다 고결하다는 것에 합의하고 있다.
서로 다른 법학파의 견해를 혼합하는 탈피끄는 무효이다.	법학자들은 다른 법학파의 견해를 덧붙이는 것은 무효라는 것에 합의하고 있다.
모스크에서 인사예배는 순나이다.	모스크에 들어가면 자리에 앉기 전에 2라크아의 예배를 하는 것이 순나라는 것에 학자들은 합의하고 있다.
여행 중에 양말 위를 쓰다듬는 것은 허용된다.	여성이나 걷기 불편한 사람이 여행 중이거나 집에 있을 때 양말 위를 쓰다듬는 것은 허용된다는 것에 학자들이 합의하고 있다.
알라의 이름을 언급(비스밀라)하지 않고 도살하는 것은 비합법적이다.	하나피 법학자인 이븐 아비딘은, 도축업자가 무슬림이거나 경전의 백성들이거나 간에 알라의 이름을 의도적으로 언급하지 않는다면 동물을 도살하는 것이 합법적으로 허용되지 않는다고 설명했다.
경전의 백성이 아닌 여성과 결혼하는 것은 허용되지 않는다.	코란이 경전의 백성 중의 여성과 결혼하는 것을 무슬림 남성에게 허용하는 경우는 기독교인과 유대교인에게 적용되는 것이며, 그 외 다른 종교로 확장되는 것은 허용되지 않는다는 것에 모든 무슬림 법학자들이 합의하고 있다.
아부바크르가 제1대 정통 칼리파에 선출된 것	사도 무함마드 사망 이후 움마가 아부바크르를 첫 번째 칼리파로 선출한 것은 종교적인 신념의 일치라기보다는 실제적인 합의였다.
사도 무함마드가 메카의 하람성원에서 예루살렘의 악싸사원으로 밤 여행(이스라으)을 가 7층 하늘을 여행(미으라즈)한 것은 육체와 영혼이 함께였다.	학자들은 사도가 이스라으의 밤에 육체와 영혼이 함께 여행을 했다고 합의하고 있으며, 이스라으를 부정하는 사람은 코란의 명백한 근거를 잘못 전달하는 신성모독자라고 말한다.
아잔을 할 때 엄지손가락에 입맞춤을 하는 행위	말리키 법학자인 무함마드 알라위는 순니 4대 법학파의 학자들이 이러한 것에 합의했으며, 이는 이맘 아흐마드 빈 한발 당시부터 기록되었다고 전했다.

이상의 이즈마으들은 무슬림에게 널리 알려져 하나의 규범으로 자리 잡았다. 그런데 이러한 보기들이 앞에서 언급했던 이즈마으의 필요조건(특정 사안 발생 당시 모든 무즈타히드의 의견 일치와 실천)을 충족하는지에 대해 검토해 볼 필요가 있다.

이상의 필요조건에서 가장 중요한 부분은 '모든 무즈타히드'라고 할 수 있다. '모든'이라는 말이 의미하는 것은 만장일치의 개념으로 볼 수 있으며, 무즈타히드들은 1차법원(코란, 순나)을 바탕으로 새로운 사안에 대하여 법적 해석이나 판단을 하기 위한 노력인 이즈티하드를 할 수 있는 사람들이다. 이들은 아랍어, 코란, 순나(하디스), 이즈마으, 이슬람 법학, 샤리아의 목적, 일반인들의 생활(관습)에 능통해야 하며 알라를 공경하고 정의로워야 한다(이원삼, 2002, 321-329쪽). 이와 같은 무즈타히드의 조건을 갖춘 이들은 사도 무함마드, 교우들인 싸하바, 순니 4대 법학파의 법학자들을 포함하는 다수의 후세대(타비운) 법학자들이다. 여기서 사도 무함마드는 이즈마으가 사도의 사후에만 해당되기 때문에 제외된다. 사도 무함마드 생존 시대에는 사도만이 법 제정의 원천이었으며 그의 법 판결에 이견이 있을 수 없기 때문이다(이원삼, 2002, 83쪽). 따라서 이상에서 제시된 이즈마으의 보기들 중 '대부분의 법학파들'과 '합의 주체가 언급되지 않음'을 제외하곤 이즈마으의 필요조건(어떤 사안에 대해 사안 발생 당시 모든 무즈타히드의 의견 일치와 실천)을 충족하고 있다고 할 수 있다.

그런데 모든(또는 대다수의) 무즈타히드의 합의를 통해 샤리아의 법원이라는 권위와 법적 구속력을 획득한 이즈마으의 개념 및 정의 문제는 샤리아의 4대 법원을 코란, 순나(하디스), 이즈마으, 끼야스로 체계화했던 이맘 샤피이[118] 시대(8세기 말-9세기 초)까지도 거론되지 않았다. 이후 순니 4대 법학파들이 활발한 활동을 하는 시기인 10세기에 이르러서야 여러 법학자들이 이즈마으에 대하여 다양한 정의를 언급하기 시작했다(Farooq, 2006, 7-9쪽).

　○ 이즈마으는 특정 사안을 실천할 것인지 폐기할 것인지에 대한 단체의 합의이다.(아부 후사인 알바쓰리)

　○ 이즈마으는 종교적인 문제에 대한 이슬람 사회의 합의이다.(가잘리)

　○ 이즈마으는 특정 사안의 규범에 대해 당시의 이슬람 사회에 속해 있는 모든 사람들의 합의이다.(아미디)

　○ 이즈마으는 공동체의 일부가 아니라 전체의 합의이다.(이맘 샤피이)

　○ 이즈마으는 사도의 교우들(싸하바)과 메디나에 거주하는 그들의 계승자들(아홀 알마디나)의 합의이다.(이맘 말릭)

　○ 유효한 이즈마으는 싸하바의 이즈마으이다.(자히리 법학파)

　○ 대다수의 결의도 이즈마으이다.(따바리, 아부바크르 알라지)

　○ 이즈마으는 특정 사안에 대해 움마의 모든 울라마들이 합의한 것이다.(이븐 타이미야)

---

118 이맘 샤피이의 이즈마으는 초기 법학파들처럼 진행형의 · 편안한 · 민주적인 절차로써 일정한 정도의 불일치를 인정하는 것이 아니라, 매우 격식을 갖춘 전체적인 일치(만장일치)의 개념이었다(Rahman, 1964, 21-24쪽).

○ 이즈마으는 교우들의 합의이다. (이맘 한발, 이븐 하즘)

현재 우리는 이즈마으를 합의라는 말로 사용하고 있지만 누구의 합의인지, 어느 정도 인원의 합의인지, 어느 시대의 합의인지, 어떤 주제에 대한 합의인지 등에 대한 명확한 합의가 이루어지지 않고 있다 (Farooq, 2006, 8쪽).

앞에서 언급한 이즈마으의 정의와 문제 제기를 상호 관련지어 정리해 보면 다음과 같다.

첫째, 누구의 합의인가에 대해 이상의 정의들에서는 단체, 이슬람 사회, 이슬람 사회에 속해 있는 모든 사람, 전체, 사도의 교우들과 메디나에 거주하는 계승자들, 대다수, 움마의 모든 울라마들, 교우들이라고 제시하였다. 이들의 최대 공통분모는 이슬람 사회(움마)이며, 최소 공통분모는 교우들이라고 할 수 있다.[119]

둘째, 어느 정도 인원의 합의인지에 대한 부분은 전체와 대다수로 구분해 볼 수 있다. 이슬람 사회에 속해 있는 모든 사람의 동의, 공동체의 일부가 아니라 전체의 동의, 움마의 모든 울라마의 동의라는 부분은 집단의 규모에 따른 차이는 있지만 집단 전체의 만장일치를 요

---

119 학자들 간에 이즈마으의 정의에 대하여 이견이 있으며, 합의(동의)의 주체에 대해 무즈타히드들, 법학자들, 이슬람 학자들, 권력자들, 라으이와 이즈티하드의 사람들과 같은 다양한 주장들이 제기되었다.

구하는 부분이다. 그 외 단체의 동의, 이슬람 사회의 동의, 교우들과 메디나에 거주하는 계승자들의 동의라는 부분은 만장일치라기보다는 특정 집단 내 대다수의 동의라는 의미로 이해할 수 있다.

셋째, 어느 시대의 합의인지에 대한 부분은, 사건이 발생한 시점의 시대나 교우들과 메디나에 거주하는 타비운들의 동의라는 구절에서는 한정된 시기의 합의를 의미한다는 것을 알 수 있다. 그 외 구절에서는 사도 무함마드 사후부터 발언자의 시기를 포함한 현재까지의 비한정된 시기의 합의를 포함하고 있다고 볼 수 있다.

넷째, 어떤 주제에 대한 합의인지에 대한 부분은, 종교적인 부분에 대해, 특정 사안의 규범에 대해, 특정 사안에 대해, 언급 없음으로 구분해 볼 수 있다.[120]

이상 네 가지 문제 제기에 대한 최대 공통분모들을 조합해서 이즈마으의 정의를 재구성해 보면, 이즈마으는 특정 사안 발생 당시 이슬람 사회(움마)의 다수가 동의한 것이라고 말할 수 있다.

필요조건과 널리 알려진 이즈마으의 보기들을 통해 정리된 이즈마으의 개념(이즈마으는 특정 사안 발생 당시 모든 (또는 대다수) 무즈타히드의 의견 일치와 실천)과 여러 학자들에 의해 제시된 이즈마으의 정의(이즈

---

120 널리 알려진 이즈마으 보기들의 내용을 종교적(신앙적) 내용과 법적(생활적) 내용으로 분류해 보면, 7개는 종교적 내용이고, 나머지 7개는 법적 내용이다. 일부 법학자들은 이즈마으의 내용을 종교적인 것이나 법적인 것으로 제한하기도 하였지만, 대부분의 학자들은 그 내용을 제한하지 않았다.

마으는 특정 사안 발생 당시 이슬람 사회(움마)의 다수가 동의한 것)를 비교해 보면 의견 일치와 동의의 주체에 약간의 차이가 존재한다는 것을 알 수 있다.

합의의 가장 큰 주체는 이슬람 사회(움마)이며 가장 작은 주체는 무즈타히드이다. 이 부분을 무즈타히드와 이슬람 사회(움마)와의 상관성을 통해 설명해 보면, 무즈타히드는 모두 코란과 순나(하디스)를 바탕으로 독자적인 법해석 노력을 하였던 이들이며, 사도의 교우들 역시 무즈타히드였다. 교우들의 관행은 순나로 자리 잡을 정도로 법적 구속력이 있으며, 교우들 이후의 법학자들은 새로운 이즈티하드를 하기도 했지만 교우들이 이즈마으했던 것을 법원으로 인정하고 따랐다. 이후 샤리아를 체계화했다고 평가되는 순니 4대 법학파들이 이즈마으를 법원으로 채택하였는데 그들 역시 무즈타히드였다.

주목해야 할 사실은 이즈마으가 법학파에 따라 수용의 정도가 달랐다는 점이다. 순니 4대 법학파는 이즈마으를 법원으로 인정하지만, 그 적용 순위에 대해서는 이견이 있다. 하나피 · 샤피이 · 한발리 법학파가 이즈마으를 세 번째 법원으로 채택한 반면에, 말리키 법학파는 메디나 주민들의 관행(아말)을 세 번째 법원으로 채택하고 이즈마으를 네 번째 법원으로 채택하였다. 순니의 다섯 번째 법학파로 인정되는 자히리 법학파는 코란과 순나(하디스)의 문자적 해석에 집중함으로써 이즈마으를 법원으로 인정하지 않았다(임병필, 2015, 178-189쪽).

한편 시아들은 이맘에게 신자들이 해야 할 것과 하지 말아야 할 것을 결정하는 독점적인 판결의 특권을 부여하였다. 그들은 이즈마으를 과오가 없는 이맘(혹은 마흐디[121])의 몫으로 보고, 이즈마으가 이맘의 견해와 일치했을 때만 이슬람 공동체의 합의라고 정의했다(손주영, 2005, 74-75쪽). 그 외 순니와 시아와는 별개로 분류되는 오만의 이바디 법학파는 이즈마으를 법원으로 인정하는데, 순니 법학파들이 네 번째 법원으로 인정하는 끼야스는 비드아로 보아 거부하는 상황이다(임병필, 2015, 192쪽).

주요 법학파들 간에 이견이 있지만, 이즈마으는 이후의 법학자들(타비운)에 의해 법원으로 인정되었으며, 모든 무슬림이 반드시 하나의 법학파를 신봉해야 한다는 점에서 이즈마으를 이슬람 사회(움마)의 합의라고 확대해석할 수 있을 것이다. 따라서 이즈마으의 필요조건, 널리 알려진 이즈마으의 보기들, 이즈마으의 정의들을 종합하여 이즈마으의 개념 및 정의를 확대하여 다시 정리해 보면, 이즈마으는 특정 사안 발생 당시 이슬람 사회(움마) 다수의 합의[122]라고 할 수 있다.

---

121 '인도된'의 뜻이며, 최후의 심판이 오기 전, 몇 년에 걸친 최종의 시간에 잠깐 동안 정의를 회복하기 위해 나타날 것이라고 믿는 인물이다. 마흐디의 역할에 대한 믿음은 순니와 시아 등 모든 무슬림에게 공통된 것이다. 시아 열두 이맘파(12이맘파)는 문타자르(기대하는 이)라 불리는 숨은 이맘, 즉 열두 번째 이맘을 마흐디와 동일 인물로 본다(김정위, 2002, 289-290쪽).
122 사안이 발생할 당시에 존재하는 전체 또는 다수의 무즈타히드가 참여해야 하며, 참여한 이들이 모두 합의(만장일치)한다는 의미이다. 소수가 참여하거나 참여한 이들 중 반대자가 나온다면 이즈마으는 성립하지 않는다(Hasan, 2003, 36-37쪽).

한편 정의나 개념에 대한 분명한 합의조차도 이루어지지 않았던 이즈마으에 관해 무슬림 학자들이나 법학자들이 대단한 관심을 갖는 이유는 무엇일까? 그것은 바로 이즈마으가 권위를 대표하기 때문이다. 의심이 있거나 추측에 근거한 규범이라 하더라도 이즈마으로 확립되면 결정적인 규범으로 자리 잡게 되어 수정이나 폐기가 불가능해진다.[123] 반면에 이즈마으를 생성하는 근거가 되었던 원천들은 점차 약화되거나 소멸하게 되는데, 이는 이즈마으가 샤리아 법원으로 인정되기 때문이다(Farooq, 2006, 11쪽; Kamali, 11쪽).

3. 샤리아 법원이 된 근거

샤리아의 제1법원은 알라의 말씀인 코란이고 제2법원은 사도 무함마드의 순나(하디스)이다. 이 두 법원이 샤리아의 1차법원이며, 그 외의 부분들이 유효성과 정당성 및 권위를 갖기 위해서는 코란과 순나(하디스)에 의해 인정을 받아야만 한다. 여러 학자들이 이즈마으의 권위의 근거로 주장하는 코란과 순나(하디스) 구절을 정리하였다. 이는

---

123 이즈마으가 필요조건을 충족하게 되면 모든 사람에게 의무가 되며, 이후 세대의 무즈타히드들은 동일한 사안에 대해 새로운 이즈티하드를 할 수 없게 된다. 한번 확정된 이즈마으에 대해서는 수정이나 폐기의 문이 닫히는데, 해당 사안에 대한 이즈마으를 행했던 무즈타히드들이 모두 사망했을 경우에는 특히 그러하다. 그러나 일부 법학자들은 무즈타히드들이 발행했던 이즈마으를 당사자들은 폐기할 수도 있다고 주장했다(Al-Haj, 12쪽).

이즈마으가 샤리아의 법원으로 자리 잡게 된 근거를 문헌학적 측면에서 확인하는 과정이다.

1) 코란

이즈마으의 권위의 근거로 주장되는 코란 구절은 정확한 합의가 이루어지지 않은 상태이며, 주장되는 관련 구절이나 숫자도 학자들마다 조금씩 차이가 있다.

여러 학자들에 의해 주장된 관련 구절을 정리하면 다음과 같다.

○인도함이 분명해진 이후에도 사도 무함마드를 거부하고, 믿는 이들의 길이 아닌 길을 따르는 자 누구에게나 우리는 그가 택한 대로 하게 내버려 두고 그를 지옥에 들어가게 만들 것이다. 이 얼마나 불행한 운명인가.(제4장 115절)

○그래서 너희들이 사람들에게 증인이 되고 사도가 너희들에게 증인이 될 수 있도록 우리(알라)는 너희들을 중용의 공동체로 만들었다.(제2장 143절 일부)

○너희들은 사람들을 위해 출현한 최상의 공동체이다. 너희들은 유익한 것을 명하고 금지된 것을 금하며, 알라를 믿어라.(제3장 110절 일부)

○너희들 모두 알라의 줄에 매달리고 분열되지 말라.(제3장 103절 일부)

○믿는 이들이여, 알라께 복종하고 사도와 너희들 가운데 권위 있는

이들에게[124] 복종하라.(제4장 59절 일부)

○우리(알라)가 창조한 자들 중에 진리로 인도하고 그것(진리)으로 정의롭게 행동하는 공동체가 있다.(제7장 181절)

○너희들이 어떤 일에 의견을 달리하면 판결은 알라께서 하신다.(제42장 10절 일부)

○안전이나 두려움의 소식이 오면 그들은 이를 전파하였다. 그들이 사도나 현자들에게 문의하였다면 그들 중 누군가가 그것을 조사하여 확인하였을 것이다.(제4장 83절 일부)

○믿는 이들이여, 알라를 두려워하고 진실한 이들과 함께 있으라.(제9장 119절)

○그는 그들에게 동의(승인)했던 그들의 종교를 그들을 위해 확립하여 주실 것이며….(제24장 55절 일부)

○너희들 중에 지하드[125]를 하는 이가 누구이며, 알라와 그의 사도와 믿는 이들이 아니면 친구로 받아들이지 않는 이가 누구인지를 알라께서 알지 못함에도 너희들이 외면당한다고 생각했는가.(제9장 16절 일부)

○각 그룹들 중 일부는 출정하지 않고 종교를 공부하여 그들이 돌아올 때 그들 백성들에게 경고하기 위해 남아야 한다.(제9장 122절 일부)

---

124 일부 학자들은 이슬람 학자들이라고 해석하고, 또 다른 학자들은 규범이나 명령이라고 해석한다(Al-Haj, 15쪽).
125 '노력'의 뜻이며, 자신의 믿음을 갈고 닦는 노력 및 이슬람을 비이슬람 지역으로 확장시키거나 이슬람을 위험에서 지키기 위한 성전으로 이해된다(김정위, 2002, 588-589쪽).

○영혼과 이를 창조한 이에 맹세하여, 선과 악에 대한 안목을 불어 넣어 주신 이에 맹세하여, 그것을 정화시키는 이를 성공하게 만들었다.(제91장 7-9절)

○나를 향해 회개하는 이의 길을 따르라.(제31장 15절 일부)

이상에서 제시한 14개의 코란 구절이 이즈마으의 권위와 정당성을 담보한다고 주장되지만, 모든 학자가 이에 동의하는 것은 아니다. 학자들마다 이즈마으 정당성의 근거로 제시하는 코란 구절의 숫자가 다르다. 이맘 가잘리는 6개, 법학자인 아미디는 5개, 하나피 법학자인 줏싸쓰는 4개, 이슬람 신학자이며 철학자인 라지는 3개, 샤피이 법학자이며 판관인 바이다위는 2개, 한발리 법학자인 이븐 꾸다마 알막디시와 말리키 법학자인 이븐 알하집은 1개를 주장했다.

이맘 가잘리는 이즈마으의 근거로 제시된 코란 구절은 결정적이라기보다는 암시적이거나(Hannah, 1999, 19쪽) 이즈마으와 관계가 없으며, 제4장 115절의 경우는 사도에 대한 불복종과 신자들을 향한 적대감에 대한 경고라고 주장했다. 저명한 이슬람 학자인 수유띠와 샤우카니도 가잘리의 주장에 동의했으며, 특히 샤우카니는 이 구절이 배교와 관련되어 계시되었다고 보았다. 법학자 아미디도 이상의 코란 구절이 이즈마으의 권위에 대한 개연성을 줄 수는 있지만 확실한 지식을 전해 주는 것은 아니라고 주장했다. 반면에 이맘 샤피이는 제4장 115절이 이즈마으의 권위를 분명히 언급한다고 보았다(Al-Haj, 16쪽).

2) 순나(하디스)

코란 구절이 이즈마으의 권위와 정당성을 지지한다는 데 동의하는 학자들이 많은 반면, 또 다른 다수의 학자들은 이에 동의하지 않는다. 오히려 가잘리와 아미디 같은 학자들은 코란보다 순나(하디스)가 이즈마으의 권위를 위한 더 강력한 근거를 제공해 준다고 주장했다(Farooq, 2006, 11쪽; Al-Haj, 14쪽).[127]

○아나스 빈 말릭이 전하길, "사도 무함마드가, 나의 공동체[126]는 실수에 동의하지 않을 것이다. 너희들이 불일치를 목격한다면 절대 다수를 따라야만 한다고 말했다."(이븐 마자본 3950)[127]

○싸우반이 전하길, "사도 무함마드가, 나의 움마 중의 사람들은 언제나 진리를 분명히 드러내는 사람들이다. 그들을 떠난 사람들은 그들에게 어떠한 해도 끼치지 못할 것이며, 알라의 명령이 올 때까지 그렇

---

126 제시된 하디스 구절에는 공동체란 의미로 움마와 자마아란 어휘가 사용된다. 그런데 공동체란 어휘의 범위에 대한 해석이 대다수 무슬림, 공동체의 학자들, 법학자와 신학자들, 교우들, 무슬림 공동체 전체와 같이 학자들마다 조금씩 다르다(Al-Haj, 18쪽).
127 이 구절이 이즈마으의 권위를 지지하는 순나로 가장 많이 인용되는데, 이는 이즈마으와 관련된 구절이 아니라 "다수의 반대 그룹들 중에 진리를 추구하는 일부 공동체가 있다."는 의미의 구절이라는 주장도 제기되고 있다(Farooq, 2006, 12쪽).

게 있을 것이라고 말했다."(무슬림본 1920)

O아르파자 빈 슈라이흐 알아셔자이가 전하길, "사도 무함마드가, 알라의 손은 공동체와 함께 있다고 말했다."(나사이본 4020, 티르미디본 2166)[128]

O아부 다르르가 전하길, "사도 무함마드가, 공동체를 한 뼘이라도 떠난 사람은 그의 목에서 이슬람의 고리를 벗은 것이라고 말했다."(아부 다우드본 4758)

이맘 가잘리는 이상의 하디스 구절이 전승의 신빙성이 가장 높은 무타와티르[129]가 아니어서 코란과 같은 절대적인 권위를 가질 수 없다고 보았다. 그럼에도 불구하고 가잘리는 이상의 하디스 구절이 우마르, 마스우드, 아니스 빈 말릭, 압둘라 빈 우마르, 아부 후라이라와 같은 사도의 교우들(싸하바)에 의해 전승되었다고 주장했다. 따라서 모두 소수의 순나인 아하드 하디스이지만 전체적으로 볼 때 이즈마으의

---

128 이처럼 동일한 구절이 2개의 출처를 가진 경우 보통 전언가 계보(이스나드)가 다르다. 나사이본은 아르파자 빈 슈라이흐 알아셔자이-지야드 빈 일라까-야지드 빈 마르단바흐-아부 누아임-아흐마드 빈 야흐야 알수피이며, 티르미디본의 경우 이븐 압바스-그의 아버지-이븐 따우스-이브라힘 빈 마이문-압두랏자끄-야흐야 빈 무사이다. 전언가 계보가 다른 경우는 하디스 수집가가 만났던 사람들이 다른 것에 기인한다.
129 순나(하디스)는 전언가 계보의 각 단계에 있는 전언가들의 수에 따라 무타와티르와 아하드로 이분된다. 무타와티르는 전언가 계보의 처음부터 끝까지 모든 단계에서 거짓을 말한다고 생각할 수 없는 전언가들의 수가 많은 경우이다. 아하드는 전언가 계보의 어느 단계에 있는 전언가들의 수가 무타와티르의 최소수에 달하지 못하는 경우이다(제3장 참조).

권위를 지지하는 근거라는 점이 부정될 수는 없다고 주장했다(Al-Haj, 17-18쪽).

대부분의 이슬람 학자들은 이즈마으의 권위를 지지하는 원천이 코란과 순나(하디스)라는 데 합의한다. 한편 끼야스가 이즈마으의 원천이 될 수 있는지 여부에 대해 세 가지 주장이 있다. 첫째, 끼야스는 의심스러운 부분이 많기 때문에 이즈마으의 원천이 될 수 없다. 둘째, 끼야스가 코란과 순나(하디스)에 근거한다면 이 끼야스는 무즈타히드 개인의 견해가 아니라 코란과 순나(하디스)를 근거로 하기 때문에 이즈마으의 원천이 될 수 있다. 셋째, 끼야스의 합법적 이유(일라[130])가 코란과 하디스에 명백히 언급되어 있다면 이즈마으의 원천이 될 수 있다(Al-Haj, 23쪽).

이맘 가잘리는 이즈마으가 수용된 것은 코란이나 순나(하디스) 때문이 아니라 무슬림이 그것을 관습(우릅)으로 인식했기 때문이라고 주장했다. 그는 일부 학자들이 주장한 것처럼 이성(아끌) 때문에[131] 이즈마으가 정당화된 것이 아니며, 오직 관습에 의해서만 가능하다고 보았다(Farooq, 2006, 11쪽).

이상에서 보았듯이 코란 14개 구절, 순나(하디스) 4개 구절, 끼야스,

---

130 판결의 합법적 이유. 자세한 내용은 제6장 끼야스 참조.
131 말리키 법학자이며 판관이었던 압둘와합과 법학자인 아미디는 이성이 이즈마으의 권위와 정당성을 지지해 준다고 주장했다.

관습, 이성이 이즈마으의 권위와 정당성의 근거로 주장되어 왔다. 코란과 순나(하디스)가 이즈마으의 권위를 지지한다는 것에 대해 일부 학자들이 반대하고 있지만 다수의 학자들이 이에 동의하고 있고, 샤리아를 체계화했다고 여겨지는 순니 4대 법학파들이 이즈마으를 법원으로 채택하는 점으로 볼 때, 다수의 법학자들과 이슬람 공동체가 이즈마으를 샤리아의 법원으로 인정하고 있는 것이다.

4. 현대적 적용 가능성

근대 이후 이슬람 세계에서는 그동안 경험하지 못한 새로운 사안들이 발생하면서, 코란과 순나(하디스)에 의해 권위와 정당성이 인정되었고 순니 4대 법학파들과 이바디 법학파에 의해 샤리아의 법원으로 채택되었던 이즈마으의 현대적 부활과 적용의 필요성이 다각도로 제기되어 왔다.

우선 이즈마으와 이즈티하드와의 관계, '이즈티하드의 문이 닫혔다'는 것의 의미와 이즈마으와의 관계를 살펴볼 필요가 있다. 이즈마으가 샤리아의 법원이 된 것은 무즈타히드의 권위가 움마에게 인정을 받았기 때문이며, 이슬람 법학의 실체는 이즈마으와 이즈티하드의 결과물이라고 언급하였듯이 이즈마으와 이즈티하드는 불가분의 관계에 있다. 이즈마으의 중요성과 권위, 필요조건, 널리 알려진 이즈마으의 보기들을 통해 알 수 있듯, 이즈마으는 새로운 법해석 노력인 이즈티하드를 하는 무즈타히드들이 없으면 존재할 수 없다. 이즈마으는 이즈티하드를 통해서만 성립될 수 있다. 이미 이즈마으의 성립 필요 조건에서도 언급하였듯이 이즈마으가 성립하려면 특정 사안 발생 당시 존재하는 대부분 무즈타히드의 합의와 실천이 있어야만 한다.

그런데 1927년 호스트로록이 처음 언급한 이후 깁, 리베스니, 샤흐트 등 서구 이슬람 학자들은 900년경부터 논의될 것이 소진되어 더이상 새로운 법해석(이즈티하드)이 불필요해졌고, 이에 따라 이즈티하드의 문이 닫혔다는, 이른바 '이즈티하드의 문 폐쇄' 설을 제기하였다. 이즈티하드의 문이 닫혔다는 것은 샤리아 해석에서 이성적 판단이 중지되었다는 말에 그치는 것이 아니라, 무슬림 사상과 이슬람 사회 전반의 논리적 사유 내지 창조적 사고가 멈추어 이슬람 세계가 서구에 비해 발전이 더디어졌다는 것을 의미한다(박현도, 2015, 4-8쪽).

이와 같은 '이즈티하드의 문 폐쇄'에 대해 처음 의문을 제기한 학자는 와트지만, 비판적 연구를 통해 이즈티하드의 문이 닫힌 적이 없다고 주장한 학자는 할락이다. 할락에 따르면 일부 학자들이 9세기에 이즈티하드의 문이 닫혔다고 주장하지만 11세기까지 이즈티하드의 폐지에 관해 언급한 이슬람 문헌이 존재하지 않으며, 이즈티하드는 법학자들이 신법을 찾는 데 필수적인 것이기 때문에 이론적으로나 실질적으로 이즈티하드의 문은 닫힌 적이 없다고 주장하였다.

할락은 10세기 이후의 문헌을 역사적으로 고증한 이후 이즈티하드에 관한 다음 몇 가지 사항을 밝혔다. 첫째, 이즈티하드를 할 수 있는 법학자는 언제나 존재하였다. 둘째, 이슬람 법학파가 성립된 후 실정법을 발전시키는 데 이즈티하드를 사용하였다. 셋째, 11세기까지 '이즈티하드의 문 폐쇄'라는 말이나 이를 암시하는 어떠한 표현도 사용되지 않았다. 넷째, '이즈티하드의 문 폐쇄'와 무즈타히드 소멸에 관한 논쟁에서 법학자들은 합의를 도출하지 못했다(박현도, 2015, 8-10쪽; Hasan, 2003, 27쪽).[132]

일부 서구 학자들이 주장한 대로 '이즈티하드의 문이 닫혔다'면 이즈티하드를 바탕으로 하는 이즈마으는 더이상 존재할 수 없게 된다. 그리고 이즈마으가 존재할 수 없다면 지금까지 축적된 법규범의 범위를 벗어나는 새로운 사안에 대한 해결책을 찾는 길이 좁아진다는 결론에 이르게 된다.

다행스럽게도 이즈티하드가 이슬람 역사에서 단절되지 않고 지속되어 왔고 이에 따라 실정법·법학·사법부의 발전이 이루어졌다고 한 할락의 주장(박현도, 2015, 12쪽)을 바탕으로, '이즈마으는 시대와 환경의 변화에 발맞추어 새로운 문제들을 해결해 온 진보적 개념'이라고 한 인도의 이슬람 개혁주의자 아흐마드 칸(1817-1898)의 주장과 '이

---

132 법학자인 무함마드 무쓰따파 알살라비는 '이즈티하드의 문 폐쇄'는 이즈티하드를 수행할 자격이 없는 이들에게만 해당되는 것이라고 주장했다(Hasan, 2003, 28쪽).

지하드는 자신의 믿음을 갈고 닦는 노력(대지하드) 및 이슬람을 비이슬람지역으로 확장시키거나 이슬람을 위험에서 지키기 위한 성전(소지하드)으로 이해된다. 쌀라훗딘(살라딘)은 십자군에 맞서 예루살렘을 탈환했다. 사진: 쌀라훗딘과 무슬림군 동상, 다마스쿠스.

즈마으는 특정한 세대 전체 무슬림 공동체의 합의'라는 근대 이집트의 개혁주의자 무함마드 압두흐(1849-1905)의 주장(Farooq, 2006, 15쪽)에 대해 좀 더 깊이 있게 생각해 볼 필요가 있다. 이즈마으는 이즈티하드의 문이 폐쇄됨으로 인해 교우들의 시대(7-8세기)나 법학파들의 시대(9-12세기)에 한정된 것이 아니라, 새로운 문제들이 발생할 때마다 동시대의 무슬림 공동체가 합의를 통해 해결책을 제시하는 것이 이즈마으의 역할이라고 보아야 한다는 것이다.

저명한 이슬람 근대주의자들인 무함마드 라쉬드 리다, 압두랏자끄 알산후리, 무함마드 무쓰따파 알샬라비 등은 정부의 지원하에[133] 범이슬람적이고 특정 법학파를 초월하는 현대적인 이즈마으 기구를 설립할 것을 촉구했다(Hasan, 2006, 32-34쪽). 이에 발맞추어 일부 학자들은 이즈마으를 현대에 적용할 수 있는 방안과 단계를 제시하였다. 우선 이즈마으를 현대적 사안에 적용할 방안으로, 첫째, 각 분야의 전문가들이 자신들의 분야에서 이즈마으를 수행해야만 한다. 둘째, 새로운 규범을 생산할 수 있는 사람들이 순례 기간에 메카나 메디나에 모여 사안을 토의하여 만장일치로 해결한다. 셋째, 각 무슬림 국가의 국회(의회)가 이즈마으를 수행한다.[134] 넷째, 이즈마으를 수행하기 위한

---

133 법학자인 압둘와합 칼람은 정부가 무즈타히드의 자격 조건을 정하고 그들의 의견을 확인하는 등의 개입을 하지 않는다면 현대에 이즈마으를 적용하는 것은 불가능하다고 보았다(Al-Haj, 20쪽).
134 아흐마드 하산은 국회(의회)가 집단적 이즈티하드의 목적에 부합하는 장소라고 언급했

법학센터나 법률센터를 설립한다. 다섯째, 이즈티하드를 할 수 있는 모든 법학자들을 법학센터나 법률센터의 회원으로 한다는 5가지를 언급했다.

이와 더불어 이즈마으를 수행하는 총 14가지 단계를 제시했는데 그 중 몇 가지를 살펴보면, 첫째, 법학센터나 법률센터는 특정한 정부나 정당으로부터 독립적이어야 한다. 둘째, 센터의 본부는 중립국에 설치해야 한다. 셋째, 모든 무슬림 정부들은 센터의 재정에 동참해야 한다. 넷째, 모든 설비와 도구가 센터에 제공되어야 한다. 다섯째, 관련 자료들이 충분히 제공되어야 한다. 여섯째, 이즈티하드의 조건이 결정되어야 하며, 무즈타히드들은 현대 움마에서 발생하는 사안들에 대한 지식을 갖추어야 한다. 일곱째, 회의 동안 사안에 대한 토론이 자유롭게 이루어져야 한다. 여덟째, 이즈마으의 규범들은 모든 무즈타히드와 모든 무슬림에게 법적 효력을 가져야 한다는 등의 내용이다 (Amanullah, 2010, 10-12쪽).

이상의 제안을 수용하여 이즈마으를 수행하는 법학센터나 법률센터를 설립하였다고 하더라도, 만장일치를 추구하는 이즈마으의 조건을 충족하기는 어렵다는 점에서 일부 학자들은 집단 이즈티하드[135]라

다(Al-Haj, 25쪽).
135 이 분야의 성과는 「집단 이즈티하드와 현대적 적용」(이슬람대학교, 2008)이라는 석사 학위논문이다. 연구자는 이즈티하드를 개인 이즈티하드와 집단 이즈티하드로 분류하고, 집단 이즈티하드에 대한 정의를 소개했다. "이는 이슬람 학자들과 전문가들로 구성된 집

는 개념을 제안했다. 집단 이즈티하드는 샤리아 전문가인 무즈타히드들과 발생 사안과 직접 관련된 분야의 전문가들로 구성되며, 만장일치보다는 다수의 동의를 원칙으로 한다는 점에서 이즈마으보다 실현 가능성이 높다. 현대에 발생하는 사안들이 순전히 법률적인 문제라기보다는 금융·의학 등 전문적인 지식이 요구되기 때문에, 센터의 구성원에 해당 분야의 전문가가 포함되면 신뢰할 만한 결과를 생산할 수 있을 것이다. 실제로 현대의 이슬람 세계에는 이와 같은 집단 이즈티하드를 수행하는 기구들이 이미 설치되어 운영되고 있다. 그중 대표적인 것으로는, 이집트의 이슬람 연구 아카데미와 이슬람 문제 최고위원회, 사우디아라비아의 사우디아라비아 고위 울라마 기구와 과학과 자문을 위한 상설 위원회, 쿠웨이트의 의학 연구를 위한 이슬람 기구와 쿠웨이트 금융센터의 파트와 및 샤리아 관리를 위한 이슬람 위원회 등이 있다(Hasan, 2006, 34-39쪽).[136]

단이 연구의 중요성을 구체화하고 규범을 도출하는 것이다.", "이슬람 국가의 지도층을 구성하는 다수의 무즈타히드들이 연구와 협의를 통해 코란과 하디스에 반하지 않는 법적이고 실용적인 규범 제정에 동의하는 것이다.", "다수의 법학자들이 협의를 통해 모두나 다수가 동의하는 법규범을 획득하려는 노력이다." 등. 연구자는 집단 이즈티하드의 시작은 현대에 거론된 개념이 아니라 사도 무함마드 시대로까지 거슬러 올라간다고 주장했다.

136　이상에서 언급된 집단 이즈티하드 수행 기구들의 성격은, 모든 법학파들이 공히 인정하는 이즈티하드를 수행하거나 각 개별 법학파가 공인하는 이즈티하드를 수행하는 곳도 아닌, 자국의 이익에 부합하는 파트와를 내는 곳이다. 이들 중 일부는 국가 기관도 아닌 사설 기관으로서 소속 기관의 개별 파트와를 발행한다는 점은 고려되어야 한다.

5. 이즈마으의 미래

이즈마으는 현재까지도 개념이나 정의가 정확히 정리되지 않고 권위의 근거도 합의가 이루어지지 않은 상태로 존재해 오고 있다. 그럼에도 불구하고 이즈마으는 샤리아의 법원으로서 사도 무함마드 사후 방대한 제국을 건설한 이슬람 세계가 직면하였던 새로운 사안들에 대해 코란과 순나(하디스)에서 해결책을 발견하지 못할 경우 2차법원들(끼야스, 이스티흐산, 이스티쓸라흐, 우릅 등)과 함께 이를 해결하여 왔다. 사안 발생 당시에 존재하는 무즈타히드들(정통 칼리파들, 법학파들, 법학자들, 울라마들)의 합의를 통해 이슬람 사회(움마)의 동의를 획득했던 이즈마으는 이전에 경험하지 못했던 새로운 사안들에 대한 합리적인 해결책이 되었다.

이즈마으의 필요조건, 널리 알려진 이즈마으의 보기들, 이즈마으의 정의들을 종합하여 이즈마으의 개념 및 정의를 '특정 사안 발생 당시 이슬람 사회(움마) 다수의 합의'라고 정리한 바 있다. 또한 코란과 순나(하디스)의 구절을 중심으로 샤리아의 법원인 이즈마으의 권위와 정당성을 확인하였다.

이즈마으는 하나피, 샤피이, 한발리 법학파가 세 번째 법원으로 인정하지만, 같은 순니임에도 불구하고 말리키 법학파는 이즈마으를 네 번째 법원으로 인정한다. 시아의 경우에는 이즈마으가 이맘의 견해와

이슬람 국가 대부분이 샤리아 대신에 서구법을 채택하고 있는 현실을 감안해 보면 이즈마으의 현대적 적용의 문제는 한계성을 지닐 수밖에 없다. 그러나 개별 이슬람 국가의 국회(의회)나 이슬람회의기구를 중심으로 이슬람 국가들이 직면한 현대적 사안들에 대한 해결책을 이즈마으를 통해 발견하는 것이 전혀 불가능한 일은 아닐 것이다. 사진: 쿠웨이트 의회.

일치할 경우에만 인정하며, 순니의 자히리 법학파의 경우에는 이즈마으를 법원으로 인정하지 않는다. '이즈마으는 샤리아의 세 번째 법원이다'라는 단정적인 주장을 되풀이하고 있는 국내 학계의 현실은 재고할 필요가 있다.

근대에 들어 '이즈티하드의 문 폐쇄'와 이슬람 세계의 후진성 주장으로 인해 이즈마으의 현대적 적용 문제가 부각되었다. 이즈마으를 법원으로 채택했던 순니 4대 법학파들의 시대(9-12세기)로부터 1,000년 이상의 세월이 지난 현대에 이르러, 기존의 샤리아 규범으로는 판결할 수 없는 새로운 사안들이 무수히 쏟아져 나오고 있다. 따라서 이슬람 개혁주의자들이 제기하는 이즈마으의 현대적 부활과 적용의 문제는 이슬람 세계와 샤리아의 당면 과제라 할 수 있다. 그럼에도 불구하고 대부분의 이슬람 국가들이 샤리아 대신에 서구 법을 채택하고 있는 현실을 감안해 보면 이즈마으의 현대적 적용의 문제는 한계성을 지닐 수밖에 없다. 그러나 개별 이슬람 국가의 국회(의회)나 전 세계 57개 이슬람 국가들의 연합체인 이슬람회의기구를 중심으로 이즈마으의 적용 방안과 수행 단계, 집단 이즈티하드의 개념을 충분히 논의하여 실천한다면 이슬람 국가들이 직면한 현대적 사안들에 대한 해결책을 이즈마으를 통해 발견하는 것이 전혀 불가능한 일은 아닐 것이다.

끼야스*

끼야스의 필수 요소들과 개념은 무엇인가?

끼야스는 코란과 순나(하디스)에서 판결의 근거를 발견할 수 없는 새로운 사안들을 위한 법률을 제정하여 신법을 보여주고, 신법과 인간의 공익 사이를 조화롭게 만들 수 있는 이성적인 방식이다. 따라서 현대인들은 끼야스를 활용함으로써 새로운 사안들에 대한 판결과 해결책을 획득해야만 한다.

* 이 글은 『중동문제연구』 제16권 3호(2017), 「끼야스의 개념과 법적 근거 및 현대적 적용 필요성 재론」이라는 글의 내용과 형식을 일부 수정·보완한 것이다. 아랍어 참고문헌은 편집의 어려움과 가독성을 고려하여 생략하였다.

1. 끼야스 연구의 출발점

국내의 대표적인 선행 연구에서는 끼야스를 '유추(추론)'라는 용어
로 표현하면서 끼야스의 개념, 법적 근거, 구성 요소에 대해 비교적 상
세히 서술하였다. 또한 "끼야스가 샤리아의 네 번째 법원이라는 것에
대다수 학자들이 동의하고 있다."고 언급하였다(이원삼, 2002, 92-94쪽).

이미 소개된 내용을 재론하는 것은 끼야스가 샤리아를 이해하기 위
해서 필요한 분야라는 사실을 확인하고, 선행 연구에 나타난 논지의
난해함과 제한적 서술로 인한 이해의 한계를 극복하기 위해서다. 유
추(추론)로 정의되는 끼야스와 더불어 필수 요소들(아쓸, 파르으, 일라, 후
큼)에 대한 선행 연구의 설명이 적절하다고 보기 어렵다.[137] 끼야스가
샤리아의 네 번째 법원이라고 단정한 부분은 재고할 필요가 있는 내
용이다.

따라서 이 장에서는 샤리아의 법원으로 인정되는 끼야스의 개념,
필수 요소, 법적 근거뿐만 아니라 현대적 적용 필요성에 관한 논의를

---

137 『이슬람법사상』에서는 아쓸을 기본, 파르으를 파생, 후큼을 기본의 판단, 일라를 이유,
    끼야스를 유추(추론)로 설명하고 있다(이원삼, 2002, 92쪽, 103쪽).

재론하고자 한다. 국내의 선행 연구를 우선적으로 검토하고 참고문헌에 정리된 다양한 국외 문헌들을 적극적으로 활용하여 끼야스와 필수 요소들의 개념을 정리하였다. 다음으로 법원으로서의 유효성에 대한 논쟁을 중심으로 코란, 순나(하디스)에 언급된 근거들과 주요 법학파의 끼야스 채택 여부를 정리하였다. 마지막으로 끊임없이 발생하는 새로운 사안들에 대한 샤리아의 현대적 적용 방식으로 주장되는 끼야스의 필요성, 새로운 사안들, 적용 방식을 소개하였다.

2. 끼야스와 필수 요소들의 개념

끼야스는 '측정, 범위, 보기, 참고, 비교, 유추, 유추에 의한 추론' 등의 의미로 사용된다.[138] 이맘 샤피이는 끼야스를 '원전(코란과 순나)에서 다루지 않은 사안에 합법적 이유를 가진 원전의 규범을 적용하는 것'이라고 정의했으며, 샤피이 법학자인 아미디는 끼야스를 '원전의 규범에 따라 파생된 이유를 기초로 하여 원전의 사안을 새로운 사안과 동일시하는 것'이라고 정의했다(Adigun, 2004, 63-66쪽). 법학자이며 신학자인 압둘후사인 알바쓰리는 끼야스를 '동일한 이유가 있는 경우 이전의 사안을 판단했던 명확한 근거에 기초해 특정 사안에 대한 법

---

138 끼야스의 어원은 아람어에서 차용된 유대 경전 해석 용어로부터 파생되었으며, 끼야스의 이론은 그리스 논리학과 로마법에 영향을 받았다는 주장이 있다(Adigun, 2004, 62쪽).

률을 제정하는 것'이라고 정의했다. 신학자이며 철학자인 가잘리는 끼야스를 '두 사안을 위한 법률을 제정하거나, 공통적인 연관성을 토대로 하여 두 사안을 일치시키는 것'이라고 정의했다.

튀니지의 그랜드 무프티였던 무함마드 알묵타르 알살라미는 압둘후사인 알바쓰리와 가잘리가 언급했던 끼야스의 정의들을 비판하면서, 끼야스는 동일한 이유나 공통적인 연관성만을 토대로 한 것이 아니라 아쓸, 파르으, 일라, 후큼과 같은 네 가지 필수 요소들로 구성되어 있다고 주장했다. 끼야스에 기초한 법률은 알라에 의해 명령된 신앙을 바탕으로 도달하는 것이지, 법률가 자신의 생각을 바탕으로 하는 것이 아니라고 주장했다(Al-Salami, 17-18쪽).

우선 끼야스의 필수 요소들로 언급되는 아쓸, 파르으, 일라, 후큼의 개념과 조건 등을 종합적으로 정리하고, 이들 4대 필수 요소들의 개념을 토대로 끼야스의 개념을 정리하였다.

1) 아쓸

아쓸은 '근원, 시초, 원인, 근거, 기초, 혈통, 원문'이란 의미로 사용되며, 샤리아에서는 원전에 판결이 제시되어 있는 사안, 유추의 기준과 대상, 비교의 기준이라는 의미가 있다.

아쓸의 조건들은, "파르으[139]에 적용하고자 하는 후큼[140]은 아쓸에서 확정적이어야 하며, 확정의 법원은 합법적이어야 하고, 아쓸의 후큼은 다른 아쓸로부터 파생되지 않아야 하며, 아쓸의 후큼을 확정하는 법원이 파르으의 후큼을 확정해야만 한다. 끼야스의 원칙에서 벗어나서는 아니 되며, 아쓸의 후큼은 합의가 이루어져야 하고, 아쓸의 지식을 획득하는 방식은 전통적이어야 하며, 후큼을 절대적인 것으로 신봉해서는 아니 되고, 파르으의 후큼이 아쓸의 후큼보다 먼저 확정되어서는 아니 된다."이다. 이를 충족하지 못할 경우 올바른 끼야스가 될 수 없다.

1차법원인 코란과 순나(하디스) 외에 2차법원들 중 하나인 이즈마으가 끼야스의 아쓸이 될 수 있는가에 대해서는 찬반의 의견이 있다. 반대론자들에 의하면, 이즈마으에 기초한 판결들은 근거가 반드시 언급되어 있지는 않으며, 그런 경우 판결의 이유를 알 방법이 없어 이즈마으에 의한 판결을 근거로 한 끼야스는 불가능하다는 것이다. 반면 찬성론자들은 이즈마으가 아쓸이 되고 이즈마으에 기초한 판결의 이유가 이즈티하드를 통해 확인될 경우 끼야스의 근거로 사용될 수 있다고 주장한다.

2차법원들 중 하나인 끼야스가 또 다른 끼야스의 아쓸이 될 수 있

---

139 원전에 판결이 없는 사안으로 아쓸과 동일한 판결을 할 수 있는 사안.
140 원전에 제시된 아쓸의 판결.

는가에 대해서도 찬반의 의견이 있다. 다수의 학자들은 두 번째 끼야스의 기초가 된 일라가 원래의 일라와 동일할 경우 전체적인 과정이 불필요하다는 이유를 들어 끼야스는 아쓸이 될 수 없다고 주장한다. 반면 다수의 말리키 법학자들과 일부 하나피 법학자들은 끼야스가 또 다른 끼야스의 아쓸이 될 수 있다고 주장한다. 어떤 끼야스가 또 다른 끼야스를 기초로 할 경우 두 번째 끼야스의 파르으는 다른 일라가 추론되므로 독립된 아쓸이 된다는 것이다(Joseph David, 3쪽).

2) 파르으

파르으는 '가지, 부서, 파생(물, 어), 지점'이라는 의미로 사용되며, 샤리아에서는 원전에 판결이 없는 사안으로 아쓸과 동일한 판결을 구하는 사안, 유추되는 대상과 원인, 비교 대상이라는 의미가 있다. 파르으가 되려면 새로운 사안이 원전(코란과 하디스)이나 이즈마으에서 발견되지 않아야 하며, 일라가 새로운 사안에 아쓸과 동일한 방식으로 적용될 수 있어야 하고, 새로운 사안에 대한 끼야스의 적용이 원전의 규범과 모순되지 않아야 한다는 세 가지 조건을 충족해야만 한다.[141]

---

141 무함마드 무뜰락 이삽은 파르으의 조건들을 아쓸의 일라와 동일할 것, 아쓸의 후큼과 동일할 것, 원전에 명시되지 않을 것, 아쓸의 후큼보다 선행되지 않을 것과 같은 네 가지로 설명하고 있다.

3) 일라

일라는 '질병, 결함, 결점, 원인, 이유, 근원, 변명'이라는 의미로 사용되고 있으며, 샤리아에서는 불변적이고 명백하며, 후큼과 적절한 관계가 있는 아쓸의 성질이고, 후큼의 이유이고 표시라는 의미가 있다.[142] 아쓸에 있는 모든 성질이 후큼의 일라가 될 수 있는 것은 아니며, 어떠한 성질이 후큼의 일라가 되기 위해서는 일정한 조건을 충족해야만 한다. 이들은 확정된 성질, 명백한 성질, 적절한 성질, 일반적이고 지속적인 성질, 아쓸에만 한정되지 않은 성질이다.[143]

그 외에도 후큼에 영향력을 행사해야 하고, 원전이나 이즈마으에 모순되지 않는 온전함이 있어야 하며, 다른 일라가 반대하지 못하는 가장 강력한 것이어야 하고, 확정적인 후큼에 결함이 없어야 한다. 또한 일라의 성질이 적대적이지 않고 평화적이어야 하고, 일라의 확정이 아쓸의 후큼 확정보다 늦어서는 아니 되며, 성질이 암시적이지 않고 명확히 고정된 것이어야 하고, 확정하는 방식이 후큼처럼 합법적

142 중세 때의 법학자인 아부 이셔학 알시라지는 일라를 '법규범을 요구하거나 결정하는 개념'이라고 정의했으며, 그 외 '법규범을 규정하거나 선언하는 것', '명령의 존재를 가리키는 것', '법 규범을 존재하게 하는 것', '상속된 가치가 아니라 입법자의 권위에 의해 법 규범을 제정하는 것'이라는 개념들도 제시되었다(Moghul, 1999, 12-13쪽).
143 『이슬람법사상』에는 일라의 조건을 확정된 성질, 명백한 성질, 적절한 성질, 아쓸에 한정된 성질이 아닌 것의 4가지로 설명하고 있다. 한편 일라의 조건들 수에 대해서는 학자들 간에 논쟁이 되고 있는데, 아부 이셔학 알시라지는 6개를, 가잘리와 샤피이 법학자인 아미디는 8개를, 한발리 법학자인 이븐 꾸다마는 2개를, 세이크 아흐마드 알바다위는 5개를, 예멘의 법학자인 무함마드 알샤우카니는 12개를 주장하였다(Farooq, 2006, 7쪽).

이어야 한다는 세부 조건들이 있다.

4) 후큼

후큼은 '통치, 치세, 지배, 결정, 판결, 제도'라는 의미로 사용되며, 샤리아에서는 원전에 제시된 아쓸의 판결, 파르으의 판결 요구라는 의미가 있다. 후큼이 끼야스의 필수 요소가 되기 위해서는 다음의 5가지 조건들을 충족해야만 한다. 후큼은 실용적이어야 하고, 실효성이 있어야 하며, 합리적이어야 하고, 특별한 상황에 제한되지 않는 보편성이 있어야 하며, 원전의 규범과 끼야스의 일반적인 규범 간에 모순이 없어야 한다(Kamali, 31-34쪽). 후큼의 존재는 일라의 존재 여부에 달려 있는데, 일라가 있으면 후큼이 있고 일라가 없으면 후큼도 없다.

끼야스의 분류에는 몇 가지 주장이 있다. 샤피이 법학파는 일라의 강약에 따라 끼야스를 3가지로 분류한다. 첫 번째, 끼야스 알아을라는 최고의 끼야스라는 뜻이며, 아쓸의 일라보다 파르으의 일라가 더 명백한 경우이다. 두 번째, 끼야스 알무사위는 동등한 끼야스라는 뜻이며, 아쓸의 일라와 파르으의 일라가 동등한 경우이다. 세 번째, 끼야스 알아드나는 최저의 끼야스라는 뜻이며, 파르으의 일라가 아쓸의 일라보다 명백히 낮은, 불분명한 경우이다. 하나피 법학파는 끼야스를 끼야스 잘리와 끼야스 카피로 분류한다. 끼야스 잘리는 명백한 끼야스라는 뜻이며, 아쓸과 파르으 간의 방정식이 명백하여 그들

간의 불일치가 명백한 근거에 의해 제거되는 것이다. 끼야스 카피는 숨겨진 끼야스라는 뜻이며, 아쓸과 파르으 간의 불일치가 명백한 근거가 아니라 가능성에 의해 제거되는 것이다(「The Rule of Qiyas」, 4쪽; 「Abbreviation of principles of Islamic jurisprudence」, part 2, 38쪽).[144] 가잘리는 끼야스를 이성적으로 불가능한 경우, 이성적으로 필요한 경우, 법적으로 금지된 경우로 분류하였다(Hasan, 1983, 48쪽).

「The Rule of Qiyas」에 제시된 말레이시아의 끼야스 사례들은 이상에서 설명한 끼야스와 필수 요소들의 개념과 상호 관계를 이해하는 데 도움을 줄 것으로 판단된다.

파르으	아쓸	일라	후큼
마약	음주	취하는 효과와 인간의 이성에 끼치는 해	금지
강간	간음	혈통과 존엄성 파괴	금지
(남, 여) 동성애	간음	혈통과 존엄성 파괴	금지
근친상간	간음	혈통과 존엄성 파괴	금지
매춘	간음	혈통과 존엄성 파괴	금지
칼와	간음	혈통과 존엄성 파괴	금지
살인	합법적 정당성 없는 살인	생명의 살해나 파괴	금지

144 이상의 분류들을 포함하는 또 다른 분류 방식에 의하면 끼야스는 일라를 기초로 한 끼야스(끼야스 일라), 유사함을 기초로 한 끼야스(끼야스 시브흐), 의미를 기초로 한 끼야스(끼야스 달랄라), 정반대를 기초로 한 끼야스(끼야스 악스), 유사한 개념을 가진 동일한 사안을 기초로 한 끼야스(끼야스 파릭)와 같이 5가지로 분류된다. 일라를 기초로 한 끼야스에는 끼야스 잘리와 끼야스 카피가 있으며, 끼야스 잘리에는 끼야스 알아울라, 끼야스 알무사위, 끼야스 알아드나가 포함되어 있다. 자세한 내용은 Adigun, 2004, 67-75쪽 참조.

배임, 횡령	절도	타인 재산의 비합법적 소유	금지
모스크에서의 흡연	모스크에서 양파 냄새를 풍기는 것	입에서 나쁜 냄새를 풍김	금지
남성의 백금 착용	남성의 금 착용	50% 이상의 금 함유	금지
미인대회	은밀한 부위를 가리라는 명령	은밀한 부위 노출	금지
생명보험	도박	사기, 도박, 리바의 성질 포함	금지
봉급 자카트	자카트	(천국의) 재산의 증가	의무
보톡스	돼지 금지	돼지에서 추출된 성분 함유	금지
SNS 이혼	딸락	딸락이라는 단어 포함	의도가 있었다면 딸락에 상당(이혼)
돼지털로 만든 솔	돼지 금지	돼지의 일부분 포함	금지

이상의 설명들과 말레이시아의 끼야스 사례들을 바탕으로 끼야스의 4대 필수 요소들에 대한 개념을 정리해 보고, 이를 토대로 끼야스의 개념을 정리해 보면 다음과 같다.

용어	본 연구	선행 연구
아쓸	원전에 판결이 명시되어 있는 사안	기본
파르으	원전에 판결이 없는 사안으로 아쓸과 동일한 판결을 할 수 있는 사안	파생
일라	판결의 합법적 이유	이유
후큼	원전에 명시된 아쓸의 판결	판단
끼야스	원전에 판결이 없는 사안(파르으)을 합법적 이유(일라)를 가진 원전의 사안(아쓸)으로 판결(후큼)하는 것	유추 (추론)

3. 법적 근거와 논쟁

대다수의 학자들은 끼야스(원전에 판결이 없는 사안을 합법적 이유를 가진 원전의 사안을 바탕으로 판결하는 것)가 인간의 행위[145]를 판결할 때 사용되는 샤리아의 2차법원[146]이라는 데 동의하고 있다. 원전에 판결이 제시된 사안이 있고 새로운 사안에 대한 판결의 이유가 원전의 사안과 동일한 경우 끼야스가 성립되어 원전에 있는 사안의 판결을 새로운 사안의 판결에 적용한다. 이런 경우 이 판결은 샤리아가 되며 무슬림은 이를 반드시 준수하여야만 한다. 이러한 견해를 취하는 사람들을 끼야스 긍정론자라고 하며, 반면에 끼야스에는 법적 권위가 없다고 주장하는 사람들을 끼야스 부정론자라고 부른다(이원삼, 2002, 94쪽).[147]

끼야스 긍정론자들이 주장하는 끼야스의 근거들을 코란, 순나(하디

---

145   이슬람은 인간의 모든 행위를 의무인 것(와집), 허용된 것(할랄), 권장할 만한 것(만둡), 혐오스러운 것(마크루흐), 금지된 것(하람)으로 나눈다.
146   샤리아의 1차법원은 코란과 순나(하디스)이며, 2차법원은 이즈마으, 끼야스, 이스티흐산, 이스티쓸라흐, 관습, 이성 등이다.
147   끼야스 부정론자들은 끼야스가 가정(가설)에 기초하고 있다는 점과, 끼야스가 판결의 이유를 부여하는 데 다양한 관점을 전제로 하고 있어 판결의 차이나 모순을 일으킬 수 있다는 점을 들어 반대한다. 또한 끼야스를 개인적 의견이라고 비판한 교우들의 전승을 근거로 끼야스를 부정하기도 한다(이원삼, 2002, 101-102쪽). 끼야스의 찬반양론에 대한 견해는 「The critique of Quays」에 언급되어 있다. 이 연구는 "끼야스는 의학, 음식 등과 같은 일상생활에서 유효성이 있다, 끼야스를 기초로 하여 사도가 만든 규범은 권위를 갖는다, 법적인 문제에 대한 끼야스는 법의 유효한 근거이다, 한발리 법학자들은 이성적 끼야스는 거부하지만 법적 끼야스는 인정한다, 자히리 법학파는 법적, 논리적 끼야스 모두를 부정한다 등"과 같은 언급이 있다(Hasan, 1983, 47-48쪽).

스), 법학파 순으로 정리하면 다음과 같다.

1) 코란[148]

○믿는 이들이여, 알라에게 복종하고 사도와 현자들에게 복종하라. 어떤 일에 대한 논쟁이 있으면 알라와 사도에게 가져가라. 너희들이 알라와 최후의 날을 믿는다면 그것이 최선이며 또 가장 좋은 결과가 될 것이다.(제4장 59절)[149]

○안전이나 두려움의 소식이 오면 그들은 이를 전파하였다. 그들이 사도나 현자들에게 문의하였다면 그들 중 누군가가 그것을 조사하여 확인하였을 것이다. 알라의 은혜와 자비가 너희들에게 없었더라면 일부를 제외하곤 사탄을 따랐을 것이다.(제4장 83절)

○우리(알라)는 너희들에게 진리와 함께 경전을 계시했나니, 알라가 너희들에게 보여준 것으로 사람들을 판단하라. 배신자들을 위해 논쟁하지 말라.(제4장 105절)

○처음으로 그것을 창조하신 분이 그것을 소생시킬 것이며, 그분은

---

148   『이슬람법사상』과 「Abbreviation of principles of Islamic jurisprudence」(part 2) 등에 제시된 내용을 정리한 것이다. 이상에서 제시한 구절 외에도 제2장 194절, 제2장 233절, 제2장 241절, 제3장 159절, 제4장 6절, 제16장 44절, 제25장 67절, 제33장 49절, 제59장 2절 등이 끼야스의 법적 근거로 언급된다(Adigun, 2004, 119-124쪽).
149   자히리 법학자인 이븐 하즘은 다수의 학자들이 끼야스 인정의 근거로 언급하고 있는 이 구절을 끼야스 부정의 근거로 제시하였다(Miftah, 2쪽).

모든 창조를 알고 계시는 분이라고 말하라.(제36장 79절)

○ 그분(알라)이야말로 경전의 백성들 중 믿음이 없는 자들을 그들의 집에서 최초로 추방시키신 분이다. 너희들은 그들이 나간다고 생각하지 않았고 그들도 자신들의 성채가 알라의 공격을 물리칠 수 있다고 생각했다. 그러나 알라는 그들이 생각하지도 못한 곳에서 나타나 그들의 마음에 공포를 심어주셨다. 그로 인해 그들은 믿는 이들과 같이 자신들 스스로의 손으로 자신들의 집을 파괴했다. 보는 눈이 있는 자들이여, 잘 생각해 봐라.(제59장 2절)

이상의 코란 구절 중 제4장 59절의 "어떤 일에 대한 논쟁이 있으면 알라와 사도에게 가져가라"라는 말은 어떤 사안에 대한 판결이 원전에 없는 경우 새로운 사안과 판결의 이유가 같은 원전의 판결을 따르라는 의미로 해석된다. 코란 제36장 79절은 알라의 소생 능력을 의심하는 인간들에 대한 회답이며, 알라가 소멸한 피조물을 재생할 수 있듯이 판결의 근거가 원전에 없는 것을 원전에 근거하여 판결할 수 있다는 의미이다. 코란 제59장 2절의 "잘 생각해 봐라."는 것은 사도가 625년에 메디나 근방에 거주하던 유대인 나디르 부족을 평화조약 위반의 이유로 추방한 사건과 관련이 있다. 불신자들을 향해 나디르 부족에게 일어난 일에서 자신들의 일을 유추해 보라는 경고를 한 것이다. 불신자들이 나디르 부족과 같은 행위를 하면 그들이 추방되었듯

이 동일한 일이 불신자들에게도 발생할 것이라는 경고인 것이다.(이원삼, 2002, 95-97쪽)

2) 순나(하디스)[150]

ㅇ사도 무함마드가 무아드를 예멘에 파견하면서 "판결이 요구되면 어떻게 할 건가?"라고 묻자, 무아드가 "저는 알라의 책에 따라 판결할 것입니다" 하고 대답했다. "알라의 책에 없다면?" 하고 사도가 묻자, 무아드는 "그럼 사도의 순나에 따라 판결할 것입니다"라고 대답했다. 또 다시 사도가 "사도의 순나에 없다면?" 하고 묻자, 무아드는 "제 생각에 따라 판결할 것입니다."라고 대답했다.(티르미디본 1327, 아부 다우드본 3592)

ㅇ카쓰암 부족의 한 남자가 사도 무함마드에게 와서 "알라의 사도시여, 저의 아버지는 순례(핫즈)를 하지 못할 정도로 늙었습니다만 순례의 의무를 다하려고 생각하고 있습니다. 제가 아버지 대신 순례를 하면 아버지에게 유익한 것입니까?" 하고 묻자, 무함마드는 그에게 "너의

---

150 동일한 또는 유사한 내용을 가진 순나들이 여러 하디스에서 언급되었다. 「What is the clear difference between consensus and analogy」 참고. 이슬람 이전에도 법률에 이성을 기초로 한 개인적 의견(라으이), 즉 끼야스를 적용하는 것은 일반적 현상이었으며, 사도 무함마드가 개인적 이성에 기초한 결정을 내린 경우는 다양한 상황에서 발견되었다(Adigun, 2004, 76-80쪽).

아버지에게 빚이 있는데 네가 그것을 갚았다면 그것이 아버지에게 도움이 된다고 생각하는가?" 하고 물었다. 그는 '그렇게 생각합니다'라고 대답했고, 사도는 "알라에 대한 빚은 그 이상으로 갚을 가치가 있는 것이다"라고 말했다. (나사이본 2638, 부카리본 1852)

○우마르가 사도 무함마드에게 단식을 하는 사람이 입맞춤을 하게 되면 단식이 무효화되는지에 대해 물었다. 이에 대해 사도는 "단식 중에 물로 입을 헹구면 단식이 무효화된다고 생각하는가?" 하고 물었다. 이에 대해 우마르는 "괜찮다고 생각합니다"라고 대답했고, 무함마드는 "그것으로 되었다"라고 말했다. (이원삼, 2002, 99쪽 재인용, 「Understanding Illah(legal reason) and Qiyas(analogy)」, 2-3쪽)

○파자라족의 한 남자가 "제 아내가 흑인 아이를 낳았습니다"라고 말하자, 사도 무함마드는 그에게 "낙타를 가지고 있는가?" 하고 물었고, 그 남자는 "예"라고 대답했다. 무함마드가 "무슨 색깔인가?" 하고 물었고, 그 남자는 "붉은 색입니다"라고 대답했다. 무함마드는 "그 속에 검은 빛을 띠고 있는 낙타가 있는가?" 하고 물었고, 그 남자는 "예"라고 대답했다. 무함마드는 "왜 그런가?" 하고 물었고, 그 남자는 "아마 유전 때문이라고 생각합니다"라고 대답했다. 무함마드는 "이것도 아마 유전 때문일지도 모른다"라고 대답했다."(나사이본 3478, 티르미디본 2128, 이븐 마자본 2080)

첫 번째 순나(하디스)에서 사도 무함마드는 코란과 순나(하디스)에서 판결을 위한 근거를 찾지 못할 경우 특정 사안에 대한 판결에 도달하기 위한 노력인 이즈티하드를 인정하였다. 두 번째부터 네 번째까지의 순나(하디스)는 사도 무함마드가 계시를 받지 않은 사안들에 대해 끼야스의 방법으로 판결을 했다는 사실을 보여준다. 이처럼 원전에 없는 사안에 대해서는 사도 무함마드의 순나(하디스)로부터 끼야스가 성립되는데, 무슬림은 사도를 모델로 할 수 있기 때문이다. 사도의 행위가 자신에게만 한정되는 것이라면 법원으로 사용될 수 없으나, 이슬람 공동체 움마를 위한 입법 행위였다면 법원으로 사용할 수 있다 (이원삼, 2002, 97-98쪽).[151]

3) 법학파

법학파들이 끼야스에 대해 어떠한 견해를 가지고 있는지는 법학파의 끼야스 채택 여부와 법원 채택 순서를 살펴보면 알 수 있다. 2005년 50여 개 이슬람 국가에서 온 200여 명의 이슬람 학자들이 채택한

---

151 교우들도 끼야스의 유효성에 합의했다는 주장들이 있다. 제1대 정통 칼리파인 아부바크르는 상속의 권리에 대해 아버지와 할아버지 간의 유사성을 밝혔으며, 제2대 정통 칼리파인 우마르는 끼야스를 위한 유사성을 규명할 것을 명령하였다고 한다. 교우들은 끼야스에 따라 아부바크르에게 충성과 신의의 맹세(바이아)를 하였으며, 제4대 정통 칼리파인 알리는 음주자에 대한 처벌을 결정하는 자리에서 거짓 고발에 대한 처벌을 끼야스에 따라 적용해야 한다는 주장을 하였다고 전해진다(「Abbreviation of principles of Islamic jurisprudence(part 2)」).

암만 메시지에서는 순니 법학파 5개(하나피, 말리키, 샤피이, 한발리, 자히리), 시아 법학파 2개(자으파리, 자이디), 이바디 법학파의 8개를 이슬람 세계의 주요 법학파로 인정하였다. 이 법학파들이 각각 채택한 법원의 종류와 순서에는 차이가 있는데 이는 다음과 같다.

순니 법학파들 중 하나피 법학파는 코란, 순나(하디스), 이즈마으, 교우들 개인의 법적 견해(이즈티하드), 끼야스, 이스티흐산, 무슬림의 관습(우릅) 순으로 법원을 채택한다. 말리키 법학파는 코란, 순나(하디스), 메디나 주민들의 관행(아말), 이즈마으, 교우들 개인의 법적 견해, 끼야스, 이스티쏠라흐, 무슬림의 관습 순으로 법원을 채택한다. 샤피이 법학파는 코란, 순나(하디스), 이즈마으, 교우들 개인의 법적 견해, 끼야스 순으로 법원을 채택하며, 한발리 법학파는 코란, 순나(하디스), 이즈마으, 교우들 개인의 법적 견해, 다이프 하디스, 끼야스 순으로 법원을 채택한다. 자히리 법학파는 코란, 하디스만을 법원으로 채택한다.

시아 법학파들 중 자으파리 법학파는 코란, 순나(하디스), 법학자들의 개인적 의견(라으이) 순으로 법원을 채택하며, 자이디 법학파는 코란, 순나(하디스), 이스티흐산, 이즈마으, 끼야스, 이성(아끌) 순으로 법원을 채택한다. 이바디 법학파는 코란, 순나(하디스), 이즈마으, 다이프 하디스 순으로 법원을 채택한다(임병필, 2015, 178-195쪽).

8개 법학파들이 끼야스를 법원으로 채택하고 있는지 여부와 순서를 표로 정리해보면 다음과 같다.

하나피	말리키	샤피이	한발리	자히리	자으파리	자이디	이바디
5번째	6번째	5번째	6번째	x	x	5번째	x

8개 법학파들 중 자히리·자으파리·이바디 법학파는 끼야스를 법원으로 채택하지 않으며, 특히 자히리와 이바디 법학파는 끼야스를 비드아로 보았다. 끼야스를 법원으로 채택하는 법학파의 경우에도 채택 순서가 다르다는 것을 알 수 있다.[152]

끼야스 부정론자들의 주장도 상당히 거세며, 그 중심에는 자히리 법학파의 대표적인 법학자인 이븐 하즘[153]이 있다. 이븐 하즘은 끼야스를 부정하였으며, 코란 제2장 151절, 제4장 105절, 제6장 38절, 제17장 36절, 제49장 1절을 끼야스 부정의 근거로 주장했다. 이븐 하즘은 코란을 전체 텍스트로 보지 않고 쪼개어 해석하는 행위를 중단해야 한다고 주장함과 더불어, 인간의 기준[154]인 끼야스에 의해 이슬람이

---

152 끼야스를 법원으로 채택하는 법학파들 사이에서도 이론과 실천에서 이견을 보이고 있다. 하나피 법학파는 끼야스를 가장 폭넓게 사용하는데, 이맘 아부 하니파는 존재하지 않는 가상의 사건을 미리 가정하고 이에 대한 해결책을 상정한 최초의 인물로 알려져 있다. 말리키 법학파는 끼야스를 아하드 하디스(전언가 계보의 각 단계에 있는 전언가들의 수가 3명 미만인 하디스)보다 더 우위에 있다고 보았지만, 샤피이와 한발리 법학파는 이에 반대하는 견해를 보이고 있다. 말리키와 하나피는 특정한 분야에 대해서 끼야스 적용을 두고 상반된 견해를 보인다. 「al-Qiyas(Analogy) and its modern applications」, 21-28쪽, 「The relevance of Qiyas(Analogical deduction) as a source of Islamic law in contemporary time」, 84-89쪽 참조. 연구 결과에 따르면, 하나피 법학파가 끼야스를 가장 많이 채택하였고, 말리키 법학파, 샤피이 법학파, 한발리 법학파, 자히리 법학파 순이다(「Qiyas」, 2).
153 이븐 하즘은 코란 구절에서 의미하는 표현만이 뚜렷한 것이며, 숨겨진 의미 가운데 받아들일 수 있는 것은 하나도 없다고 주장했다(김정위, 2002, 118쪽).
154 인간의 기준이란 인간의 이성이 실수할 수 있는 가능성을 의미하는데, 대부분의 법학

타락하는 것을 방어해야 한다고 주장했다. 모든 판결의 근거는 코란과 순나(하디스) 그리고 이즈마으에 있다는 것이다.

4. 현대적 적용 필요성

현대적 사안들에 대한 끼야스의 적용 문제는 앞선 이즈마으 성립의 경우와 마찬가지로 '이즈티하드의 문 폐쇄' 논쟁과 관련이 있다. 끼야스는 일종의 이즈티하드이며 이즈티하드에 의해 수행되는 것이기 때문이다.[155] 이즈티하드의 문이 닫혔다는 것은 샤리아 해석에서 이성적 판단이 중지되었다는 말에 그치는 것이 아니라, 무슬림 사상과 이슬람 사회 전반의 논리적 사유 내지 창조적 사고가 멈추어 이슬람 세계가 서구에 비해 발전이 더디어졌다는 것을 의미한다(박현도, 2015, 4-8쪽).

서구 학자들이 주장한 대로 '이즈티하드의 문이 닫혔다'면 이즈티하드의 일종이며 이즈티하드에 의해 수행되는 끼야스는 더이상 존재하지 않게 된다. 그리고 끼야스가 수행되지 않는다면 지금까지 축적

자들은 끼야스가 본질적으로 개연성을 내포한다고 보았다(Farooq, 2006, 7-8쪽). 끼야스가 계시를 토대로 하지 않는 판결이라는 점과, 법에 추론을 사용하는 것은 금지라는 점도 끼야스를 부정하는 근거로 언급된다(Hasan, 1983, 50쪽).

155 「Abbreviation of principles of Islamic jurisprudence」(part 2), 39쪽 참조. "모든 끼야스는 이즈티하드이지만, 모든 이즈티하드가 끼야스는 아니다."(「Understanding Illah(legal reason) and Qiyas(analogy)」), 7쪽 인용.

된 샤리아 규범의 범위를 벗어나는 현대적 사안들에 대한 판결은 매우 어렵다는 결론에 이르게 된다.

코란과 순나(하디스)의 규범들은 한정되어 있는 반면, 새로운 사건들과 문제들은 끝도 없이 발생한다. 하루가 다르게 쏟아져 나오는 문제들과 긴급 상황들을 원전(코란과 하디스)의 규범들로 모두 아우를 수 있다는 주장은 논리적이라고 할 수 없다. 이런 상황에서 끼야스는 새로운 사안들을 위한 법률을 제정하여 신법을 보여주고, 신법과 인간의 공익 사이를 조화롭게 만들 수 있는 이성적인 방식이다. 따라서 현대인들은 끼야스를 활용함으로써 새로운 사안들에 대한 판결과 해결책을 모색해야만 한다(「The rule of Qiyas」, 15-16쪽 재인용).

현대적 사안들에 끼야스를 적용하기 위해서는 몇 가지 전제 조건들이 요구된다. 우선 법학자들에 의해 발전되어 왔던 끼야스의 필수 요소들(아쓸, 파르으, 일라, 후큼)을 유지시켜야만 한다. 이러한 요소들은 뛰어난 법학자들에 의해 오랫동안 심사숙고되었던 문제들이기 때문이다. 다음으로 몇 가지 법적 메커니즘이 필요하다. 첫째, 끼야스를 헌법과 법률의 법원으로 인식해야 한다. 둘째, 끼야스를 적용하는 표준 절차를 제정해야 한다. 셋째, 자킴(JAKIM)[156]과 같은 이슬람 기관이 새로운 사안들에 대한 해결책을 찾기 위해 끼야스를 폭넓게 적용하는

---

156   말레이시아 이슬람개발청(Jabatan Kemajuan Islam Malaysia, JAKIM)은 할랄인증 정부 기관임.

주도적인 역할을 할 필요가 있다. 넷째, 정부는 끼야스가 새로운 사안들에 적용될 수 있도록 내각 결의를 통해 정책을 만들어야 한다. 다섯째, 끼야스 전문가, 즉 무즈타히드를 양성하기 위해 지속적으로 노력해야 한다. 교육을 통해 중등교육 과정에서부터 학생들에게 끼야스의 주제를 노출하고, 교육과정에 끼야스를 포함시켜야 한다(「The Rule of Qiyas」, 16-17쪽 재인용).

이상의 내용은 말레이시아에서 발표된 한 연구 결과에 제시된 것으로, 이슬람 세계 전체의 상황을 다루고 있는 것은 아니다. 그럼에도 불구하고 현대화, 세계화와 더불어 양산되는 새로운 사안들[157]에 대한 해결책의 하나로 주장되는 끼야스의 현대적 적용과 방법에 대한 내용은 상당히 설득력이 있다고 판단된다.

5. 끼야스의 의의

이즈티하드는 곧 끼야스(al-Salami, 12-13쪽)라고 주장하는 끼야스 긍정론자들과, 끼야스는 계시를 토대로 하지 않는 결정이며 실수할 수 있는 인간의 이성을 바탕으로 하기 때문에 이슬람을 타락시킬 수 있

---

157   1998년 쿠웨이트에서 발생한 친자 구별을 위한 DNA 테스트의 경우나, 단식을 하던 중의 헌혈이 단식을 무효화하는가에 대한 연구 역시 끼야스의 현대적 적용의 보기이다 (「What is the clear difference between consensus and analogy?」).

다고 주장하는 끼야스 부정론자들이 공존한다. 여기서는 끼야스의 유효성 논쟁에도 불구하고 다수의 법학파들이 끼야스를 샤리아의 법원으로 채택하고 있다는 점을 바탕으로 논지를 전개하였다.

먼저 끼야스 필수 요소들과 끼야스의 개념은 다음과 같다.

용어	개념
아쓸	원전에 판결이 명시되어 있는 사안
파르으	원전에 판결이 없는 사안으로 아쓸과 동일한 판결을 할 수 있는 사안
일라	판결의 합법적 이유
후큼	원전에 명시된 아쓸의 판결
끼야스	원전에 판결이 없는 사안(파르으)을 합법적 이유(일라)를 가진 원전의 사안(아쓸)으로 판결(후큼)하는 것

다음으로 끼야스가 샤리아의 법원으로 사용되어 왔다는 근거들로 언급되는 코란, 순나(하디스), 이즈마으의 내용을 정리하였으며, 끼야스 부정론자들의 견해도 언급하였다. 마지막으로 근현대에 들어 원전에 제시된 규범의 한계를 벗어나는 수많은 사안들이 끊임없이 발생되고 있어 샤리아의 확장성 요구와 함께 끼야스의 현대적 적용 필요성이 제기되고 있다는 점과, 끼야스의 현대적 적용을 위해 필요한 방안들에 대한 말레이시아 연구 결과를 소개하였다.

제2부

샤리아 규범은 이렇게 제정되었다

잇다*

무슬림 여성이 재혼하려면 일정 기간을 기다려야 한다

샤리아 제정 목적이 남녀를 불문하고 모든 인간에게 이익을 주거나 해를 제거하는 것이라는 사실을 상기할 필요가 있다. 샤리아에서 잇다의 유형과 기간을 세세히 규정하고 있는 데에는 남성의 입장을 고려한 목적도 있지만, 여성의 이익을 위하거나 여성의 불편을 해소하려는 목적도 있다고 본다.

* 이 글은 『한국이슬람학회논총』 제27-1집(2017), 「무슬림 여성의 재혼금지기간(잇다)에 대한 샤리아 규범 연구: 잇다의 유형과 기간을 중심으로」라는 글을 일부 수정·보완한 것이다. 아랍어 참고문헌은 편집의 어려움과 가독성을 고려하여 생략하였다.

1. 잇다의 기본 개념

이슬람에는 잇다라는 제도가 있다. 잇다는 '수, 도구, 기계, 약간의, 다수의'라는 의미가 있는데, 샤리아 용어로는 이혼녀나 과부가 재혼을 하기 위해서 기다려야만 하는 기간을 의미한다.[158] 샤리아의 측면에서 잇다는 이혼을 하거나 남편과 사별한 무슬림 여성이 재혼을 하려면 의무적으로 기다려야만 하는 기간으로, 이 기간에는 결혼이 금지된다. 이러한 잇다의 목적으로 세 가지가 언급된다. 첫째, 되돌릴 수 있는 이혼[159]의 경우 남편이 결혼 경비를 다시 부담하지 않고도 아내에게 돌아갈 수 있는 기회를 부여하기 위함이다. 둘째, 임신의 여부를 확인하여 혈통이 뒤섞이는 것을 방지하기 위함이다. 셋째, 남편이

---

158 하나피 법학파는 잇다를 여성이 결혼 종료나 그와 유사한 경우에 의무적으로 기다리는 것으로 정의하며, 말리키 법학파는 이혼이나 남편의 사망 또는 결혼의 무효로 인해 재혼이 금지되는 기간이라고 정의한다. 샤피이 법학파는 잇다를 자궁이 비어 있음을 확인하거나 남편에 대한 경건함과 애도를 위해 여성이 기다리는 기간이라고 정의하며, 한발리 법학파는 법적으로 정해진 기다림이라고 정의한다.

159 이슬람에서는 부부가 두 번째의 이혼까지는 잇다 기간 동안 다시 결혼 절차를 진행하지 않고도 재결합할 수 있도록 허용한다. 잇다 후에는 새로운 결혼계약서가 요구된다(최영길 역, 2012, 249쪽). 세 번째의 이혼 이후에는 아내가 다른 남자와 혼인하여 부부관계를 갖고 난 이후 이혼을 한 경우 재결합이 허용된다(조희선, 2015, 119쪽; 최영길 역, 2012, 249쪽).

사망한 경우 부인이 남편 가문에 대한 예의를 지키고 사망한 남편에 대한 애도와 신의를 표현하기 위함이다(최영길, 1985, 336-337쪽).

샤리아에는 이상에서 언급한 의미와 목적을 가진 잇다에 대한 매우 세부적이고 구체적인 규범이 제정되어 있다. 이에 잇다에 대한 규범이 구체적인 샤리아로 제정되는 과정을 문헌학적 방법을 통해 살펴보았다. 우선 잇다와 관련된 코란 구절을 정리하고, 다음으로 하디스(순나)에 언급된 관련 구절을 코란과의 관계 속에서 살펴보았다.[160] 세 번째로 순니 4대 법학파(하나피, 말리키, 샤피이, 한발리)의 잇다 관련 법적 견해들을 정리하고, 이를 코란과 하디스(순나)와의 관련성 속에서 살펴보았다. 또한 자료 수집이 가능한 현대 아랍 국가들의 가족법에 명시된 잇다 규정들을 정리하고, 샤리아의 반영 정도를 살펴보았다. 이러한 과정을 통해 코란에서 언급된 포괄적이고 함축적인 계시가 하디스(순나)와 순니 4대 법학파들에 의해 구체화된 부분은 무엇이며 새롭게 제정된 부분은 무엇인지, 현대 가족법에 어떻게 반영되어 있는지를 살펴보았다. 이를 통해 잇다의 세부 규정들뿐만 아니라 규범 제정의 목적이나 의미를 다각도로 탐색하였다.

---

160 법 규범 측면에서 볼 때, 순나는 코란 구절에 대해 3가지의 관계 속에 놓여 있다. 순나가 코란에서 제시한 규범을 확인하는 경우, 코란에서 제시한 규범을 해설·제약·한정하는 경우, 코란이 제시하지 않은 규범을 순나가 제정하는 경우이다(이원삼, 2002, 77-78쪽). 이후 법학자들의 독자적 법해석 노력(이즈티하드)에 의해 생산된 파트와도 주요 법원(코란과 순나)에 대해 위의 3가지 관계(확인, 해설, 제약, 한정, 제정) 속에 놓여 있다.

2. 잇다의 유형과 기간

우선 잇다에 관해 언급하는 코란의 관련 구절을 정리하고, 순니 하디스 6서(부카리본, 무슬림본, 나사이본, 아부 다우드본, 티르미디본, 이븐 마자본)에 언급된 관련 구절을 정리하였다. 또한 상위법인 코란 구절과의 상관관계 속에서 하디스(순나) 구절이 코란 구절을 좀 더 구체적으로 다루고 있는 부분이 무엇인지를 살펴보았다. 다음으로 순니 4대 법학파들의 잇다 관련 견해들을 코란과 하디스와의 관련성 속에서 정리하였으며, 가능한 한 시아의 견해(하디스, 법학파)도 비교의 차원에서 정리하였다.

1) 코란

잇다의 유형과 기간에 관해 명시적으로 언급한 코란 구절은 다음과 같다.

○이혼한 여성은 그녀들 스스로 세 번의 생리를 기다릴 것이다. 그녀들이 알라와 최후의 심판을 믿는다면, 알라가 그녀들의 자궁에 창조한 것을 숨기는 것은 허용되지 않는다.(제2장 228절)

○너희들 중에 부인들을 남겨 두고 죽은 경우 그녀들은 스스로 4개월 10일을 기다릴 것이다. 그녀들이 정해진 기간에 도달했다면 그녀들 스스로 우호적으로 하는 것에 대해서는 죄가 아니다. 알라는 너희들이

하는 것을 잘 알고 계신다. 너희들이 여자들에게 청혼을 하거나 마음속에 두는 것을 내비치는 것은 죄가 아니다. 알라는 너희들이 그녀들을 생각하는 것을 알고 계신다. 그러나 너희들이 우호적인 말이 아니라 그녀들과 비밀스럽게 약속을 하는 것은 아니 되며, 언급된 기간에 도달할 때까지 결혼 계약을 결정해서도 아니 된다. 알라는 너희들의 마음속에 있는 것을 알고 계시다는 것을 알라.(제2장 234-235절)

○믿는 이들이여, 너희들이 믿는 여성과 결혼하고 그녀들에게 손을 대기 전에 이혼하였다면 너희들이 생각하는 너희들을 위한 잇다는 그녀들에게 의무가 아니다. 그러나 너희들은 그녀들에게 이혼에 대한 보상금을 제공하고 우호적으로 자유를 주어라.(제33장 49절)

○너희들의 여자들 중에 순수한 피(생리)를 포기한 이들, 너희들이 의심을 갖는다면, 그녀들의 잇다는 3개월이다. 생리를 하지 않는 이들도 마찬가지이다. 임신한 여성들의 정해진 기간은 출산할 때까지이다.(제65장 4절)

위의 코란 구절을 통해 알 수 있는 잇다의 유형과 기간은 다음과 같다. 첫째, 이혼한 여성은 세 번의 생리이다(제2장 228절). 둘째, 남편이 사망한 과부는 4개월 10일을 기다려야 한다(제2장 234절). 셋째, 부부관계를 하지 않은 상태의 이혼인 경우 잇다는 없다(제33장 49절). 넷째, 임신한 여성의 잇다는 출산 때까지이다(제65장 4절). 다섯째, 폐경기의 여

성이나 생리를 시작하지 않은 어린 여자아이의 경우에 잇다는 3개월 이다(제65장 4절).[161]

[표1] 코란 속의 잇다

잇다의 경우	잇다의 기간
이혼한 여성	세 번의 생리
과부	4개월 10일
부부관계 없는 이혼	없음
임신한 여성	출산 때까지
폐경기의 여성, 어린 아이	3개월

이 외에도 코란에서는 잇다를 준수한 여성에게 품위 있게 행동할 것과 구속하지 말고 자유를 줄 것, (전)남편과 재혼(결혼)하는 것을 방해하지 말 것을 명령한다(제2장 231-232절). 아내를 두고 사망할 때는 그녀를 내쫓지 말고 1년 동안 부양할 것(제2장 240절), 잇다 후에 이혼할 것(제65장 1절), 아이들의 수유를 할 경우에 보상할 것(제65장 6절)을 명령하지만, 아내들이 비행을 저지른 경우에는 예외임(제65장 1절)을 분명히 하고 있다.

161　잇다의 기간에는 생리, 달(월), 출산의 세 가지 유형이 있다. 관련 연구에서는 이혼녀든 과부든 생리를 할 수 있는 경우엔 생리의 잇다를, 생리를 못하는 경우(폐경기, 어린아이)엔 달(월)의 잇다를, 임신한 여성에게는 출산의 잇다를 적용하여 분류하였다. 생리를 못하던 여성이 생리를 한다거나 그 반대의 경우에는 잇다의 유형과 기간이 변경된다는 상황을 설명하였다. 여기서는 이러한 분류가 잇다의 유형과 기간을 이해하는 데 어려움을 준다고 판단하여 잇다의 유형과 기간을 하나하나 나열하는 방식을 택하였다.

2) 하디스(순나)

하디스 6서에 언급된 잇다 관련 구절은 모두 20여 개에 달하는데, 내용 중에 잇다의 유형과 기간이 명시적으로 드러나 있는 구절을 정리하면 다음과 같다.

○ 나(이븐 우마르)는 알라의 사도께서 살아 계실 때, 아내와 이혼을 했고 그때 그녀는 생리 중이었다. 우마르가 그 사실을 사도에게 말하자, 사도께서 "그녀를 데리고 가 청결해질 때까지 두고, 두 번째의 생리 기간 이후에 청결해지면 그녀와 부부관계를 하기 전에 이혼하라"고 말했다. 이것이 알라께서 이혼하는 여성에게 명령하는 잇다이다.(무슬림본 1471c)

○ 마으낄 빈 야사르가 나에게 "그들을 막지 말라"(코란 제2장 232절)는 구절은 자신과 관련되어 계시되었다고 말했다. 그는 여동생을 한 남자와 결혼시켰는데, 그녀가 이혼을 했다. 그녀의 잇다(세 번의 생리)가 끝난 뒤 남편이 와서는 그녀를 요구했다. 나는 "동생을 너와 결혼시켰고 너의 부인이 되어 잘 지냈지만 결국 이혼을 했다. 이제 와서 그녀를 다시 요구한다고? 아니 된다. 동생은 너에게 다시는 돌아가지 않아."라고 말했다. 그 남자는 나쁜 사람이 아니었고, 여동생도 그에게 돌아가기를 원했다. 그래서 알라께서 "그들을 막지 말라"라는 구절을 계시하였다. 나는 "여동생이 그에게 돌아가는 것을 허락할 것입니다 사도시여"라고

말했다. 그는 여동생을 그 남자와 다시 결혼시켰다.(부카리본 5130)

ㅇ그녀는 자신이 선택해 남편과 헤어졌고(쿨으), 우스만에게 가서 잇다를 준수해야 하는지를 물었다. 우스만은 "최근에 남편과 부부관계를 하지 않았다면 잇다를 준수할 필요가 없습니다. 그러나 부부관계를 했다면 생리를 할 때까지 남편의 집에 머물러야만 합니다. 이것은 싸비트 빈 까이스와 결혼했으나 쿨으로 헤어진 마르얌 알마갈리야에 대한 사도 무함마드의 명령을 따르는 것입니다"라고 말했다.(나사이본 3498)

ㅇ"너희 중에 부인을 남겨 두고 사망한 경우 그녀는 스스로 4개월 10일을 기다릴 것이다"라는 코란 제2장 234절에 따라, 과부는 남편의 가족들과 함께 이 기간을 보내야 한다. 죽어서 과부를 남긴 사람들은 여성을 내쫓지 말고 1년 동안의 부양비와 거주(비)를 유언으로 남겨야 한다. 그러나 그녀들이 거주지를 떠난다면 너희들에게 아무런 비난이 없다. 알라는 과부에게 7개월 20일 동안, 모두 합치면 1년 동안의 추가 부양비를 받을 수 있는 권리를 주셨다. 과부는 원한다면 남편의 유언에 따라 남편의 집에 남을 수 있으며, 원한다면 떠날 수도 있다. 4개월 10일에 해당하는 잇다는 그녀에게 의무이다. 이븐 압바스가 말한 것을 아타가 전하길, "그녀들을 내쫓지 말라"는 코란 구절이 죽은 남편의 집에서 과부가 잇다를 위해 머무르는 의무를 폐기했으며, 그녀는 자신이 원하는 곳에서 이 기간을 완료할 수 있다고 말했다. 그녀가 원한다면 죽은 남편의 집에서 남편의 유언에 따라 잇다를 완료할 수도 있고 알

라의 말씀에 따라 떠날 수도 있다.(부카리본 4531)

○한 여인의 남편이 사망했고 그녀가 눈에 상처가 나 아파하자 사람들이 그녀의 이야기를 사도에게 하면서 위험에 노출된 그녀의 눈에 코흘(여성들이 눈가를 강조하기 위해 혹은 눈병이 났을 때 사용하는 검은 재)을 사용하는 것을 허락해 달라고 요청했다. 사도가 "예전에, 너희들 중 한 사람이 남편을 사별하고 일 년 동안 개가 지나다니고 똥이 널려 있는 불결한 집에 더러운 옷을 입고 살았다. 4개월 10일 동안은 아니 된다"고 말했다.(부카리본 5706)

○"네가 결혼하고자 하지만 4개월 10일이 지나지 않으면 결혼할 수 없다." 그가 그렇게 말하길래, 나(수바이아)는 옷을 차려 입고 저녁 때 사도에게 가서 이에 관해 물었다. 사도께서는 내가 출산을 하고 원한다면 청혼한 사람과의 결혼이 허락되었다는 판결을 주셨다. 그리고 이븐 시합은, 여성이 출산을 하고 (출산 후에 피를 흘린다고 하더라도) 결혼을 하는데 아무런 장애를 발견할 수 없지만, 남편은 그녀가 청결해질 때까지 그녀의 곁에 갈 수 없다고 말했다.(무슬림본 1484)

○나슬람 출신의 슈바이아라는 여인이 결혼을 했고, 그녀가 임신을 했을 때 남편이 사망했다. 아부 알사나빌 빈 바으칵이 그녀에게 청혼을 했고, 그녀는 그와의 결혼을 거절했다. "당신은 두 기간 이상의 잇다를 준수할 때까지는 결혼을 할 수 없습니다"라고 하였는데, 대략 20일 뒤 그녀는 출산을 했고, 사도에게 찾아가서 물으니, 사도가 "결혼하

라"고 말했다."(나사이본 3516)

○그녀(임신한 과부)의 잇다는 두 개(4개월 10일이나 아이의 출산) 중 더 긴 기간이다. 아부 살라마는 "그녀의 잇다 기간은 (아이의 출산으로) 끝났다"고 하면서 논쟁을 했는데, 아부 후라이라는 "나는 아부 살라마의 의견에 동의한다"고 말했다. 그들이 쿠라입을 움무 살라마에게 보내 그것에 관해 물었다. 그가 그들에게 되돌아와서는 슈아입 알아슬라미야가 남편이 사망한 뒤 출산을 했고, 사도에게 물으니 결혼을 할 것을 명령했다고 말했다는 내용을 그들에게 전했다.(무슬림본 1485a)

○사도는 "노예 여성의 (되돌릴 수 없는) 이혼은 두 번의 이혼이다. 그리고 그녀의 잇다는 두 번의 생리이다"라고 말했다."(티르미디본 1182)

이상의 하디스 구절을 통해 알 수 있는 잇다의 유형과 기간은 다음과 같다. 첫째, 생리 중일 때 이혼한 경우 잇다는 두 번째의 생리 기간이 끝날 때까지이다[162](무슬림본 1471c). 둘째, 남편의 요구에 의해 이혼(딸락)한 경우 잇다는 세 번째의 생리가 끝날 때까지이다(부카리본 5130). 셋째, 최근 부부관계를 하지 않은 쿨으의 경우 잇다는 없으며, 부부관계가 있었다면 생리를 할 때까지이다(나사이본 3498). 넷째, 과부

---

162 법학파들은 생리 중일 때의 이혼인 경우 진행 중인 생리를 잇다에 포함시킬 것인지 아닌지에 대해 서로 다른 견해를 보이고 있다. 말리키와 샤피이 법학파는 진행 중인 생리를 잇다의 생리에 포함시킨다.

의 경우 잇다는 4개월 10일이다(부카리본 4531). 다섯째, 과부가 임신을 한 경우 잇다는 출산할 때까지이다(무슬림본 1484, 나사이본 3516). 여섯째, 과부가 임신을 한 경우 잇다는 4개월 10일이나 출산 중 더 긴 기간이다(무슬림본 1485a). 일곱째, 노예 여성이 이혼한 경우 잇다는 두 번의 생리가 끝날 때까지이다(티르미디본 1182).

[표2] 하디스(순나) 속의 잇다

잇다의 경우	잇다의 기간
생리 중의 이혼(딸락, 쿨으)	두 번의 생리
임신하지 않은 딸락	세 번의 생리
임신한 딸락	출산 때까지
최근 부부관계 없는 쿨으	없음
부부관계 있는 쿨으	세 번의 생리
임신하지 않은 과부	4개월 10일
임신한 과부	출산 때까지, 4개월 10일과 출산 중 더 긴 기간
노예	두 번의 생리

이상의 하디스(순나) 구절에 언급된 잇다의 유형과 기간은 모두 8가지인데, 코란에서 계시되었던 "남편의 요구에 의한 이혼의 잇다는 세 번의 생리이며, 과부의 경우 잇다는 4개월 10일이고, 임신한 여성의 경우 잇다는 출산 때까지이며, 부부관계를 하지 않은 경우 잇다는 없다."에 대한 확인이면서 더욱 구체적인 해설·제약·한정이라 할 수 있다. 한편 노예 여성의 잇다는 코란에 언급되지 않았는데 하디스(순

나)에서는 자유민 여성 잇다의 절반이라는 것을 제시하였다.

이 외에도 관련 하디스(순나)에서는 생리 중인 아내와의 이혼도 이혼의 횟수에 계산이 되지만(무슬림본 1471m),[163] 실제 이혼은 생리가 끝난 뒤 부부관계를 하기 전에 이루어진다(무슬림본 1471c). 남편의 요구로 이혼을 한 경우 이혼녀는 잇다 기간(3개월)을 남편의 가족과 함께 보내야 하는데(무슬림본 1480k), 과부의 경우에는 잇다 기간(4개월 10일 또는 출산 때까지)을 남편의 집에서 또는 자신이 원하는 곳에서 보낼 수 있다(부카리본 5706). 과부에게는 잇다 기간 4개월 10일과 그 외 7개월 20일을 합쳐 총 1년 동안의 부양비와 거주비를 받을 수 있는 권리가 있으며(부카리본 4531, 나사이본 3543), 과부에게는 잇다 기간 동안 코홀의 사용이 금지된다(부카리본 5706).

이상의 순니 하디스 6서 외에도 시아 하디스 4서 중 『알카피』에 언급된 잇다의 유형과 기간에 관한 규정을 정리하면 다음과 같다. 생리를 하지 않는 이혼녀의 잇다는 3개월이며, 3개월마다 한 번 생리를 하는 경우의 잇다는 세 번의 생리이다. 행방불명된 남편이 사망한 경우 과부의 잇다는 사망 소식을 들은 날로부터 4개월 10일이다. 남편이 사망한 과부가 임신을 한 경우의 잇다는 4개월 10일과 출산 중 더 긴

---

163 생리 중의 아내와 이혼하는 것은 하람인데(무슬림본 1471c, 1471m), 이 기간에 이혼한 경우 남편에게 죄가 되지만 이혼이 유효하므로 이혼의 횟수에 계산이 된다는 주장과, 알라가 합법화하지 않았기 때문에 이혼이 무효라는 주장이 공존하고 있다(최영길 역, 2012, 246-247쪽).

것인데, 출산을 했는데 4개월 10일이 지나지 않았다면 그 기간을 채워야 되며, 4개월 10일이 지났는데도 출산을 하지 않았다면 출산할 때까지 기다려야 한다. 부부관계를 맺지 않은 상태로 남편이 사망한 경우, 과부는 잇다를 준수해야 하며 4개월 10일이 지날 때까지 재혼을 할 수 없다. 여성이 이혼을 요구하는 것은 금지가 아니며, 여성의 요구로 인한 이혼(쿨으)의 경우 잇다는 남성의 요구로 인한 이혼(딸락)의 잇다와 같다. 남편의 사망 소식을 듣고 잇다를 마친 다음 재혼을 했는데, 첫 번째 남편이 돌아온 경우 두 번째 남편은 그녀와 헤어져야 하며, 이때 그녀의 잇다는 세 번의 생리이다. 노예 여성이 이혼한 경우 잇다는 두 달 또는 두 번의 생리이며, 남편이 사망한 경우의 잇다는 4개월 10일이다. 이상에서 보듯 시아 하디스에 언급된 잇다의 내용은 순니 하디스의 내용보다 좀 더 세부적이고 구체적이라는 것을 확인할 수 있다.

3. 순니 4대 법학파

순니 4대 법학파는 1차법원인 코란과 하디스(순나)의 규범들을 바탕으로 하여 이즈마으와 끼야스 등의 2차법원들을[164] 통해 동시대의

---

164 법학파들이 채택한 법원에는 1차법원인 코란과 하디스(순나)와 2차법원들인 이즈마으, 교우들 개인의 법적 견해, 끼야스, 이스티흐산, 무슬림의 관습, 메디나 주민들의 관습, 이스티쓸라흐, 법학자들의 개인적 견해 등이 있다. 법학파들은 이러한 법원들 중 각자가 필요하다고 생각하는 것을 우선순위를 정해 특정 사안에 대한 독자적인 법적 견해(이즈티하

현실 생활에 필요한 세부적이고 구체적인 규정들을 제정하였다. 여기서는 이혼(딸락, 쿨으)이나 사별로 인한 이별 이후의 이혼녀와 과부의 상속 문제나 잇다 기간의 주거와 관련된 사항들은 논외로 하고, 순니 4대 법학파가 구체적으로 다루었던 잇다의 유형과 기간을 중점적으로 다루었다.

1) 결혼 후 부부관계 없이 곧바로 이혼한 경우

법학파들은 결혼 후 부부관계도 없고 별거도 없이 이혼한 여성에게는 잇다가 없다고 본다. 결혼 초야에 부부관계를 하지 않고 별거를 하다가 이혼한 경우 하나피, 말리키, 한발리 법학파는 부부관계를 한 것과 같이 잇다를 준수해야만 한다고 본다. 이런 경우 잇다는 일반적인 이혼의 잇다와 같은 세 번의 생리 또는 3개월이다. 그러나 샤피이 법학파는 별거는 아무런 영향을 주지 않는다고 보아 잇다는 없다고 판단한다.

2) 임신[165]한 경우

법학파들은 임신을 한 이혼녀의 경우 잇다는 출산 때까지라는 데

드)를 내어 놓음으로써 독자적인 법학파를 형성하게 되었다('8개 이슬람 법학파의 특성과 이크틸랍 원칙' 참조).

165 임신의 최대 기간에 대해 법학파들은 서로 다른 주장을 하는데, 하나피 법학파는 2년, 샤피이와 한발리 법학파는 4년, 말리키 법학파는 5년이라고 본다. 임신한 여성의 생리에

동의하며, 이에 대한 근거로는 코란 제65장 4절("임신한 여성들의 정해진 기간은 출산 때까지이다.")을 든다.

3) 여러 명의 아이들을 임신한 경우

법학파들은 여러 명의 아이들을 임신한 이혼녀의 경우 잇다는 마지막 아이를 출산할 때까지라고 본다.

4) 태아가 완전히 형성되지 않은 상태의 유산인 경우

태아가 완전히 형성되지 않은 상태로 유산한 경우에 대해 법학파들 간에 이견이 존재한다. 하나피, 샤피이, 한발리 법학파는 이런 경우 유산으로 잇다가 종료되지 않는다고 본 반면에, 말리키 법학파는 비록 태아가 살덩어리에 불과하다 하더라도 태아와 같다고 보아 유산에 의해 잇다가 완료된다고 본다.

5) 9살 이전에 부부관계를 한 경우

9살 이전에 부부관계를 한 경우에 대해 하나피 법학파는 어린아이라 하더라도 잇다는 의무 사항이라고 보았는데, 말리키와 샤피이 법

대해서도 다른 견해를 보이고 있는데, 하나피와 한발리 법학파는 임신한 여성은 생리를 하지 않는다고 본 반면에, 샤피이와 말리키 법학파는 임신한 여성도 생리를 할 가능성이 있다고 본다.

학파는 부부관계를 할 수 없다면 잇다는 의무가 아니지만 부부관계가 가능하다면 잇다가 의무라고 보았다. 한발리 법학파는 부부관계가 가능하다 하더라도 이런 경우에 잇다를 의무라고 보지 않는다.

6) 9살 이상이고 생리를 하지만 임신을 하지 않고 폐경이 아닌 경우

법학파들은 9살 이상이고 생리를 하지만 임신을 하지 않고 폐경이 아닌 이혼녀의 경우에 잇다는 세 번의 생리라는 데 동의한다.

7) 생리의 마지막 순간에 이혼한 경우

법학파들은 일반적으로 생리를 의미하는 꾸루으의 해석에 대해 이견을 보인다. 말리키와 샤피이 법학파는 이를 생리 이후의 청결이라고 해석한다. 따라서 꾸루으의 마지막 단계에 이혼을 한 여성의 경우에 현재의 상황이 잇다의 부분으로 계산되어 두 번의 청결 기간을 거치면 잇다가 완료된다고 본다. 하나피와 한발리 법학파는 꾸루으를 생리라고 해석한다. 따라서 동일한 경우에 현재의 상황은 잇다에 계산되지 않으므로 이혼 후 세 번의 생리 기간을 보내야 잇다가 완료된다고 본다.[166]

---

166 잇다를 계산하는 시점에 대해서도 법학파들은 서로 다른 견해를 제시한다. 하나피, 샤피이, 한발리 법학파는 남편과 이별(사별)한 그 순간부터 잇다의 기간을 계산해야 한다고 본 반면에, 말리키 법학파는 새벽 이후에 이별(사별)한 경우에 당일(이혼일, 사망일)은 잇다의 기간에 계산되지 않는다고 본다.

8) 생리를 하지 않는 성인 여성의 경우

법학파들은 생리를 하지 않는 성인 이혼녀의 경우 잇다는 3개월이라는 데 동의한다.[167]

9) 생리를 한 이후 수유나 질병으로 생리가 중단된 경우

이혼녀가 생리를 한 이후 수유나 질병으로 생리가 중단된 경우에 대해 법학파들은 이견을 보인다. 한발리와 말리키 법학파는 이런 경우 잇다는 1년이라고 본다. 샤피이 법학파는 이런 경우 그녀가 생리를 하거나 폐경에 도달할 때까지 잇다는 계속되며, 이후에 3개월의 잇다를 준수해야 한다고 본다. 하나피 법학파는 그녀가 한 번의 생리를 한 이후 질병이나 수유로 인해 영구히 생리가 중단된 경우에 대해 잇다는 폐경이 되어야 완료된다고 본다. 샤피이와 하나피 법학파의 견해에 따르면 이런 경우 잇다가 40년보다 더 길어질 수도 있다.[168]

---

167 법학파들은 생리를 하지 않는 이혼녀와 과부가 잇다 기간인 3개월이 지나기 전에 생리를 하게 되는 경우, 생리의 잇다(세 번의 생리)를 다시 시작해야 한다고 본다. 반대로 생리의 잇다를 하고 있는 이혼녀나 과부가 더이상 생리를 하지 않게 되면 달의 잇다(3개월)를 다시 시작해야 한다고 본다. 이런 경우를 잇다의 이동과 변경이라고 한다.
168 폐경기의 나이에 대해서도, 말리키 법학파는 70세, 한발리 법학파는 50세, 하나피 법학파는 55세, 샤피이 법학파는 62세라는 서로 다른 견해를 보인다(Muhammad Jawad Maghniyyah, 2003, 272-273쪽).

10) 임신하지 않은 과부의 경우

법학파들은 임신하지 않은 과부의 경우 잇다는 4개월 10일이라는 데 동의하며,[169] 이는 코란 제2장 234절("너희들 중에 부인들을 남겨 두고 사망한 경우 그녀들은 스스로 4개월 10일을 기다릴 것이다.")을 근거로 한다. 다수의 법학자들은 임신 여부를 확신하지 못하는 경우에는 출산을 하거나 임신을 하지 않았다는 확신을 얻을 때까지 기다려야(잇다를 지속해야) 한다고 본다.

11) 임신한 과부의 경우

법학파들은 임신한 과부의 잇다는 출산 때까지라는 데 동의하며,[170] 이는 코란 제65장 4절("임신한 여성들의 정해진 기간은 출산 때까지이다.")을 근거로 한다. 이러한 경우는 남편의 사망 이후에 임신을 한 경우에도 해당된다. 이런 경우 사망한 남편의 장례식을 치르기 이전이라 하더라도 출산을 하면 곧바로 재혼이 가능하다고 본다.

---

169 과부가 임신을 하지 않은 경우, 남편이 부부관계를 가진 후에 사망했든 그 이전에 사망했든, 어른이든 어린아이든 관계없이 잇다는 4개월 10일이다. 이러한 기간을 정한 이유로는 사망한 남편에 대한 애도를 표시하고, 임신을 확인하기 위함인데 임신 여부는 다섯 달째 초에 명백해진다고 보기 때문이다.

170 일부 법학자들은 출산과 4개월 10일 중 더 긴 기간이 임신한 과부의 잇다라고 주장한다. 이처럼 동일한 사안에 대해 다른 견해(이크틸랍)가 나오는 이유로는 제2장 234절의 "과부는 4개월 10일을 기다릴 것이다"와 제65장 4절의 "임신한 여성의 잇다는 출산 때까지이다"에 제시된 코란 구절의 차이 때문이다. 시아의 자으파리 법학파 역시 둘 중 더 긴 것이 임신한 과부의 잇다라고 보았다(Muhammad Jawad Maghniyyah, 2003, 275-276쪽).

12) 실수로 부부관계를 한 경우

한발리 법학파는 실수로 부부관계를 한 경우 잇다는 이혼녀와 비슷하다고 본다. 임신을 했다면 그녀의 잇다는 출산 때까지이며, 생리를 한다면 그녀의 잇다는 세 번의 생리이다. 어떠한 부부관계이든 잇다의 준수는 반드시 필요하다는 것이다. 하나피 법학파는 실수로 인한 부부관계이든 유효하지 않은 결혼[171]으로 인한 부부관계이든 잇다는 의무라고 보는데, 결혼이 무효인 경우에는 잇다가 의무가 아니라고 본다. 말리키 법학파는 생리를 하지 않는 경우의 잇다는 3개월이며, 임신을 한 경우의 잇다는 출산 때까지라고 본다. 법학파들은 실수로 부부관계를 한 남성이 사망한 경우 여성은 과부의 잇다를 준수할 필요가 없다고 본다. 그 여성은 결혼을 한 것이 아니기 때문이다.

13) 간통한 여성의 경우

하나피와 샤피이 법학파는 신성함이 없는 간통에 잇다는 요구되지 않는다고 본다. 말리키 법학파는 간통을 실수에 의한 부부관계와 유사한 것으로 본다. 한발리 법학파는 간통한 여자도 이혼녀와 같은 잇

---

171 이슬람에서는 유효한 결혼과 유효하지 않은 결혼이 있는데, 유효한 결혼은 이슬람에서 요구하는 합법적인 혼인 절차(청혼, 혼인계약의 후견인과 증인, 신부의 동의, 마흐르, 혼인식)를 충실히 수행하는 것이다. 더불어 금지된 결혼(혼인한 상태에 있는 여성과의 결혼, 네 명 이상의 자유민 여성과 하는 결혼, 아내의 고모나 이모, 젖형제 등과 같은 마흐람, 교환혼, 순례복장을 입고 있는 경우 등)에 해당되지 않는 경우이다. 한편 유효하지 않은 결혼은 유효한 결혼의 요건을 위반하는 모든 경우이다(조희선, 2015, 97-112쪽).

다의 준수는 의무라고 본다.

14) 경전의 백성의 경우

법학파들은 무슬림 남성과 결혼한 기독교도나 유대교도 여성은 무
슬림 여성과 같은 잇다와 고인에 대한 애도를 준수해야 한다는 데 동
의한다. 기독교도나 유대교도 여성이 비무슬림 남성과 결혼한 경우에
는 잇다가 없다고 본다.

15) 비무슬림 여성이 무슬림 남성과 결혼한 경우

비무슬림 여성의 잇다에 대해서는 이견이 있는데 샤피이, 말리키,
한발리 법학파는 잇다를 의무로 보고, 말리키 법학파는 잇다를 의무
로 보지 않지만 고인에 대한 애도는 준수해야 한다고 본다.

16) 노예 신분의 이혼녀인 경우

법학파들은 임신을 하지 않은 노예 여성이 남편과 헤어진 경우 잇
다는 자유민 여성의 절반에 해당하는 2개월 5일이라고 본다.

17) 남편이 실종된 경우

남편이 실종된 경우는 두 가지 상황이 있다. 첫 번째, 남편의 실종
이 지속되고 있지만 그의 소재를 알고 있으며 연락이 가능한 경우, 부

인에게는 재혼의 권리가 주어지지 않는다. 두 번째, 남편이 연락도 되지 않고 소재 파악도 되지 않는 경우 법학파들 간에 이견이 있다.[172] 이맘 아부 하니파, 샤피이, 한발은 남편이 살아 있을 것으로 여겨지는 부인에게는 재혼이 허가되지 않는다고 본다. 이맘 아부 하니파는 일반적인 수명에 비추어 이 기간을 120년, 이맘 샤피이와 한발은 90년이라고 정했다. 이맘 말릭은 이런 경우 4년을 기다리고 난 뒤 4개월 10일 동안의 잇다를 준수한 후 재혼할 수 있다고 본다.

이맘 아부 하니파와 샤피이는 여성이 재혼을 한 뒤 전남편이 돌아올 경우, 결혼이 무효가 되고 그 여성은 전남편에게 돌아가야 한다고 본다. 이에 대해 이맘 말릭은 여성이 현재의 남편과 부부관계를 하기 전에 전남편이 돌아온다면 그 여성은 전남편의 부인이 되지만, 그녀가 부부관계를 한 이후에 전남편이 돌아온다면 그 여성은 현재 남편의 부인으로 남게 된다고 본다. 이런 경우 그 여성의 현재 남편은 전남편에게 마흐르(보상금)를 지불하는 것이 의무라는 것이다. 이맘 한발은 그 여성이 현재의 남편과 부부관계를 하지 않았다면 전남편에게로 되돌아가야 하지만, 부부관계를 했다면 전남편에게 선택권이 있다고 본다. 전남편은 그녀의 현재 남편에게 마흐르를 주고 그녀를 되돌

---

172   2012년 이집트에서 발행된 파트와에 따르면, 남편이 행방불명된 부인이 법원에 이혼소송을 냈고 법원은 이혼을 판결했는데, 이때 잇다는 이혼소송을 신청한 기간이 아닌 법원 판결이 나온 시점부터 시작된다(이훈동 외, 2016, 240-241쪽).

릴 수도 있고, 현재 남편으로부터 마흐르를 받고 그녀를 그에게 남게 할 수도 있다.

[표3] 법학파들의 잇다

잇다의 유형	잇다의 기간
부부관계도 없고 별거도 없는 경우	없음
부부관계는 없지만 별거한 경우	- 3개월(하나피, 말리키, 한발리) - 없음(샤피이)
임신	출산 때까지
여러 명 임신	마지막 아이 출산 때까지
미완성 태아의 유산	- 유산으로 미종료(하나피, 샤피이, 한발리) - 유산으로 종료(말리키)
9살 이전	- 부부관계 유, 잇다 의무(하나피) - 부부관계 무, 잇다 없음/부부관계 유, 잇다 의무(말리키, 샤피이) - 부부관계 유무에 관계없이 잇다 없음(한발리)
9살 이상, 생리 유, 임신 무, 폐경기 아님	세 번의 생리
생리의 마지막 순간에 이혼	- 두 번의 생리(말리키, 샤피이) - 세 번의 생리(하나피, 한발리)
생리 없는 성인	3개월
생리를 하였는데 중단된 경우	- 1년(한발리, 말리키) - 폐경 때까지+3개월(샤피이) - 폐경 때까지(하나피)
임신하지 않은 과부	4개월 10일
임신한 과부	출산 때까지
실수의 부부관계	- 임신이 아닌 경우, 세 번의 생리(3개월)/임신인 경우, 출산 때까지/생리를 하는 경우, 세 번의 생리(한발리) - 잇다 의무(하나피) - 생리를 하지 않는 경우, 3개월/임신을 한 경우, 출산 때까지(말리키) - 과부가 된 경우, 잇다 없음(4대 법학파)

간통	- 없음(하나피, 샤피이) - 실수의 부부관계와 동일(말리키) - 세 번의 생리(한발리)
무슬림 남성과 결혼한 경전의 백성	잇다 의무(4대 법학파)
비무슬림 남성과 결혼한 경전의 백성	없음(4대 법학파)
무슬림 남성과 결혼한 비무슬림 여성	- 잇다 의무(샤피이, 말리키, 한발리) - 없음(말리키)
임신하지 않은 노예 이혼녀	2개월 10일
남편의 실종(소재 파악되고, 연락 가능)	재혼 불가(4대 법학파)
남편의 실종(소재 파악 안 되고 연락 불가)	- 생존 가능 시, 재혼 불가(하나피 120년, 샤피이 와 한발리 90년) - 4년+4개월 10일(말리키)

순니 4대 법학파들은 코란과 하디스(순나)에서 제시한 잇다의 유형과 기간을 최대한 세부적이고 구체적으로 규정하였다. 코란에서 다소 포괄적이고 경계가 불분명한 잇다의 5가지 유형(이혼한 여성, 과부, 부부관계 없는 이혼, 임신한 여성, 폐경의 여성이나 어린아이)을 제시하였고, 하디스(순나)에서는 이를 8가지(생리 중의 이혼, 임신하지 않은 딸락, 임신한 딸락, 최근 부부관계가 없는 쿨으, 부부관계가 있는 쿨으, 임신하지 않은 과부, 임신한 과부, 노예)로 조금 더 구체화하여 제시하였다. 코란에서는 남편에 의한 이혼(딸락)인지 여성의 요구에 의한 이혼(쿨으)인지를 구분하지 않은 데 반해 하디스(순나)에서는 이를 구분하였으며, 코란에서는 임신한 여성으로 언급하였던 것을 하디스(순나)에서는 임신한 딸락과 임신한 과부로 구분하여 제시하였다.

순니 4대 법학파는 코란의 포괄적인 규범과 이를 좀 더 세분화한 하디스(순나)의 규범을 20가지에 달하는 잇다의 유형과 기간으로 세밀하게 분류하여 규정하였다. 이들 중 임신한 경우는 코란과 하디스(순나)에 모두 언급된 것이며, 임신하지 않은 과부의 경우는 하디스(순나)에 언급된 부분이다. 그 외 나머지 18가지의 경우는 코란과 하디스(순나)의 규범을 기초로 하여 각 법학파들이 채택한 법원들을 바탕으로 독자적인 법적 견해(이즈티하드)를 제시한 것이다. 그 결과 어떤 사안에 대해서는 공통의 견해(이즈마으)를 제시하면서도, 또 다른 사안에 대해서는 서로 다른 견해(이크틸랍)를 제시한다.

4. 현대 아랍 국가의 가족법에 규정된 잇다

이상에서 무슬림 여성의 재혼금지기간(잇다)에 대한 샤리아(코란, 하디스, 순니 4대 법학파) 규정을 살펴보았다. 여기서는 현대 아랍 국가들의 가족법이나 개인지위법에 명시된 잇다 규정들을 자료 수집이 가능한 국가들을 중심으로 해석하여 정리하고, 샤리아 규정과의 관련성을 살펴본다.

1) 예멘

(제81조) 임신한 여성의 잇다는 모든 상황에서 임신한 모든 것을 출산할 때까지이며, 남편이 사망한 과부가 임신을 하지 않은 경우 잇다

는 4개월 10일이다.

(제82조) 1. 생리를 하는 경우 세 번의 생리이다. 2. 폐경처럼 생리가 없는 경우 3개월이다. 3. 우연히 생리가 멈추었다가 재개되었다면 3개월을 기다려야 한다. 잇다 기간 중에 생리가 다시 시작되면 세 번의 생리인 잇다를 다시 시작해야 한다. 4. 생리를 하는 여성의 생리 시기와 횟수가 언급되었다면 세 번의 생리이지만, 그렇지 않다면 3개월이다. 되돌릴 수 있는 이혼으로 인한 잇다 동안 남편이 사망한 경우 여성은 남편이 사망한 날로부터 잇다를 다시 시작해야 한다.

(제83조) 여성의 요구로 인한 이혼(쿨으)의 경우 생리를 한다면 잇다는 생리이며, 그렇지 않다면 잇다는 3개월이다.

(제84조) 1. 비합법적인 결혼을 한 여성이 생리를 하는 경우 잇다는 생리이며, 그렇지 않다면 잇다는 3개월이다. 2. 나머지 이혼한 여성의 잇다는 제82조에 규정된 것과 같다.

(제88조) 간음을 하여 임신을 한 경우 잇다는 출산 때까지이며, 임신을 하지 않은 경우 생리를 한다면 생리이며 그렇지 않으면 3개월이다.

(제89조) 이슬람에 귀의한 이혼녀가 임신을 한 경우 잇다는 출산 때까지이며, 임신이 아닌 경우 생리를 한다면 잇다는 생리이고, 그렇지 않다면 잇다는 3개월이다.

2) 카타르

(제160조) 합법적인 결혼을 한 뒤 남편이 사망한 과부는 임신을 하지 않았다면 4개월 10일을 보내야 한다. 남편이 사망한 과부가 임신을 한 경우의 잇다는 출산 때까지나 분명한 유산 때까지이다.

(제161조) 남편이 사망하지 않은 임신 이혼녀의 잇다는 출산 때까지 또는 분명한 유산 때까지이다. 남편이 사망하지 않고, 임신하지 않은 이혼녀의 잇다는 다음과 같다. 1. 생리를 하는 경우 세 번의 완전한 생리이며, 60일을 경과하지 않는다면 잇다의 경과를 신뢰할 수 없다. 2. 원래 생리를 하지 못하거나 폐경에 이르거나 생리가 중단된 사람의 잇다는 3개월이다. 잇다가 끝나기 전에 생리가 보인다면 다시 3번의 생리를 시작해야 한다. 3. 생리가 지속되지 않는 경우 잇다는 3개월이다. 4. 폐경 전에 생리가 중단된 사람은 자궁이 깨끗하다는 의사의 공식적인 증명서가 있다면 잇다는 3개월이다.

(제162조) 모든 상황에서 잇다의 기간은 1년을 초과하지 않는다.

(제163조) 되돌릴 수 있는 이혼의 잇다 중에 남편이 사망한 경우 과부의 잇다로 전환되며 이전의 것은 계산되지 않는다.

(제164조) 확실한 이혼의 잇다 중에 남편이 사망한 경우 그녀는 진행하는 잇다를 끝마치며 과부의 잇다는 의무가 아니다. 사망에 이르게 하는 병으로 인한 이혼인 경우 잇다는 이혼과 사망의 잇다 중 더 긴 것이다.

3) 알제리

(제58조) 부부관계를 했지만 임신을 하지 않은 이혼녀의 잇다는 3번의 생리이며, 생리를 하지 않는 경우는 이혼이 선언된 날로부터 3개월이다.

(제59조) 남편이 사망한 과부의 잇다는 4개월 10일이며, 남편이 행방불명된 경우 법원의 판결이 선언된 날로부터 4개월 10일이다.

(제60조) 임신부의 잇다는 출산 때까지이며, 임신의 최대 기간은 이혼이나 사망일부터 10개월이다.

4) 쿠웨이트

(제157조) - 임신부의 잇다는 출산 때까지나 분명한 유산 때까지이다.

- 임신하지 않고 남편이 사망하지 않은 이혼녀의 잇다는 생리를 하는 경우 60일 이상의 완전한 세 번의 생리이다.

- 원래 생리가 없거나 폐경에 도달한 경우나 생리가 중단된 사람의 잇다는 90일이다. 이 기간이 경과되기 전에 생리를 시작하면 다시 3번의 생리를 시작해야 한다.

- 생리가 지속적이지 않은 경우 잇다는 90일이다.

- 폐경에 이르기 전에 생리가 중단된 사람의 잇다는 3번의 생리나 1년 이하의 기간이다.

- 유산으로 인한 이혼의 경우 남편이 사망했다면 이혼의 잇다와 사망의 잇다 중 더 긴 기간이다.

(제158조) - 되돌릴 수 있는 이혼의 잇다 중에 남편이 사망한 경우 사망한 날로부터 사망의 잇다인 4개월 10일을 다시 시작해야 한다.

- 계약 무효나 계약 없는 부부관계를 한 남편이 사망한 경우 잇다는 이혼의 잇다이며 사망의 잇다가 아니다.

(제159조) 부부관계 후에 남편과 헤어진 부인이 잇다 중에 결혼을 하고 새로운 부부관계 전에 이혼을 했다면 이전의 잇다는 완성된다.

(제160조) 모든 상황에서 잇다는 1년을 초과하지 않는다.

현대 아랍 국가들의 가족법이나 개인지위법에 명시된 잇다 관련 규정들은 대부분 샤리아 규범을 확인하거나 해설·제약·한정하는 경우라 할 수 있다. 이혼녀의 경우 3개월 또는 3번의 생리, 과부의 경우 4개월 10일, 임신부의 경우 출산 때까지라는 샤리아 규정에서 크게 벗어나지 않는다. 그럼에도 불구하고 "폐경 전에 생리가 중단된 사람의 잇다는 의사의 공식적인 증명서가 있다면 3개월이다(카타르). 모든 상황에서 잇다의 기간은 1년을 초과하지 않는다(카타르, 쿠웨이트). 임신의 최대 기간은 이혼이나 사망일로부터 10개월이다(알제리)."와 같은 규정은 샤리아에서는 볼 수 없던 내용이다.

5. 잇다의 의의

무슬림 여성의 재혼금지 기간인 잇다에 관한 샤리아 제정 과정은 제1법원인 코란의 규범을 기본 원칙으로, 제2법원인 하디스(순나)에서 이를 확인하거나 해설·제약·한정, 또는 새로운 규범을 제정하기도 하였다. 이후 순니 4대 법학파들은 코란과 하디스(순나)의 1차법원을 바탕으로 이즈마으와 끼야스 등의 2차법원들을 통해 복잡다단한 현실 세계에 적용할 수 있는 세부적인 규정들을 제정하였다. 이 과정에서도 코란과 순나(하디스)의 규범들을 확인하거나 해설·제약·한정, 또는 코란과 순나(하디스)의 규범들을 바탕으로 새로운 규범을 제정하기도 하였다. 현대 아랍 국가들의 가족법 또는 개인지위법에 명시된 잇다 규정 역시 샤리아 규범을 확인하거나 해설·제약·한정의 경우로서 대부분이 샤리아의 영향하에 있다고 볼 수 있다.

잇다 관련 규정들은 재결합 시의 비용 절감, 친자 구별의 명확성, 사망한 남편에 대한 애도라는 세 가지 목적을 달성하기 위해 충분한 기능을 한다. 그런데 이 세 가지는 모두 남편의 입장에서 바라본 잇다의 목적에 해당된다고 할 수 있다. 이러한 목적들을 위해서라면 코란, 하디스(순나), 순니 4대 법학파를 거치면서 20여 가지의 유형으로 세분하고 구체화할 필요가 있었을까? 우리나라 6개월(2005년 폐지), 일본 100일, 프랑스 300일, 미국 3개월 또는 1년처럼 샤리아의 잇다 규정도 간단명료하게 명시할 수도 있었을 것이다. 이런 의미에서 이혼한 여성이나 사별한 여성의 입장을 고려한 잇다의 존재 목적이나 이유는 없는가? 라는 문제 제기에 이르게 된다.

샤리아 제정 목적이 모든 인간에게 이익을 주거나 해를 제거하는 것(이원삼, 2002, 109쪽)이라는 사실을 상기할 필요가 있다. 샤리아에서 잇다의 유형과 기간을 세세히 규정하는 데에는 남편의 입장을 고려한 세 가지 목적 외에 여성의 이익을 위해서나 여성의 불편을 해소하려는 목적도 있다고 본다. 부부가 어떤 형태로든(이혼, 사별) 이별을 할 경우 이에 해당하는 잇다 기간을 둠으로써 이혼의 결정을 다시 한번 더 차분히 생각해 보게 하여 재결합할 수 있는 여지를 남겨 두기 위해서라는 주장에 주목하게 된다. 잇다 기간 중에 이혼녀는 남편의 집에 머물러야 한다(최영길 역, 2012, 247-248쪽)는 규정도 이와 맥락을 같이하는 부분이다. 실제로 이혼을 하게 되면 남성보다는 여성의 삶이 어려워질 수밖에 없다. 결혼할 때의 마흐르와 일정한 보상금을 받는다고 하더라도 직업을 갖기도 쉽지 않을뿐더러 독립된 삶을 꾸리거나 재혼한다 해도 여성은 남성보다 불리한 입장에 놓일 수밖에 없다. 따라서 최대한 이별을 억제하거나 일시적인 충동으로 인한 이혼의 결정을 되돌릴 수 있는 재고의 시간을 제공해 줌으로써 어려운 상황에 처하게 될 여성의 수를 최소화하려는 의미에서 잇다의 규범은 여성에게도 의미가 있는 제도로 보인다.

리바*

이자나 부당한 상행위는 모두 금지이다

이슬람은 리바 금지를 통해 불공정한 거래와 불로소득을 철저히 금지함으로써 무슬림 간에 평등과 공평과 형제애가 충만한 이슬람 공동체(움마)를 건설하고자 노력하였다.

---

* 이 글은 『한국중동학회논총』 제38-3호.(2018), 「리바 금지에 대한 샤리아 규범 제정」이라는 글의 내용과 형식을 일부 수정·보완한 것이다. 아랍어 참고문헌은 편집의 어려움과 가독성을 고려하여 생략하였다.

1. 리바와 샤리아

국내에서 발표된 대다수의 선행 연구들은 "이슬람은 리바를 금지한다."라는 샤리아 규범을 언급하면서 리바를 이자나 고리대금으로 정의하는데, 리바 금지에 관한 샤리아 규범 제정 과정을 다룬 선행 연구는 찾아볼 수 없다. 샤리아에서 하나의 규범이 제정되는 과정에는 절차와 순서가 정해져 있다. 무슬림은 특정한 사안이 발생한 경우 샤리아의 제1법원인 코란의 규범에 따라 판결하고 이 판결을 절대적으로 따른다. 코란에 아무런 언급이 없거나 언급되어 있지만 그 의미가 포괄적이거나 함축적인 경우에는 제2법원인 사도의 순나(하디스)에 의존하게 된다. 사도는 알라의 계시(코란)를 낭송하고, 포괄적이거나 함축적인 부분을 해설하고 설명하며, 코란의 가르침을 실천하는 방법을 직접 보여주는 존재인 것이다. 이후 이슬람 공동체(움마)로부터 권위를 인정받아 학파를 형성하게 된 법학파들은 코란과 순나(하디스)를 토대로 이즈마으와 끼야스 등의 2차법원들을 통해(임병필, 2015, 202쪽) 나날이 변해 가는 현실 세계에 적합한 세부 규정들을 제정하였다. 이렇듯 샤리아는 코란과 순나(하디스)를 거쳐 법학파에 이르러 완전한 모습을 갖추었다고 할 수 있다. 이후의 이슬람 세계에서는 코란, 순나(하디스) 그리고 법학파들의 법해석 노력(이즈티하드)으로 생산된 샤리아 규범을 바탕으로 그때그때의 사안들에 적합한 법적 견해(파트와)를 내놓게 된다. 이러한 점에서 "이슬람은 리바를 금지한다."는 규범도 코란, 순나(하디스)는 물론 법학파의 법해석 노력까지를 포함하는 온전한 샤리아의 범주 내에서 다루어야만 한다.

따라서 리바에 관해 다루는 코란과 하디스(순니, 시아), 순니 4대 법학파(한발리, 말리키, 샤피이, 하나피)의 샤리아 규범들을 정리하였다. 리바 금지에 관한 샤리아 규범의 제정 과정을 정리함으로써 리바의 개념, 종류, 금지의 이유 등에 관한 세부 내용을 요약하였다.

2. 코란

코란은 샤리아의 제1법원으로서 이곳에 기록된 내용은 절대적인 권위와 구속력이 있다. 따라서 코란의 리바 관련 구절은 금지의 절대적 근거가 되어 금지 이유의 타당성에 관계없이 반드시 준수해야만 하는 규범이다.

ㅇ너희들이 리바(특정한 것에서의 증가를 뜻함)를 주게 되면 사람들의 재산은 증가하지만 알라의 집에서는 증가하지 않는다. 너희들이 알라

의 기쁨을 구하기 위해 자카트를 주게 되면 여러 배의 보상이 있을 것이다.(제30장 39절)

○그들은 금지된 리바를 취했으며 사람들의 재산을 부정하게 취했다. 알라는 그 불신자들에게 고통스러운 처벌을 준비하셨다.(제4장 161절)

○믿는 이들이여 리바를 두 배로 여러 배로 취하지 말라. 알라를 두려워하라, 성공하리라.(제3장 130절)

○리바를 취하는 이들은 사탄과의 접촉으로 정신을 잃은 사람들처럼 제대로 서지 못할 것이다. 그들은 거래는 리바와 같다고 말한다. 알라는 거래는 허용하셨지만 리바는 금지하셨다. 알라의 충고를 받아들이고 (리바를) 포기한 사람은 과거에 자신이 가졌던 것을 가지며 그의 일은 알라에게 달려 있게 된다. 다시 돌아가는 자들은 불지옥에 영원히 거주하게 될 것이다. 알라는 리바를 근절하시고, 자선(싸다까)을 증가시킨다. 알라는 모든 죄 지은 불신자들을 사랑하지 않으신다. 믿음을 갖고 선을 행하며 예배를 드리고 자카트를 바치는 사람은 주님으로부터의 보상이 있으며 그들에게는 두려움도 슬픔도 없다. 믿는 이들이여 알라를 두려워하라. 너희들이 믿는 이들이라면 리바의 나머지 것들을 포기하라. 너희가 행하지 않는다면 알라와 사도께서 전쟁을 선포할 것이며 너희가 회개한다면 원금을 가질 것이다. 부정을 저지르지도 당하지도 말라. 채무자가 어려운 환경에 있다면 형편이 나아질 때까지 지불을

연기하여 줄 것이며 더욱 좋은 것은, 너희가 알고 있다면, 자선을 베푸는 것이다.(제2장 275-280절)

코란의 리바 금지는 네 단계로 이루어졌다. 첫 번째 단계는 코란 제30장 39절에서 리바가 인간의 부를 증가시키지만 알라의 축복을 증가시키지는 않는 행위임을 강조한다. 두 번째 단계는 제4장 161절에서 리바는 알라에 의해 금지된 것으로 사람들의 재산을 부정하게 취하는 행위이므로 알라의 고통스러운 처벌이 있음을 경고한다. 세 번째 단계는 제3장 130절에서 두 배나 여러 배의 리바를 취하지 말 것을 강조한다. 네 번째 단계는 제2장 275-280절에서 알라가 거래는 허용하지만 리바는 금지하였으며, 리바를 취하는 자들은 불지옥에 떨어지게 된다고 경고하고, 채무자의 형편이 어려운 경우 지불을 연기하거나 자선을 베풀 것을 권고한다(Chapra, 2006, 2쪽; 한덕규, 2003, 146-147쪽).

코란 구절에서는 리바의 의미가 분명하게 드러나지 않는다. 거래와 리바 간의 명확한 경계와 차이점도 알 수 없다. 리바는 사탄에 물든 행위이므로 금지되었으며 내세에서 불지옥의 처벌을 받을 것이라 경고하면서도, 현세의 처벌에 대한 언급은 없다. 결국 무슬림은 리바의 정확한 개념과 범위, 거래와 리바 간의 차이점, 처벌 등을 사도 무함마드 생존 시에는 직접 물을 수밖에 없었으며, 그의 사후에는 사도의 순나(하디스)에 의존할 수밖에 없게 되었다.

3. 하디스(순나)

하디스(순나)는 샤리아의 제2법원이라는 권위와 법적 구속력이 있다. 사도 무함마드를 통해 계시된 코란이 샤리아의 제1법원으로서 무슬림의 삶의 지침이 되어 왔지만 포괄적이거나 함축적인 의미로 인해 일상생활의 세세한 부분까지는 구체적으로 규정하지 못했다. 이러한 경우 무슬림은 사도 무함마드의 순나를 구체적인 행동 규범으로 삼았다. 그 결과 사도의 말, 행동, 결정사항(침묵)인 순나를 수집하여 전승하는 사람들이 생겨났고, 사도의 생전에는 물론 사후에도 사도의 모든 삶을 수집하고 기록하고 전승하는 것이 무슬림 사이에 유행하였다. 이로 인해 하디스학이라는 새로운 학문 분야가 생겨났으며, 이슬람 공동체(움마)가 직면했던 다양한 문제들에 대처했던 사도와 싸하바(교우)의 관행에 관한 공식적 기술이 이루어졌다.

하디스 편찬가들은 이슬람 세계 곳곳을 찾아다니며 사도의 순나를 수집하였고, 이들 중 신뢰할 수 있는 것만을 최종적으로 선별하여 모음집(하디스)으로 편찬하였다. 그 결과 1천 개가 넘는 하디스 모음집들이 우후죽순으로 등장했으나, 순니 이슬람 세계에서는 9세기에 6개의 하디스 모음집(6서)이 인정되었으며, 시아 이슬람 세계에서는 10세기에 4개의 하디스 모음집(4서)이 공인되었다(명지대중동문제연구소, 2016, 158-159쪽).

여기서는 하디스에서 발췌한 리바 구절을 정리하고 이를 코란과 순나의 관계에 따라 분석하였다.

1) 순니 하디스 6서

○ 우마르 빈 알캇땁이 전하길, "사도 무함마드는 금을 은과 교환하는 것은 손에서 손으로 취하지(현장에서 이루어지지) 않는다면 리바이다. 대추야자를 대추야자와 교환하는 것은 현장에서 이루어지지 않는다면 리바이다. 밀을 밀과 교환하는 것은 현장에서 이루어지지 않는다면 리바이다. 보리를 보리와 교환하는 것은 현장에서 이루어지지 않는다면 리바라고 말씀하셨다."(나사이본 4558, 아부 다우드본 3348, 부카리본 2170, 이븐 마자본 2259·2260·2338)

○ 말릭 빈 아우스가 전하길 "내가 100디나르의 환전을 요구했을 때, 딸하 빈 두바이둘라가 나를 불렀고 가격을 홍정하였으며 환전을 해 주기로 결정했다. 그는 금을 가져와 손에서 만지작거리며 금고지기가 숲에서 올 때까지 기다리라고 말했다. 우마르가 듣고 있다가 나에게 "당신은 그것을 받을 때까지 절대로 그와 떨어져서는 아니 됩니다"라고 말하면서, "사도 무함마드는 금을 은과 교환하는 것은 현장에서 이루어지지 않는다면 리바이다. 밀을 밀과 교환하는 것은 현장에서 이루어지지 않는다면 리바이다. 보리를 보리와 교환하는 것은 현장에

서 이루어지지 않는다면 리바이다. 대추야자를 대추야자와 교환하는 것은 현장에서 이루어지지 않는다면 리바라고 말씀하셨다."(부카리본 2134·2174, 무슬림본 1586a, 티르미디본 1243)

○우마르 빈 알캇땁이 전하길 "마지막 계시는 리바에 관한 구절이다. … 사도는 리바와 의심을 저주하라고 말씀하셨다."(이븐 마자본 2362)

○자비르가 전하길 "사도는 리바를 취하는 자와 지불하는 자, 기록하는 자, 두 명의 증인들을 저주하셨고, 그들은 모두 똑같다고 말씀하셨다."(무슬림본 1597·1598, 아부 다우드본 3333, 티르미디본 1206, 이븐 마자본 2363)

○아이샤가 전하길 "코란 제2장의 리바 구절이 계시되었을 때 사도 무함마드는 모스크에 가서 사람들에게 그 구절을 낭송하셨고, 술의 거래를 금지하셨다."(부카리본 459·4540, 나사이본 4665, 무슬림본 1580b, 이븐 마자본 3507)

○아우니 빈 아비 주하이파가 전하길 "나는 아버지가 부황 뜨는 노예를 사온 것을 보았다. 나는 사도 무함마드가 개의 대가를 금지하셨고, 피의 대가를 금지하셨으며, 문신을 새기는 여자와 문신을 하는 여자, 리바를 취하는 자와 지불하는 자를 금지하셨고, 그림 그리는 자를 저주하셨다고 아버지에게 말했다."(부카리본 2086·2238·5347·5945·5962)

○후자일이 전하길 "사도 무함마드는 문신을 새기는 여자와 문신을

순나(하디스)는 "리바는 거래와 같다"라는 불신자들의 주장을 하나하나 사례를 들어가면서 반박하고 있다. 동종동량의 물물교환, 대금 지불 지연, 신용거래, 선불거래, 가격 인상, 중재의 대가, 피고용자의 선물, 외상거래와 같은 상행위를 리바로 규정하였다. 사진: 카이로 칸 알칼릴리 시장.

하는 여자, 머리카락을 연장해주는 여자와 머리카락을 연장한 여자, 리바를 취하는 자와 지불하는 자, 용매제 시술자와 사용자를 저주하셨다."(나사이본 3416)

O 우사마 빈 자이드가 말하길 "사도 무함마드는 신용(외상)은 리바라고 말씀하셨다."(나사이본 4580)

O 이븐 압바스가 전하길 "사도 무함마드는 수태된 동물에게 미리 지불하는 것은 리바라고 말씀하셨다."(나사이본 4622)

O 아부 후라이라가 전하길 "사도 무함마드는 한 개를 두 개와 거래하는 자는 손해를 보거나 리바와 관련되어 있다고 말씀하셨다."(아부 다우드본 3461)

O 사이드 빈 자이드가 전하길 "사도 무함마드는 가장 만연하고 있는 리바는 무슬림의 명예를 부당하게 늘이는 것이라고 말씀하셨다."(아부 다우드본 4876)

O 아부 후라이라가 전하길 "사도는 리바는 70개의 죄이며, 그중 가장 사소한 것이 한 남자가 그의 어머니를 간음하는 것이라고 말씀하셨다."(이븐 마자본 2360)

O 술라이만 빈 아므루의 아버지가 전하길 "나는 이별의 순례(사도 무함마드가 사망 직전에 행했던 메카 순례(3월 3일)) 때 사도께서 모든 리바 알

자힐리야[173]는 폐지되었으며, 너희들의 모든 재산은 불공정하게 다루

어져서는 아니 된다고 말씀하시는 것을 들었다."(아부 다우드본 3334)

○ 아흐야가 전하길 "나는 우끄바 빈 압둘가피르가 아부 사이드 알

쿠다리에게 들었던 것을 들었는데, 빌랄[174]이 사도에게 바르니 대추야

자를 가져오자 사도가 '이것은 어디서 난 것인가?' 하고 물었고, 빌랄

은 사도께서 드시는 랏디 대추야자 두 그릇으로 (비르니 대추야자) 한 그

릇을 샀다고 대답했다. 사도가 한숨을 쉬며 이것은 명백히 리바이다.

그리하지 말라. 네가 (비르니 대추야자를) 사기를 원했다면 랏다 대추야

자를 팔아 다른 재료를 구입한 다음 그것을 팔아 비르니 대추야자를

사야 한다고 말씀하셨다."(부카리본 2312, 무슬림본 1594a · 1594b, 나사이본

4557)

○ 아부 후라이라가 전하길 "사도는 7가지 범죄들을 피하라고 말씀

하셨고, 그것이 무엇인가요?라는 질문을 받자, 그것은 우상숭배, 마술,

알라가 정당하다고 한 것을 제외한 금지된 살인, 고아의 재산 갈취, 리

---

173 이슬람 이전 시대(자힐리야 시대)에는 상업의 중심지인 메카와 따이프에서뿐만 아니라
전 지역에서 리바가 유행했으며, 리바를 상거래의 일종으로 생각했다. 자힐리야 시대에는
부채를 갚지 못한 기간으로 인한 증가인 부채의 리바, 임차 기간이 종료되었을 때 이자를
다시 대부하는 것, 월 이자를 대부하는 것과 같은 몇 가지 종류의 리바가 있었다.
174 아비시니아 태생의 흑인 노예였는데 그의 신앙을 이유로 주인이 가혹 행위를 하자 이슬
람으로 개종하였고, 아부바크르가 몸값을 치르고 해방시켜 주었다. 좋은 목소리로 인해 최
초의 무앗진으로 선발되었으며, 후다이비야조약으로 무슬림 공동체가 629년 메카에 입성
했을 때 카으바신전 꼭대기에서 아잔을 했다고 한다. 사도 무함마드의 시종을 들었으며,
그의 사후 아부바크르의 시종을 들었다고 한다(김정위, 2002, 345쪽).

바 수수, 탈영, 순결한 여성 비방이라고 말씀하셨다."(무슬림본 89, 부카리본 2766 · 6857, 나사이본 3671, 아부 다우드본 2874)

ㅇ우사마 빈 자이드가 전하길 "사도는 손에서 손으로 직접 거래한 것은 리바가 아니라고 말씀하셨다."(무슬림본 1596c)

ㅇ이브라힘 아비 이스마일 알사크사키가 압둘라 빈 아비 아우파에게 들었던 것을 말하길 "한 남자가 상품을 전시하고 최상의 것이라고 거짓 맹세를 하였다. 그래서 '알라의 말씀과 신앙을 판 이들은 하찮은 대가를 얻을 것이다.'(제3장 77절)라는 계시가 내려졌다. 이븐 아비 아우파가 가격을 인상하는 이들은 리바를 취한 믿을 수 없는 자라고 말했다."(부카리본 2675)

ㅇ아부 후라이라가 전하길 "사도는 리바를 취하는 사람들에게 때가 오고, 리바를 취하지 않은 사람들은 그 먼지에 영향을 받지 않을 것이라고 말씀하셨다."(나사이본 4455, 이븐 마자본 2364, 아부 다우드본 3331)

ㅇ압둘라가 전하길 "리바를 취하는 자와 주는 자, 리바를 알고도 기록하는 자, 문신을 새기는 여자와 아름다워지기 위해 문신을 한 여자, 자선(싸다까)을 하지 않는 자, 히즈라(622년) 이후에 아랍을 버린 자는 심판의 날에 저주를 받을 것이다."(나사이본 5102)

ㅇ아부 우마마가 전하길 "사도는 어떤 사람이 그의 형제를 중재하고 선물을 받았다면 그는 리바의 문들 중 큰 문에 다가간 것이라고 말씀하셨다."(아부 다우드본 3541)

○아부 후라이라가 전하길 "사도는 이스라으의 밤에 배가 집처럼 큰 사람들에게 왔는데, 그들의 배 안에는 밖에서 보였던 뱀들이 들어 있었다. 사도는 가브리엘 천사여, 이 사람들은 리바를 취한 자들입니다라고 말씀하셨다."(이븐 마자본 2273 · 2359)

○아부 나드라가 전하길 "내가 아부 사이드 알쿠다리의 집에서 이븐 우마르와 이븐 압바스에게 거래에 관해 아무런 해로움도 발견하지 못했다고 말하자, 그들은 증가한 것은 리바라고 말했다. 내가 그 두 사람의 말을 거부하자, 그들은 사도로부터 들었던 것만을 이야기하는 것이라고 말했다."(무슬림본 1594d)

○아부 후라이라가 전하길 "마르완 당신은 리바 판매를 승낙했나요?라고 묻자 마르완이 그렇게 했다고 말했다. 아부 후라이라는 당신은 신용(외상) 판매를 허용한 것인데, 사도께서는 조건이 충족될 때까지 식품의 판매를 금지하셨다고 말했다. 마르완은 사람들에게 그러한 판매가 금지되었다는 연설을 했다. 나는 사람들의 손에서 음식을 수거하는 경비병들을 보았다."(무슬림본 1528b)

○싸하바인 사흘 빈 아비 하쓰마가 전하길 "사도는 대추야자를 대추야자와 거래하는 것을 금지하시면서 그것은 리바이며 어리석은 행위라고 말씀하셨다."(무슬림본 1540a)

○사이드 빈 아비 부르다의 아버지가 전하길 "내가 메디나에 와서 압둘라 빈 살람을 만났는데, 그가 나에게 리바가 만연된 땅에 있다고

하면서, 나에게 속한 사람이 짚이나 보리를 가져와 선물로 주면 리바이니 받지 말라고 말했다."(부카리본 3814)

ㅇ아부 알민할이 전하길 "샤리크가 은을 외상으로 팔았고 나에게 와서 그 사실을 전하길래 이것은 옳지 않다고 말했다. 샤리크는 시장에서 거래를 했고 어느 누구도 나를 비난하지 않았다고 말했다. 나는 알바라아 빈 아집에게 가서 이에 대해 물었다. 알바라아 빈 아집은 사도가 메디나에 왔고 우리가 그러한 거래를 하고 있는 것에 대해 '손에서 손으로 하는 것(현장에서 직접)은 괜찮지만 외상(나시아; 지불 연기, 지불 기한 연장, 외상, 신용대부라는 뜻)인 것은 리바다'라고 말씀하셨다고 말했다."(나사이본 4575, 무슬림본 1589a)

ㅇ이스학 빈 까비싸의 아버지가 전하길 "사도는 둘 간의 증가도 없고 지불 지연도 없는 동일한 경우가 아닐 경우 금을 금과 거래하지 말라고 말씀하셨다."(이븐 마자본 18)

이상 순니 6서에 기록된 리바 구절을 코란과 순나와의 관계에 따라 정리해 보면 다음과 같다.

첫째, '리바는 알라에 의해 금지된 행위이며 불지옥의 처벌을 받게 될 것'이라는 코란의 금지와 처벌을 확인하는 경우로서, 위의 하디스가 이에 해당된다. 리바는 저주 받을 행위, 리바 금지 공표, 리바 행위 만연 경고, 리바 알자힐리야 폐지 선언, 리바는 범죄이므로 처벌, 리바

는 저주 받을 행위라는 언급을 통해 순나(하디스)가 코란의 리바 금지
를 재확인하고 있는 것이다.

둘째, 코란의 내용을 해설 · 제약 · 한정하는 경우로서 위의 하디
스 구절 나머지 모두가 이에 해당된다. 순나(하디스)는 동종동량의 물
물교환이 현장에서 이루어지지 않으면 리바, 지불 지연 금지, 리바 수
수, 기록, 증인 모두 저주, 부황 · 개 · 피 · 문신 · 그림과 같은 이유로
금지, 문신 · 머리카락 연장 · 용매 시술과 같은 이유로 금지, 신용거
래는 리바, 선불거래는 리바, 한 개를 두 개와 거래하는 것은 리바, 리
바는 간음보다 더 중죄, 불공정한 물물교환은 리바, 리바는 7가지 중
범죄들(우상숭배, 마술, 알라가 금지한 살인, 고아의 재산 갈취, 리바 수수, 탈영,
순결한 여성 비방) 중의 하나, 직접 현장 거래는 정당, 가격 인상도 리바,
중재의 대가는 리바, 리바는 사악한 뱀 같은 행위, 거래 시의 증가는
리바, 신용판매는 리바, 동종동량의 물물교환은 리바, 피고용자의 선
물은 리바, 외상거래는 리바, 증가도 없고 지불 연기도 없는 동일한 물
건이 아닌 경우 거래 금지라는 언급을 통해 '재산의 증가, 거래와 리바
의 차이'와 같은 코란의 내용을 더욱 구체적으로 해설 · 제약 · 한정하
고 있다.

순나(하디스)는 "리바는 거래와 같다"라는 불신자들의 주장을 하나
하나 사례를 들어 가면서 반박하고 있다. 동종동량의 물물교환, 대금
지불 지연, 신용거래, 선불거래, 가격 인상, 중재의 대가, 피고용자의

선물, 외상거래와 같은 상행위를 리바로 규정하고 증가도 지불 연기도 없는 현장 거래 외의 모든 상행위를 리바로 보았다.

이상의 순나(하디스)에서는 리바의 다양한 형태들이 언급되었는데 지불 연기, 신용거래, 선불거래는 리바 알나시아 또는 리바 알자힐리야에 해당되며, 한 개를 두 개와 거래하거나 동종동량의 물물교환은 리바 알파들에 해당된다. 결국 순나(하디스)를 통해 리바의 의미와 종류가 코란에서보다 구체화되었다는 것을 알 수 있다. 한편 순나(하디스)에서도 리바 금지 위반 시의 현실적인 처벌에 대해서는 언급하지 않았다.

2) 시아 하디스 4서

○아부 압둘라가 전하길 "사도는 디르함은 리바이며, 리바는 70번의 간음보다 더 나쁘고, 본질적으로 금지된 것이라고 말씀하셨다."(푸루으 알카피 666, 키탑 알타흐딥 1224, 만 라 야흐두루후 알파끼흐 521)

○ 아부 자으파르가 전하길 "사도는 리바를 취하는 자, 제공하는 자, 기록하는 자, (두 명의) 증인은 (죄악에서) 모두 똑같다고 말씀하셨다."(푸루으 알카피 666, 키탑 알타흐딥 1224, 만 라 야흐두루후 알파끼흐 521)

○아부 압둘라가 말한 것을 할라비가 전하길 "사도는 리바를 취하는 모든 사람은 어리석다. 포기하라. 회개하는 자는 받아들여질 것이다.

아버지로부터 재산을 상속받는 사람이 그 돈에 리바가 있다는 것을 알고 있었다고 하더라도 상거래에서 할랄인 다른 것과 혼합되었다면 할랄이 되니 이를 취하라. 그중 일부가 리바라는 것을 알고 있었다면 재산을 취하고 리바를 돌려주라. 어떤 남자가 리바보다 더 큰 금전적 이득을 보았다면 어리석은 일이라고 말씀하셨다."(푸루으 알카피 666, 키탑 알타흐딥 1224, 만 라 야흐두루후 알파끼흐 521)

○아부 압둘라가 전하길 "한 남자가 사도에게 와서 말하길, 저는 재산을 상속했는데 아버지가 리바를 통해 재산을 증식했다는 것을 알게 되었습니다. 법학자들에게 이에 관해 물었더니, 리바를 취하는 것은 허용되지 않는다고 대답했습니다. 아부 자으파르는 알려진 재산에 리바가 있다는 것과 그 사람을 알고 있다면 당신의 재산을 취하고 그 외의 것을 돌려주라고 말했습니다.… 사도께서는 기간이 만기된 것을 리바로 규정하셨고 남아 있는 것을 금지하셨으며, 어리석은 사람에게는 그의 어리석음을 알 때까지 그 사실을 널리 퍼뜨렸습니다. 사도의 금지 사실을 알고 있다면 금지이며 그러한 죄를 짓는 사람은 리바를 취하는 사람처럼 처벌을 해야만 합니다.'라고 말씀하셨다."(푸루으 알카피 667, 키탑 알타흐딥 1224, 만 라 야흐두루후 알파끼흐 521)

○아부 압둘라가 전하길 "사도는 리바에는 취할 수 있는 리바와 취할 수 없는 리바의 두 종류가 있다. 취할 수 있는 것은 더 좋은 옷을 요구하는 사람에게 주는 당신의 선물이다. 이에 대해 알라께서는 '너희

들이 리바를 주게 되면 백성들의 재산은 증가하지만 알라의 집에서는 증가하지 않는다(제30장 39절)'. '취할 수 없는 리바는 알라가 금지하고 불지옥을 약속하신 리바'라고 말씀하셨다."(푸루으 알카피 667, 키탑 알타흐딥 1224 · 1225, 만 라 야흐두루후 알파끼흐 521 · 525)

○사마아가 전하길 "나는 아부 압둘라에게 알라께서 리바를 반복해 언급하는 것을 보았다고 말하자, 사도가 왜 그런지 아는가? 라고 물었고, 나는 아니오! 라고 대답했다. 사도는 사람들이 알려진 것을 날조(위조)하지 못하게 금지하기 위함이라고 대답했다."(푸루으 알카피 667, 키탑 알타흐딥 1225)

○우바이다 빈 주라라가 전하길 "나는 사도가 아부 압둘라에게 양을 측정하거나 무게를 측정하는 것이 아니라면 리바가 아니라고 말씀하시는 것을 들었다."(푸루으 알카피 667, 키탑 알타흐딥 1225 · 1226, 만 라 야흐두루후 알파끼흐 523)

○아부 자으파르가 전하길 "사도는 가장 사악한 이윤을 리바의 이윤이라고 말씀하셨다."(푸루으 알카피 667)

○아부 압둘라가 전하길 "사도는 알라께서 리바를 근절하셨고 싸다까를 증가시키셨다고 말씀하셨고, 리바를 취하는 자의 돈이 증가하는 것을 보았다고 말씀하셨다."(키탑 알타흐딥 1224 · 1226, 만 라 야흐두루후 알파끼흐 522)

○아부 압둘라가 전하길 "사도는 어른과 아이 간에 리바는 없고, 주

인과 노예 간에도 리바는 없다고 말씀하셨다."(키탑 알타흐딥 1225, 만 라 야흐두루후 알파끼흐 522)

○우마르 빈 아지드 바이야으 알사비리가 전하길 "사람들은 필수적인 것에 대한 이윤은 하람이라고 주장하는데, 리바도 그런가요? 라고 내가 묻자, 사도는 필수적이지 않은 것을 사는 부자나 가난한 사람을 본 적이 있나요? 라고 물으면서 알라께서 거래는 허용하셨지만 리바는 금지하셨습니다. 이윤을 보세요, 그러나 증가시키지는 마세요라고 말했다. 나는 무엇이 리바인가요? 라고 물었고, 사도는 디르함을 디르함과, 밀을 밀과 거래하는 것입니다라고 말씀하셨다."(키탑 알타흐딥 1226, 만 라 야흐두루후 알파끼흐 522)

○자으파르 빈 무함마드의 아버지가 전하길 "사도는 고기를 동물과 거래하는 것을 혐오해야 한다고 말씀하셨다."(만 라 야흐두루후 알파끼흐 522)

○아부 자으파르가 전하길 "사도는 낙타 한 마리를 두 마리와, 집짐승(말, 노새, 당나귀 등) 한 마리를 두 마리와 손에서 손으로(현장에서 직접) 거래하는 것은 정당하며, 옷 한 벌을 두 벌과 손에서 손으로 그리고 양측이 정했다면 외상으로 거래하는 것도 정당하다고 말씀하셨다."(만 라 야흐두루후 알파끼흐 522)

○아부 압둘라가 전하길 "사도는 노예 한 명을 두 명과, 노예 한 명을 노예 한 명 그리고 디르함 또는 동물과 손에서 손으로 거래하는 것

은 정당하다고 말씀하셨다."(만 라 야흐두루후 알파끼흐 523)

○아부 자으파르가 전하길 "사도는 밀가루를 밀과, 사웍(밀가루)을 다끼끄(밀가루)와 거래하는 것은 정당하다고 말씀하셨다."(만 라 야흐두루후 알파끼흐 523)

○아부 자으파리가 전하길 "사도는 메디나 대추야자 한 바구니를 카이바르 대추야자 두 바구니와 거래하는 것을 혐오하시는데, 메디나 대추야자가 더 맛있기 때문이라고 말씀하셨다. 마른 대추야자(타므르)를 마르지 않은 대추야자(루땁)와 거래하는 것은 루땁이 건조되면 양이 적어지기 때문에 혐오한다고 말씀하셨다."(만 라 야흐두루후 알파끼흐 523)

○다우드 빈 알후사인이 아부 압둘라에게 양 한 마리를 두 마리와, 계란 한 개를 계란 두 개와 거래하는 것에 관해 묻자, 그는 양을 측정할 수 있거나 무게를 측정할 수 있는 것이 아니면 정당하다고 대답했다. (만 라 야흐두루후 알파끼흐 523)

○알리 빈 자으파르가 자신의 노예에게 10디르함을 주었고, 그 노예에게 매달 10디르함씩을 지불하게 하였다는 이야기를 형인 무사 빈 자으파르에게 하면서, "그것은 허용되나요?" 라고 묻자, 그(무사 빈 자으파르)는 "정당하다!" 라고 대답했다.(만 라 야흐두루후 알파끼흐 523)

○아부 압둘라가 전하길 "사도는 양을 측정할 수 있거나 무게를 측정할 수 있는 것이 아닌 상품을 물물교환 하는 것을 정당하다고 말씀하셨다."(만 라 야흐두루후 알파끼흐 523)

이상 시아 4서에 기록된 리바 구절의 주요 특징은, 디르함은 리바이며 간음보다 더 나쁨, 리바의 수수·기록·증인은 모두 죄인, 리바수수는 어리석지만 회개하면 수용, 상속 재산 중 리바가 있다면 돌려줄 것, 상속 재산 중 리바가 있다는 것을 알면 돌려줄 것, 리바는 취할수 있는 것과 취할 수 없는 것이 있음, 리바 금지를 반복해 언급, 양이나 무게를 측정하는 것이 아니면 리바가 아님, 가장 사악한 이윤은 리바의 이윤, 리바 근절과 싸다까 증가, 어른과 아이 간이나 주인과 노예간에는 리바가 없음, 동종 물품의 물물교환은 리바, 고기를 동물과 거래하는 것은 리바, 현장 거래와 양측이 합의한 외상 거래는 정당, 동종물품의 물물교환을 현장에서 거래하는 것은 정당, 밀가루를 밀과 거래하는 것은 정당, 다른 지역에서 생산되는 대추야자의 거래와 마른대추야자와 마르지 않은 대추야자의 거래는 금지, 동종의 가축을 현장에서 직접 거래하는 것은 정당, 주인과 노예 간의 거래는 정당, 양이나 무게로 측정할 수 있는 것이 아닌 물품의 거래는 정당하다는 것이다.

　이처럼 리바는 중범죄이며 금지라는 점에서 코란의 금지 내용을 확인하고 있으며, 이는 순니 하디스와 다르지 않다. 시아 하디스에서는 리바를 현장에서 이루어지지 않거나 양측이 합의하지 않은 상태에서 양이나 무게를 측정할 수 있는 동종 물품(고기와 동물, 밀과 밀가루, 마른 대추야자와 젖은 대추야자 등)을 거래하는 것이라고 보았다. 시아 하디스에서도 리바 금지를 위반할 시의 현실적인 처벌에 대한 언급은 없으며, 코란의 불지옥과 저주를 확인하였다.

순니 6서와 시아 4서의 리바 관련 구절은 '리바는 범죄이므로 금지이고, 처벌은 불지옥'이라는 코란의 금지 규범을 재확인하고, 포괄적이고 함축적이었던 리바의 개념을 좀 더 구체적으로 해설·제약·한정하였다. 리바는 동종동량의 물품과 양이나 무게로 측정할 수 있는 물품을 현장에서 직접 거래하지 않는 경우에 해당된다. 코란 속의 리바는 대부와 이자에 관한 문맥 속에서 언급되는 데 반해, 순나(하디스)의 리바는 거래와 공평(균등)이라는 문맥 속에서 언급된다는 점이 특징이다(Zaman, 2008, 4쪽). 순나(하디스)를 통해 리바의 개념이 좀 더 구체화된 것은 확실하지만 리바의 종류인 리바 알나시아와 리바 알파들의 개념과 차이점을 정확히 이해하기에는 여전히 모호한 부분이 많다. 이 외에 리바를 금지하는 합법적 이유(일라)[175]나 종류가 다른 물품의 거래와 같이 세밀한 규정이 필요한 부분에 대해서도 이후의 법학파(법학자)들의 몫으로 남겨졌다.

---

175 코란과 순나(하디스)에서 어떤 사안에 대해 내린 판결의 합법적 이유.

4. 법학파

법학파들은 이슬람 공동체(움마)가 직면한 문제(사안)의 해결책을 찾기 위해 노력하였는데, 법학파들의 법적 견해는 기본적으로 코란이나 순나(하디스)의 구절을 바탕으로 해야만 한다. 법학파의 견해는 이즈티하드를 통해 표출되는데, 이즈티하드는 1차법원인 코란과 순나(하디스)를 근거로 한 2차법원(이즈마으, 끼야스 등)을 수단으로 하기 때문이다. 법학파들의 법적 견해의 특징은 공통의 견해(이즈마으)와 서로 다른 견해(이크틸랍)가 공존한다는 것이다. 어떠한 사안에 대해 법학파들 간의 견해가 같을 수도 있고 다를 수도 있으며, 하나의 법학파 내에서도 법학자들 간의 견해가 같을 수도 있고 다를 수도 있다.

법학파들은 리바 알나시아의 금지에 이견이 없다. 코란과 순나(하디스)에서 리바 알나시아를 중범죄 중의 하나로 지정하였기 때문이다. 리바 알나시아는 이미 이슬람 이전 시대(자힐리야 시대)에 널리 통용되었으며, 이로 인해 리바 알자힐리야라고 불리기도 했다. 법학파들은 리바를 무슬림의 재산을 부당하게 취하여 재산을 증식(증가)시키는 행위라고 보았다. 이처럼 법학파들은 리바가 중범죄의 하나로 금지되었다는 데에는 공통의 의견을 보이면서도, 일부 구체적인 사항들에 대해서는 서로 다른 견해를 보인다.

여기서는 순니 4대 법학파들이 독자적인 견해를 보이는 사항들 중 리바의 종류, 순나(하디스)가 언급한 6개 상품, 증가 금지의 합법적 이유(일라), 종류가 다른 상품 거래, 밀가루를 밀이나 빵과 거래하는 것에 대해서만 정리하였다.[176]

1) 리바의 종류에 대해

순니 4대 법학파들(하나피, 말리키, 샤피이, 한발리)은 리바를 리바 알나시아와 리바 알파들로 구분한다. 리바 알나시아는 지불 연기로 인해 증가가 발생한 경우이며, 리바 알파들은 지불 연기 외의 상황에 의해 증가가 발생한 경우이다. 샤피이 법학파는 리바를 리바 알파들, 리바 알나시아, 리바 알야드(아랍어 낱말 야드는 손, 팔, 영향력, 후원 등의 뜻)의 3가지로 분류한다. 리바 알파들은 돈을 빌려주고(대부) 이윤을 얻는 리바 알까르드(대부의 리바)로, 리바 알나시아는 상품 거래 시 대금 지불 연기의 리바로, 리바 알야드는 동종동량의 물품을 판매할 때 발생하는 증가의 경우로 보았다.

2) 6개 상품(금, 은, 소금, 대추야자, 밀, 보리)에 대해

순니 4대 법학파들은 순나(하디스)에 언급된 6개 상품 외의 다른 상

---

176   이외에도 물품의 차이, 양을 측정하여 거래하는 것과 무게를 측정하여 거래하는 것, 동종의 과일 거래, 동종의 고기 거래, 동일한 액체의 거래, 환전, 금지된 거래, 무라바하(증권매매)와 위임 등에 대해서는 추후 연구가 필요하다.

품들에도 리바가 적용된다고 보았다. 그러나 자히리 법학파는 순나(하디스)에서 언급된 6개의 상품 외에는 리바가 적용되지 않는다고 주장했다(Farooq, 2006, 19쪽).

3) 리바를 금지하는 일라에 대해

한발리 법학파는 리바 금지의 합법적 이유(일라)를 양을 측정할 수 있는 것과 무게를 측정할 수 있는 것으로 보고, 양과 무게를 측정할 수 있는 상품의 (물물)거래는 리바에 해당된다고 보았다. 양이 매우 적거나 무게가 매우 작은 경우에는 리바에 해당되지 않는다고 보았다. 그들은 계란 한 개를 두 개와, 부엌칼 한 자루를 두 자루와 거래하는 것은 동일한 종류라 하더라도 거래는 정당하지만 마크루흐(혐오스런 행위)라고 보았다.

하나피 법학파가 리바를 금지하는 합법적인 기준은 한발리 법학파와 같이 양과 무게를 측정할 수 있는가이다. 그들은 식품의 양이 2분의 1싸으(약 1.5kg)나 그 이상일 경우에는 리바에 해당되지만, 2분의 1싸으 이하일 경우 증가가 있다고 하더라도 거래는 정당하다고 보았다. 그들은 한 줌의 밀을 두 줌의 밀과 손에서 손으로 (현장에서) 또는 지불 연기(나시아)로 거래하는 것을 허용하였다. 이렇듯 양이 2분의 1싸으에 달할 때까지는 대추야자처럼 양을 측정해서 판매되는 것이라 하더라도 (물물)거래가 정당하다고 보았다. 2분의 1싸으보다 적은 것은 무엇이든 리바에 해당되지 않는다는 것이다. 무게를 측정할 수 있는 것 중에서 리바가 적용되는 경우는 덩어리가 아닌 화폐로 사용되는 금과 은이다. 사과 한 개를 두 개와 거래하는 것은 허용되지만, 그 값을 명확히 확정하였다는 것을 전제로 한다. 이러한 합법적 이유(일라)가 실행되지 않는 모든 것은 먹는 것이든 먹는 것이 아니든 리바에 해당된다.

순나(하디스)에서 언급된 밀, 보리에 대한 끼야스를 옥수수, 쌀, 기장, 참깨, 호로파, 석회처럼 양을 측정하여 판매되는 모든 상품에 적용하고, 양으로 측정하여 판매되지 않는 경우에는 금과 은에 대한 끼야스를 연과 동처럼 무게를 측정하여 판매되는 모든 상품에 적용한다. 개수를 세거나 자로 재는 상품처럼 양과 무게를 측정하여 판매되지 않는 것은 리바 알파들에 해당되지 않는다. 따라서 계란 한 개를 두 개와, 수박 한 개를 두 개와 거래하는 것은 허용되는데, 이 경우 판매자는 밀과 밀, 보리와 보리 같이 동일한 종류에 대해 동일한 가격을 적용해야만 한다. 양이나 무게를 측정하여 판매되는 경우 두 상품 중 하나에 증가가 발생한다면 그 증가가 지불 지연 때문이든 아니든 정당하지 않다. 이것은 밀, 보리, 금, 은과 같이 양이나 무게를 측정하여 거래되는 모든 것에 해당된다.

샤피이 법학파는 하디스에 언급된 6개 상품을 화폐(금, 은)와 사람들이 먹는 음식이 되는 식품(소금, 밀, 보리, 대추야자)으로 이분하고 이들

시아 하디스에서는 리바를 현장에서 이루어지지 않거나 양측이 합의하지 않은 상태에서 양이나 무게를 측정할 수 있는 동종 물품을 거래하는 것이라고 보았다. 사진: 나무에 매달린 대추야자.

이 리바에 해당된다고 보았다. 주나이흐와 리얄처럼 주조된 것이나 보석이나 광석처럼 주조되지 않은 것의 차이는 없다. 2주나이흐를 3주나이흐로 지불 연기나 대부를 위해 구매하는 것은 정당하지 않으며, 환전처럼 금제품 10그램을 13그램으로 구매하는 것은 정당하지 않다.

먹을 수 있는 것은 하디스에서 언급된 4가지를 포함한다. 첫째, 밀과 보리와 같은 식품이다. 밀과 보리의 목적은 식품을 제공하는 것이며 쌀, 옥수수, 콩, 루핀과 같은 것들이 포함된다. 이들은 즙의 특성에서 차이가 있지만, 즙이 인간의 육체에 필수적인 것이라는 공통점이 있다. 둘째, 대추야자, 마른 포도, 무화과처럼 (먹는) 즐거움이 있는 것이다. 셋째, 소금처럼 음식과 신체를 개선하는 것이다. 하디스에서는 소금을 센나풀처럼 약의 일종으로 언급한다.

한편 풀, 지푸라기, 과일의 씨와 같이 동물들이 먹는 것들은 리바에 해당되지 않는다고 보았다. 석고처럼 먹을 수 없는 것은 동일한 종류를 물물교환의 형태로 거래하는 것도 정당하다고 보았다.

말리키 법학파는 리바를 금지하는 합법적인 이유(일라)가 화폐로 사용되는 금과 은에 있다고 주장하며, 식품의 경우에는 금지의 일라가 리바 알나시아와 리바 알파들에서 서로 다르다고 본다. 리바 알나시아의 금지 이유는 약용으로서의 측면을 배제한 오직 식품으로서의 특성이다. 무엇인가가 사람의 식품이 되면 리바 알나시아로 금지되는데 오이, 수박, 레몬, 쓴맛 나는 오렌지(나랑), 파, 호로파, 홍당무, 토란,

양배추와 같은 녹색의 채소와 사과와 바나나와 같은 수분이 많은 과일 등이 이에 해당된다.

한편 이와 같은 채소와 과일은 리바 알파들에 해당되지 않는다. 따라서 현장에서 물물교환의 조건이라면 증가가 있다고 하더라도 동일한 종류나 다른 종류와 거래하는 것은 정당한 것이 된다. 사과 1라뜰(약 500그램)을 2라뜰과 물물교환으로 현장에서 거래하였다면 정당한 것이 되며, 홍당무를 상추와 거래할 때 어느 한쪽의 증가가 있었다고 하더라도 물물교환의 방식으로 직접 거래하였다면 정당한 것이 된다. 그러나 지불 연기(리바 알나시아)의 거래는 금지이다. 리바 알파들의 금지에 대한 합법적 이유(일라)에는 두 가지가 있는데, 이는 먹을 수 있으며 저장이 가능해야 한다. 따라서 계란과 기름이 먹을 수 있고 저장이 가능하다는 점에서 리바 알파들에 포함된다는 주장이 우세하다.

4) 종류가 다른 상품 거래에 대해

법학파들은 동일한 물품인 경우 현장에서 물물교환의 방식으로 직접 거래하지 않는다면 허용하지 않는다. 옥수수, 쌀, 콩, 루핀, 호로파, 클로버 씨, 완두콩 등과 같이 양을 측정하여 거래하는 물품들 중 동일한 품목을 거래할 경우 직접 거래하지 않는다면 정당하지 않다고 본다. 보리를 밀과 거래하는 것처럼 종류가 다른 물품을 현장에서 물물교환의 방식으로 거래하는 것은 정당하다고 보는데, 이와 같은 상황에 대해서도 순니 4대 법학파들의 견해가 일치하지 않는다.

말리키 법학파는 보리, 밀, 껍질 벗긴 보리(술트)를 차이가 없는 동일한 종류로 본다. 밀과 보리는 재배의 목적이 생산이라는 점에서 동일하며, 맛과 질에서 차이가 있을 뿐이다. 따라서 현장에서 직접 물물교환하지 않는다면 이들을 거래하는 것은 정당하지 않다고 보는 것이 우세한 견해이다. 말리키 법학파 내의 일부 법학자들은 밀과 보리는 종류가 다르다고 주장하기도 한다.

샤피이 법학파와 말리키 법학파는 클로버가 리바 알파들의 범주에 포함되지 않는다고 본다. 샤피이 법학파가 먹을 수 있는가를 판결하는 합법적 이유는 그 자체를 사람이 먹을 수 있는가를 구별하는 데, 클로버 씨는 그렇지 않다는 것이다. 말리키 법학파가 주장하는 일라(금지의 합법적 이유)는 먹을 수 있는가와 저장이 가능한가에 있는데 클로버 씨는 그렇지 않다고 본다.

샤피이 법학파는 마른 호로파를 리바 알파들에 포함된다고 보았는데, 소금과 같이 신체에 유익한 약으로 사용되기 때문이다. 그러나 녹색의 호로파는 리바에 포함되지 않는다고 보았다.

말리키 법학파는 호로파가 마른 것이든 녹색이든 리바 알파들에 해당되지 않는다고 본다. 호로파가 리바 알나시아에 해당되는지에 대해서, 일부 법학자들은 약이기 때문에 리바 알나시아에 해당되지 않는다고 보는데 반해, 일부 법학자들은 식품이기 때문에 리바 알나시아에 해당된다고 본다.

5) 밀가루를 밀알이나 빵과 거래하는 것에 대해

말리키 법학파는 밀알과 밀가루는 분쇄하면 성질이 다른 것이 추출되지 않기 때문에 동일한 종류라고 보았다. 이런 점에서 밀가루 반죽, 밀가루, 밀알은 동일하다. 따라서 이들을 아무런 증가 없이 현장에서 직접 거래하지 않는다면 정당하지 않다. 탈곡하지 않은 밀을 거기서 추출한 밀가루와 거래할 경우 무게가 같다면 정당하다. 밀가루나 탈곡하지 않은 밀을 밀가루 반죽과 현장에서 직접 거래하지 않는다면 정당하지 않다. 종류가 동일하기 때문이다. 옥수수 가루를 밀알과 거래할 경우 현장에서 직접 물물교환의 방식으로 거래한다면 그 거래는 정당한 것이 된다.

빵은 밀가루, 밀가루 반죽, 탈곡하지 않은 밀과는 성질이 다른 종류이다. 빵을 만든다는 것은 원료들과 다른 독특한 종류를 만드는 것이기 때문이다. 따라서 빵을 밀가루, 탈곡하지 않은 밀, 밀가루 반죽과 물물교환의 방식으로 거래하는 것은 정당하다. 빵은 원료가 다르다고 하더라도 하나의 종류로 본다. 따라서 밀, 보리, 옥수수와 같은 재료로 만든 빵은 손에서 손으로 (현장에서 직접) 거래되지 않는다면 정당하지 않다. 버터, 참깨, 유제품, 요구르트 등을 혼합한 케이크를 상호 거래하는 것은 정당하지 않지만, 케이크와 다른 물품을 직접 거래하는 것은 정당하다.

하나피 법학파는 어떤 물품과 거기서 추출된 가루를 물물교환 하는 것은 정당하지 않다고 본다. 부드러운 가루를 맷돌이나 방아로 찧은 가루와 거래하는 것은 동일한 물품이라고 보고 직접 물물교환의 방식이 아닐 경우 정당하지 않다고 본다. 동일한 종류의 가루를 물물교환 할 경우 양에서 동일하다면 허용된다. 그러나 가루와 가루를 무게로 측정하여 거래하는 것은 허용되지 않는다. 밀가루를 보릿가루와 거래하는 것은 정당한데, 종류가 다른 것을 현장에서 직접 거래하는 것은 정당하기 때문이다.

빵과 밀을 현장에서 직접 동등하게 물물교환 하는 것은 허용된다. 빵은 특성상 밀과 다른 종류가 되었기 때문에 현장에서의 직접 물물교환이 문제가 되지 않는다. 밀가루를 빵과 거래하는 것도 정당하다. 젖은 밀과 젖은 밀을, 젖은 밀과 마른 밀을, 익은 밀과 익은 밀을, 마른 밀과 마른 밀을 거래하는 것은 허용되지만, 튀긴 밀과 튀기지 않은 밀을 거래하는 것은 양이 동등하지 않으면 허용되지 않는다. 양이 동등하다면 튀긴 밀과 튀긴 밀을 거래하는 것도 허용된다.

한발리 법학파는 가루를 알갱이와 거래하는 것은 동일한 종류일 경우 동등함을 조건으로 하기 때문에 정당하지 않다고 보았다. 탈곡하지 않은 밀과 밀가루는 동일한 종류이지만 둘은 동등하지 않다. 빵을 밀, 보리, 옥수수 등의 알갱이와 거래하는 것은 정당하지 않으며, 빵과 가루를 거래하는 것도 정당하지 않은데, 이는 무게로 측정하는 것이 아니기 때문이다. 빵을 빵과 거래하는 경우 양측이 동등하다면 정당하지만, 어느 한쪽이 증가했다면 거래는 정당하지 않다. 샤피이 법학파는 가루를 동일한 종류의 물품과 거래하는 것은 정당하지 않다고 보았다. 밀가루와 밀알을 거래하는 것, 밀가루로 만든 빵과 밀알로 만든 빵을 거래하는 것, 밀가루로 만든 빵과 보릿가루로 만든 빵을 거래하는 것은 정당하지 않다는 것이다. 밀가루를 옥수숫가루나 보릿가루와 거래하는 것은 종류가 다르기 때문에 정당하다고 본다.

순니 4대 법학파들은 리바에 대한 독자적인 법해석 노력(이즈티하드)을 통해 코란과 순나(하디스)의 리바 금지를 재확인하면서도 순나(하디스)에서 구체화된 리바의 의미(동종동량의 물품과 양이나 무게로 측정할 수 있는 물품을 현장에서 직접 거래하지 않는 경우)를 조금 더 세분화하고 구체화함으로써 실생활에서의 규범 적용을 명확하게 만들었다. 무엇보다 리바를 금지하는 합법적 이유(일라)에 대해 법학파들마다의 독자적인 견해를 제시하였다. 한발리 법학파와 하나피 법학파는 양과 무게를 측정할 수 있는 물품은 거래(물물교환) 시 리바에 해당된다고 보았으며, 샤피이 법학파와 말리키 법학파는 화폐와 식품을 리바 금지의 이유로 제시하였다. 순나(하디스)에서 언급하였던 것처럼 동일한 물품을 현장에서 직접 거래하지 않을 경우 리바라고 보고, 무엇이 동일한 물품인지에 대해 종류가 다른 상품 거래, 밀가루를 밀알이나 빵

과 거래하는 것에 대하여 법학파들마다 독자적이거나 공통적인 견해
를 제시하였다.

5. 리바 금지의 의의

"이슬람은 리바를 금지한다."는 샤리아 규범이 제정되는 과정을 살
펴보았다. 샤리아의 제1법원인 코란은 "리바는 중범죄들 중의 하나
이므로 금지되었고, 이를 위반하면 불지옥의 처벌을 받는다."는 계시
를 통해 리바의 금지를 천명하였다. 그러나 코란에서는 리바의 정확
한 개념과 리바 금지의 이유에 대한 구체적인 언급이 발견되지 않는
다. 이에 이슬람 공동체는 사도 무함마드 생존 시에는 직접 질문하는
방식으로, 무함마드 사후에는 샤리아의 제2법원인 순나(하디스)에서
좀 더 구체적인 내용을 찾으려 노력하였다. 순나(하디스)에서는 리바
의 개념을 동종동량의 물품과 양이나 무게로 측정할 수 있는 물품을
현장에서 직접 거래하지 않는 경우로 조금 더 구체적으로 제시하였
으나, 정당한 상거래와 리바를 명확히 구분하기에는 역부족일 수밖에
없었다. 따라서 순니 4대 법학파는 코란과 순나(하디스)의 리바 관련
규범들을 토대로 하는 이즈티하드를 통해 이슬람 사회가 필요로 하는
세부적이고 구체적인 리바 관련 법규범들을 만들었다. 리바 관련 규
범들 중 중요한 부분을 정리해 보면 다음과 같다.

첫째, 리바의 종류에는 리바 알나시아와 리바 알파들이 있다. 리바 알나시아는 물품을 거래할 때 외상(신용)거래나 배달과 지불을 연기함으로써 발생하는 증가를 말한다. 빌린 돈의 지불 날짜를 연기함으로써 발생하는 이자를 지불하는 행위는 자힐리야 시대(이슬람 이전 시대)에 만연했기 때문에 리바 알자힐리야라고 불렸다. 리바 알파들은 배달이나 지불 연기 외의 상황에 의해 증가가 발생한 경우로서, 현장에서 직접 행해지지 않는 동종동량의 물물교환이 이에 해당한다(Razi, 2008, 19쪽).[177] 리바 알파들의 금지는 거래상에서 발생하는 속임수로 인한 착취, 중재 및 거래 수수료, 화폐경제 하에서 일어나는 물물교환을 금지하기 위한 것이다(Chapra, 2006, 6쪽).

둘째, 리바 알나시아와 리바 알파들의 의미를 종합해 볼 때, 리바의 의미는 현장에서 직접 행해지지 않거나 양측이 합의하지 않은 상태에서 일어나는 동종동량의 물물교환을 통한 부당한 재산 증식 행위라고 할 수 있다.[178] 이상의 개념으로 볼 때 리바를 이자나 고리대금으로 정의하는 것은 공정한 거래를 통해 이슬람 공동체의 공익과 화합을 강

---

177 법학자 이븐 까이임 알자우지야(?-1350)는 리바를 명백한 리바와 숨겨진 리바로 분류하기도 하였다. 이때 명백한 리바는 리바 알자힐리야를 의미하며, 숨겨진 리바는 리바 알파들을 의미한다(Razi, 2008, 20쪽; Chapra, 2006, 18쪽).
178 거래와 리바(알나시아) 간에는 명백한 차이점이 존재한다. 거래는 물품의 소유주가 변경되지만, 리바는 소유주가 변경되지 않는다. 거래는 단 한 번만 이익을 얻지만, 리바는 이익이 반복된다. 거래는 노력을 통해 이익을 획득하지만, 리바는 노력을 통해 이윤을 획득하는 것이 아니다(Razi, 2008, 31쪽).

조한 리바의 의미를 매우 제한적으로 해석한 것이다.

셋째, 법학파들은 리바 금지의 합법적 이유로 양이나 무게를 측정할 수 있는 물품(한발리, 하나피)과 화폐와 식품(샤피이, 말리키)을 들었다. 이와 같은 물품들 중 동일한 품목을 동등하게 현장에서 직접 거래하지 않는다면 리바에 해당된다고 본 것이다. '동등한 양이나 무게로 현장에서 직접 거래한다'는 조건을 충족하지 않은 일체의 상거래는 거래 당사자 한쪽의 증가나 감소로 이어지고, 이는 정당한 상거래를 해친다고 본 것이다. 법학파들이 주장하는 리바 금지의 일라는 증가이며, 리바 금지의 지혜는 부당함의 예방에 있다고 할 수 있다(Farooq, 2006, 22쪽). 이슬람이 리바를 금지한 목적은 이슬람 신앙의 시험, 무슬림 재산의 보호, 정당한 거래(상행위)를 통한 이윤 창출, 무슬림 형제들 간의 증오나 분쟁의 불씨 제거, 재앙 회피, 자카트나 싸다까를 통한 형제애 조성(최영길, 1985, 222-223쪽)이다. 이슬람은 리바 금지를 통해 불공정한 거래와 불로소득을 철저히 금지함으로써 무슬림 간에 평등과 공평과 형제애가 충만한 이슬람 공동체(움마)를 건설하고자 노력하였던 것이다.

음식과 의복*
이 음식은 할랄이고, 저 옷은 하람이다

음식과 의복에 대한 샤리아 규범의 공통점은 낭비나 사치스러운 것은 하람이

라는 것이다. 음식과 의복에 대한 할랄과 하람 여부는 코란과 하디스(순나)뿐

만 아니라 법학파와 해당 지역과의 상관성을 고려하여 판단하여야 한다.

* 이 글은 『중동문제연구』 제19권 4호(2016), 「음식과 의복에 대한 샤리아 제정 과정과 세부 규정에 관한 연구」라는 글을 일부 수정·보완한 것이다. 아랍어 참고문헌은 편집의 어려움과 가독성을 고려하여 생략하였다.

1. 음식과 의복의 샤리아

우리나라 언론에서 아랍이나 이슬람과 관련해 가장 많이 거론되는 단어들 중 하나는 할랄이다. 이 말이 본격적으로 등장한 것은 2015년 3월 대통령의 중동 4개국(쿠웨이트, 사우디아라비아, 아랍에미리트, 카타르) 순방 이후이다. 정부는 전 세계 약 18억 무슬림의 먹거리인 할랄식품을 우리의 침체된 경제 위기를 탈출하는 신 동력으로 만들기 위해 할랄테마파크 조성을 포함한 다양한 정책을 추진하려 노력하였다.

할랄산업을 성공적으로 추진하기 위해서는 할랄과 하람에 대한 샤리아를 이해해야 한다. 이슬람에서는 허용하는 것(할랄)과 금지하는 것(하람)을 정하는 것은 오로지 알라의 권한이라고 말한다(최영길 역, 2012, 22-25쪽). 이 말은 알라의 말씀을 무슬림의 삶과 현실 생활에 적용하는 지침이며 기준인 샤리아를 통해서만 어떤 사안에 대한 할랄과 하람의 구체적인 내용을 정확히 파악할 수 있다는 의미이다. 최근 국내에서는 할랄 관련 저·역서, 논문, 보고서들이 잇따라 출간되었다.[179] 선행 연구를 보면 이슬람 음식과 의복의 허용과 금기에 대한 기본 원칙, 코란과 하디스(순나)의 관련 구절, 아랍의 음식 문화에 대한 개괄적인 특징을 설명하였다. 그리고 부분적으로 할랄식품과 하람식품의 목록을 소개하면서 '이슬람 할랄시장은 경제성이 있고, 이곳에 진출하기 위해서는 할랄인증을 받아야 하며, 할랄인증 제도에 대해 알아야 한다'는 데에 초점을 맞추었다. 선행 연구들에서는 '코란과 하디스(순나)에 언급이 되었기 때문에 또는 샤리아에 따라' 하람이고 할랄이라고 하면서도 구체적인 규정은 언급하지 않는다. 그러나 샤리아는 코란이나 하디스(순나)만으로 이루어진 것이 아니다. 샤리아는 7세기 초에 계시된 코란을 제1법원으로 하여 사도 무함마드의 말과 행동 및 침묵까지를 포함하는 하디스(순나)에 의해 좀 더 구체화되었다. 이후 이슬람 공동체(움마)로부터 권위를 인정받아 법학파를 형성하게 된 법학파들은 코란과 제2법원인 하디스(순나)를 토대로 이즈마으와 끼야스 등의 다양한 2차법원들을 통해 나날이 변해 가는 현실세계에 적

179 『이슬람의 허용과 금기』(2011), 『할랄, 신이 허락한 음식만 먹는다』(2011), 「이슬람적 소비의 현대적 변용과 말레이시아의 할랄인증제: 음식, 이슬람법, 과학, 시장의 관계」(2012), 「이슬람 식품 시장의 할랄인증 제도 의무화에 따른 한국 기업의 대응 방안」(2013), 「신앙과 음식, 이슬람 음식법에 관한 연구: 코란을 중심으로」(2014), 「할랄식품 산업과 할랄인증」(2015), 「할랄식품시장의 의의와 동향」(2015), 『글로벌 식품 신 시장 할랄(Halal)』(2015), 「한국기업의 할랄 시장 진출을 위한 할랄식품 시장과 할랄인증제도에 관한 연구」(2016), 「할랄식품과 과학적 검증」(2016), 「할랄식품 공장 건립을 통한 이슬람의 한국선교 전략에 관한 연구」(2016), 「할랄의 개념과 할랄인증 요건」(2016), 「걸프 지역의 음식 문화와 신흥 식품시장 진출 방안 연구」(2016) 등. 의복에 대한 주목할 만한 국내의 선행 연구는 없으며 기본 원칙들에 대해서는 『이슬람의 허용과 금기』(2011)를 참고하였음.

합한 세부 규정들을 제정하였다.

이렇듯 샤리아는 코란과 순나를 거쳐 법학파에 이르러 더욱 완전한 모습을 갖추었다. 이후의 이슬람 세계에서는 코란, 하디스(순나), 법학파들의 법해석 노력(이즈티하드)을 바탕으로 그때그때의 사안들에 적합한 법적 견해(파트와)를 내놓게 된다. 이러한 점에서 현재 논의되는 할랄과 인증제도도 법학파의 법적 견해까지를 포함하는 온전한 샤리아의 범주 내에서 다루어야만 한다.

이 장에서는 무슬림의 실생활과 가장 밀접한 음식과 의복으로 연구 범위를 한정하여 샤리아의 제정 과정과 세부 규정들을 살펴보았다. 우선 샤리아의 제1법원인 코란에 나타난 관련 구절을 정리하고, 제2법원인 사도의 하디스(순나)에 나타난 관련 구절을 정리하면서 코란과의 상관관계를 살펴보았다. 끝으로 샤리아의 1차법원인 코란과 하디스(순나)를 바탕으로 이즈마으와 끼야스 등의 2차법원들을 통해 현실의 구체적인 부분에까지 적용할 수 있는 세분화된 규범을 성문화한 순니 4대 법학파들의 세부 규정들을 정리하였다.

2. 음식에 대한 샤리아 제정과 세부 규정

먼저 음식의 할랄과 하람에 관해 언급한 코란의 관련 구절을 정리하고, 순니 하디스 6서(부카리, 무슬림, 나사이, 아부 다우드, 티르미디, 이븐 마자) 중 가장 믿을 수 있는 것으로 평가되는 부카리 하디스와 무슬림 하디스에 언급된 관련 구절을 정리하였다. 또한 상위법인 코란 구절과의 상관관계 속에서 하디스(순나) 구절이 코란 구절을 더 구체적으로 다루는 부분이 무엇인지를 짚어 보았고, 순니 4대 법학파들의 음식 관련 세부 규정들을 코란과 하디스와의 관련성 속에서 정리하였다.

1) 코란

음식의 할랄과 하람에 관해 명시적으로 언급한 코란 구절을 장의 순서대로 정리하면 다음과 같다.[180]

○알라는 너희들에게 죽은 것과 피와 돼지고기와 알라 외의 다른 신에게 제물로 바친 것을 금지하셨다. 그러나 희망한 것도 아니고 적대적이지도 않은데 어쩔 수 없었던 사람도 있다. 그에게는 죄가 없다. 알라는 너그럽고 자비로운 분이다.(제2장 173절)

○죽은 것, 피, 돼지고기, 알라가 아닌 다른 신에게 제물로 바친 것, 목 졸라 죽인 것, 때려죽인 것, 떨어져 죽은 것, 서로 싸우다 죽은 것, 맹수에게 심하게 상처 입은 것 - 너희들이 희생(도살)한 것은 제외라. 우상

---

180   그 외에도 코란 제2장 25절, 제2장 168절, 제5장 89절, 제10장 59절, 제22장 28절, 제23장 51절, 제40장 79절, 제66장 1절들은 선행 연구들에서 관련 구절로 언급되는 것들이다 (「Halal and Haram foods in Quran」, 「Halal Meat: The Quranic truth」).

할랄산업을 성공적으로 추진하기 위해서는 할랄과 하람에 대한 샤리아를 이해해야 하는데, 논쟁의 주체들은 이에 대한 구체적인 규정들을 알고나 있을까? 이슬람에서는 허용하는 것(할랄)과 금지하는 것(하람)을 정하는 것은 오로지 알라의 권한이라고 한다. 사진: 할랄 음식점.

을 위해 도살된 것, 화살 내기로 분배한 것은[181] 너희들에게 금지되었다. 이 모든 것은 부정한 것이라…. 그들이 너희들에게 허락된 것이 무엇이냐고 묻거든 좋은 것들이라고 말하라. 알라의 가르침대로 너희들이 가르친 사냥개들이 잡아온 것을 먹으라. 그에 대해 알라의 이름을 언급하라. 알라를 두려워하라. 알라는 계산이 빠른 분이다. 오늘 너희들에게 좋은 것들이 허락되었고, 경전을 받은 이들의 음식이 허락되었으며 너희들의 음식이 그들에게 허락되었다.(제5장 3-5절)

O믿는 이들이여, 알라가 너희들에게 허락한 좋은 것을 금지하지 말라. (한계를) 침범하지 말라. 알라는 침범하는 자들을 좋아하지 않는다.

---

181 이슬람에서는 종류를 막론하고 도박, 내기, 투기, 복권 등은 금기이다(최영길, 1997, 175쪽).

알라가 주었던 허락되고 좋은 것을 먹고, 너희들이 믿는 알라를 두려워하라. (제5장 87-88절)

○ 믿는 이들이여, 술과 마이시르(머리와 깃털이 없는 화살을 도살된 낙타를 메어 놓았던 말뚝을 향해 던지는 고대 아랍인들의 행운 게임으로, 무슬림은 이를 도박으로 본다)와 우상들과 점술은 사탄들이 행하는 불결한 것이다. 그들을 피하라, 너희들은 번성하리라. (제5장 90절)

○ 믿는 이들이여, 너희들이 순례 중에 있을 때는 사냥감을 도살하지 말라. 너희들 중에 고의로 도살한 자는 공정한 두 사람의 판정을 받아 같은 수의 가축을 카으바신전에 봉헌하거나, 불쌍한 사람들에게 음식을 대접하거나, 그것에 상응하는 단식으로 속죄해야 한다. 지나간 것을 용서하셨다. 그러나 다시 행하는 자에게 알라는 보복을 하신다. 알라는 보복을 하시는 강한 분이다. 바다의 사냥과 그 음식은 너희들에게 허락되었으니 이는 너희들과 여행자들을 위한 것이다. 그러나 너희들이 계속해 순례 중에 있는 한 육지 사냥은 금지되었다. 너희들은 알라에게로 모여들게 되니 그를 두려워하라. (제5장 95-96절)

○ 너희들이 알라의 표식을 믿는 이들이라면 알라의 이름이 언급된 것을 먹으라. 너희들이 알라의 이름이 언급된 것을 먹지 않는 것은 무엇 때문인가. 알라는 너희들에게 금지된 것과 어쩔 수 없는 것은 예외라는 것을 상세히 설명하였다. 많은 사람들이 지식도 없는 공상으로 다른 이들의 길을 잃게 만들었다. 너희들의 주님은 위반자들을 가장

잘 알고 계신다.(제6장 118-119절)

ㅇ알라의 이름이 언급되지 아니한 것을 먹지 말라. 그것은 부정한
짓이다. 사탄들은 그들의 친구들에게 너희들과 논쟁을 하도록 부추긴
다. 너희들이 그들에게 복종한다면 불신자들이다.(제6장 121절)

ㅇ나에게 계시된 것에서 죽은 고기, 흘린 피, 돼지고기-그것은 실로
불결하기 때문이다--또는 알라 외의 다른 신에게 제물로 바친 부정한
것을 제외하곤 먹는 것이 금지된 것을 발견하지 못하였다고 말하라.
희망한 것도 아니고 적대적이지도 않은 데 어쩔 수 없었던 사람도 있
다. 알라는 너그럽고 자비로운 분이다.(제6장 145절)

ㅇ아담의 자손들이여, 모든 모스크에서 너희들의 장식을 착용하라.
먹고 마셔라. 그러나 낭비하지 말라. 알라는 낭비하는 이들을 사랑하
지 않는다. 말하라, 종들을 위하여 창조하신 알라의 아름답고 깨끗한
양식을 누가 금지하느냐. 말하라, 이것은 현세에 살며 믿음을 가진 이
들과 심판의 날 이들을 위한 것이라.(제7장 31-32절)

ㅇ그분은 너희들이 신선한 고기를 잡아먹고 착용하는 장식품을 얻
어 낼 수 있도록 바다를 이용하게 하신 분이며….(제16장 14절)

ㅇ알라가 너희들에게 허락한 좋은 것으로 베푼 양식을 먹으라. 너
희들이 알라를 경배하고 있다면 그 은혜에 감사하라. 알라는 너희들에
게 죽은 고기와 피와 돼지고기와 알라가 아닌 다른 신에게 제물로 바
친 것을 금지하셨다. 희망한 것도 아니고 적대적이지도 않은데 어쩔

수 없었던 사람도 있다. 그에게는 죄가 없다. 알라는 너그럽고 자비로운 분이다. 너희들의 혀가 거짓을 묘사하는 대로 알라에 대한 거짓을 날조하기 위해 이것은 허락된 것이고 이것은 금지된 것이라 말하지 말라.(제16장 114-116절)

코란 구절은 음식의 할랄과 하람에 대한 기본원칙들뿐만 아니라 구체적인 금지의 음식들과 금지의 예외에 대한 부분을 제시했다. 코란에서 언급하는 금지의 음식은 죽은 것(목 졸라 죽인 것, 때려죽인 것, 떨어져 죽은 것, 서로 싸우다 죽은 것, 맹수에게 심하게 상처 입은 것), 피, 돼지고기, 알라가 아닌 다른 신에게 제물로 바친 것(우상을 위해 도살된 것), 화살내기로 분배한 것이다.

금지의 예외 또는 허용에 대해서는 고의가 아니고 어쩔 수 없이 먹은 경우(제2장 173절), 경전을 받은 자들(경전의 백성들, 기독교도들과 유대교도들)의 음식(제5장 5절), 바다의 사냥과 그 음식(제5장 96절), 알라의 이름으로 도살된 것(제6장 118절)이라고 명시했다.

금지와 허용의 원칙들에서 고의가 아니고 어쩔 수 없이, 필요에 의해 불가항력적으로 먹은 경우를 금지의 포괄적인 예외로 두었다. 이러한 원칙은 알라가 창조하고 그로부터 파생된 것은 본질적으로 인간을 위한 것이므로 허용한다는 기본 원칙을 따르는 것이다. 그 외 여타 할랄과 하람의 기본 원칙들은 이상의 코란 구절에서 도출된 내용

이다. 코란 구절은 관련 규범들에 대한 기본원칙들을 포괄적으로 제
시하는 경우가 대부분이다. 코란 구절의 포괄성과 불명확성은 하디스
(순나)의 확인이나 해설·제약·한정 또는 새로운 규정의 제정을 필요
로 하게 된다. 결국 사도 사망(632년) 이후의 통치자들과 법학자들은
시대의 변화에 따라 발생하는 새로운 사안에 적합한 해결책을 코란에
서 찾지 못할 경우 사도의 하디스(순나)에 의지할 수밖에 없게 되었다.

2) 하디스(순나)

부카리 하디스와 무슬림 하디스의 음식 장에서 관련 구절을 정리하
였다. 음식 관련 하디스 구절은 모두 20여 개에 달하는데, 그 내용은
음식의 할랄과 하람을 직접 언급하는 구절, 식사예절과 근검절약에
관한 구절,[182] 사냥(도살) 방식에 관한 것으로 세분해 볼 수 있다.

(1) 음식에 대한 할랄과 하람 관련 구절

○우리들 130명이 사도 무함마드와 함께 앉아 있었는데, 사도가 "누

---

182 7개의 관련 구절(부카리본 5376, 부카리본 5385, 부카리본 5386, 부카리본 5396, 부카리
본 5398, 부카리본 5410, 부카리본 5416)이 발견되는데, 식사할 때는 '비스밀라(알라의 이
름으로)'를 말하고 시작하며, 오른손으로 음식을 먹고, 자신과 가까운 곳의 음식을 먹으며,
너무 많이 먹지 말고, 기대어 앉아 먹지 말 것을 요구한다. 이와 같은 식사 예절과 근검절
약에 관한 구절은 음식의 할랄과 하람과 직접적인 관련이 없어 정리하지 않았다.

구 음식 가진 사람 있는가?" 하고 물었다. 그때 한 사람이 밀가루를 가지고 있었고, 잠시 후 몇 마리의 양을 끌고 가는 다신교도가 다가왔다. 사도가 "양을 우리에게 팔 텐가 선물로 줄 텐가?" 하고 묻자, 그가 "팔겠습니다"라고 대답했다. 사도는 그에게서 양을 한 마리 사서 도살한 뒤 간, 콩팥, 허파, 심장 등을 불에 구우라고 명령했다. 이를 130명이 나누어 먹었고, 그 외 다른 사람들과 그곳에 없던 사람들에게도 몫을 나누어주었다.(부카리본 5382)

○그(칼리드 빈 알왈리드)가 사도와 함께 고모인 마이무나의 집에 갔다. 그는 하파이다 빈트 알하리스가 나즈드에서 가져와 마이무나가 구워 온 도마뱀을 발견했다. 마이무나가 도마뱀을 사도 앞에 놓았는데, 사도는 잘 모르는 음식은 거의 먹지 않았다. 사도가 도마뱀을 향해 손을 뻗자, 한 여인이 "마이무나, 사도께 네가 드리는 것이 무엇인지 말씀드려야지"라고 하자, 마이무나가 "사도시여, 그것은 도마뱀 고기입니다"라고 말했다. 사도는 손을 치웠다. 칼리드 빈 알왈리드가 "사도시여, 이것은 하람입니까?" 하고 묻자, 사도는 "아니오. 그것은 내 백성들의 땅에서 발견되지 않는 것이어서 내가 좋아하지 않을 뿐입니다"라고 말했다. 나는 도마뱀 고기를 집어서 먹었고, 사도는 나를 바라보았다.(부카리본 5391)

○사도는 달콤한 음식과 꿀을 좋아하셨다.(부카리본 5431)

○사도는 노에 재단사의 집에 갔고, 호박 요리를 대접 받고는 먹기

시작했다. 나(아나스)는 사도가 먹는 것을 본 이후 호박 요리를 즐겨 먹곤 했다.(부카리본 5433)

○나(압둘라 빈 자으파르 빈 아비 딸립)는 사도가 신선한 대추야자를 오이와 함께 먹는 것을 보았다.(부카리본 5440)

○사도는 매일 아침 일곱 알의 대추야자를 먹는 사람은 독이나 마술에 당하지 않을 것이라고 말했다.(부카리본 5445)

○사도는 마늘이나 양파를 먹은 이는 누구든 우리들로부터(우리의 모스크로부터) 떨어져 있어야 한다고 말했다.(부카리본 5452)

○송곳니가 있는 모든 짐승과 발톱이 있는 모든 새의 식용은 금지되어 있다.(무슬림본 1934a)

○사도는 카이바르의 날에 임시혼(무트아)과 집에서 기른 당나귀 고기를 먹는 것을 금하였다.(무슬림본 1407f)

○우리는 카이바르의 날에 말과 야생 당나귀 고기를 먹었지만, 사도는 집에서 기른 당나귀 고기의 식용을 금지하였다.(무슬림본 1941b)

○사도는 도마뱀의 식용에 관한 질문을 받았을 때 "나는 그것을 먹는 사람도 그것을 금지하는 사람도 보지 못했다"고 대답했다.(무슬림본 1943a)

○우리는 알라의 사도와 7번의 원정을 갔고, 메뚜기를 먹었다.(무슬림본 1952a)

하디스(순나) 구절에는 양의 간, 콩팥, 허파, 심장, 달콤한 음식과 꿀, 호박 요리, 오이, 말, 야생 당나귀, 메뚜기의 식용을 사도 무함마드의 직접적인 경험이나 주변 인물들의 증언을 통해 허용하였다. 반면에 송곳니가 있는 맹수(포식동물)와 발톱이 있는 맹금(육식조), 집에서 기른 당나귀의 식용을 금지하였다. 마늘이나 양파는 완전한 금지가 아니라 모스크에 갈 때는 금지한다는 부분적이고 제한적인 금지의 경우라 할 수 있다. 도마뱀의 경우는 두 개의 하디스(순나)가 있는데 할랄과 하람을 판단하기가 어렵다.

(2) 사냥(도살)에 관한 구절

ㅇ그것(돌)은 적을 물리치지도 못하고 짐승을 죽이지도 못하며 이를 깨뜨리거나 눈을 뺄 뿐이다. (무슬림본 1954c)

ㅇ나(샤딥 빈 아우스)는 사도가 말했던 것을 2가지 기억하고 있다. "알라는 모두에게 좋은 것을 좋아하신다. 네가 살해를 할 때 좋은 방식으로 살해하고, 도살을 할 때 좋은 방식으로 도살하라. 너희들은 칼을 날카롭게 하여 동물을 편안하게 죽게 하라." (무슬림본 1955a)

ㅇ내(아디 빈 하팀)가 "우리가 훈련을 받은 개들로 사냥을 할 때 무엇을 해야 하나요?" 하고 묻자, 사도는 "알라의 이름을 낭송한 뒤 훈련 받은 사냥개를 출발시켰다면 사냥개들이 잡은 것을 먹으라. 단 ('비스밀라'

없이) 사냥개들이 잡은 짐승은 먹지 않아야 한다. 사냥개가 일부를 먹었다면 사냥개가 스스로를 위해 사냥했을지 모르니 먹지 말라. 다른 사냥개들이 당신의 사냥개와 함께 참가했을 때도 잡은 짐승의 고기를 먹지 말라"고 말했다.(무슬림본 1929b)

○ 사도가 나(아디 빈 하팀)에게 "사냥개를 출발시킬 때 알라의 이름을 낭송하였고(비스밀라), 사냥개가 짐승을 잡았는데 살아 있다면 도살하라. 죽은 짐승을 발견했는데 사냥개가 일부를 먹지 않았다면 먹을 수 있다. 그러나 당신의 사냥개와 함께 있는 다른 사냥개를 발견했고 짐승이 죽어 있었다면 먹지 말라. 그 두 마리의 사냥개들 중 어느 것이 짐승을 잡았는지 알 수 없기 때문이다. 알라의 이름을 낭송하고 화살을 쏘았는데, 하루 이후에 발견한 짐승이 당신의 화살에 맞은 것이 확실하다면 먹을 수 있다. 그러나 짐승을 물에서 발견하였다면 먹지 말라"고 말했다.(무슬림본 1929i)

○ 화살을 쏘았고 짐승이 시야에서 사라졌다가 이후에 발견되었을 때 (화살을 맞은) 짐승이 부패하지 않았다면 먹으라.(무슬림본 1931a)

사도는 하디스(순나)를 통해 사냥이나 도살의 경우에 동물을 편하게 죽게 할 것을 요구했는데, 이의 방법으로 날카로운 칼을 사용할 것을 요구했다. 돌의 경우 짐승을 죽이지는 못하고 이나 눈을 상하게 하여 고통스럽게만 만드는 도구이니 사냥이나 도살에 사용하지 말 것을 당부했다. 사냥개를 이용해 사냥할 때의 사냥 방식과 사냥물의 식용에 관해 구체적으로 언급하고 있다. 사냥할 때 '비스밀라'를 말하고 출발시킨 사냥개가 사냥한 것은 식용을 허용한다. 사냥개가 사냥물의 일부를 먹은 경우에는 식용을 금지하며, 다른 사냥개가 자신의 사냥개와 같이 있는 경우에도 사냥물의 식용을 금지한다. '비스밀라' 없이 출발한 다른 사냥개가 그 짐승을 잡았을 가능성을 배제할 수 없기 때문이다. 화살에 맞은 사냥감이 이후에 발견되었을 때는 자신의 화살로 잡은 것이 확실하고 부패하지 않았다면 식용을 허용하였다. 그러나 화살을 맞은 짐승이 물에서 발견되었다면 식용을 금지하였다. 이는 화살을 맞고 죽은 것이 아니라 물에 빠져 죽었을 가능성도 있기 때문이다(코란에 '죽은 것은 금지한다'는 내용이 있다).

이상에서 언급한 음식에 대한 할랄과 하람 규범 및 사냥이나 도살에 관한 규범은 사도 무함마드가 코란의 계시를 확인하거나 해설·제약·한정 또는 새롭게 제정한 경우라 할 수 있다.

3) 순니 4대 법학파

순니 4대 법학파는 코란과 하디스(순나)의 1차법원들을 바탕으로 하여 이즈마으와 끼야스 등의 2차법원들을 통해 동시대의 현실생활에 필요한 세부적이고 구체적인 규정들을 제정했다. 법학파들의 법적 견해는 기본적으로 코란이나 하디스(순나)의 구절을 바탕으로 해야만 한다. 그것은 1차법원인 코란과 하디스(순나)를 근거로 한 법해석 노력(이즈티하드)으로 생산된 것이기 때문이다. 법학파들의 법적 견해들의 특징은 공통의 견해(이즈마으)와 서로 다른 견해(이크틸랍)가 공존한다는 것이다. 특정 사안에 대해 법학파들 간에 견해가 같을 수도 다를 수도 있으며, 하나의 법학파 내에서도 법학자들 간에 견해가 같을 수도 다를 수도 있다.

(1) 죽은 것에 대해

"죽은 것 … 목 졸라 죽인 것, 때려죽인 것, 떨어져 죽은 것, 서로 싸우다 죽은 것, 맹수가 먹은 것은 금지한다."(제5장 3절)는 코란 구절에 대해 사도 무함마드는 특별한 언급을 하지 않았다. 그러나 순니 4대 법학파들은 '죽은 것은 금지한다'는 코란의 기본 원칙에 대해 독자적인 견해(금지, 허용, 혐오, 예외)를 내어놓았다.

말리키 법학파는 목이 졸린 동물과 무엇인가에 맞은 동물의 식용 허용과 금지를 숨이 붙어 있느냐에 따라 결정한다. 높은 곳에서 떨어진 동물이 뼈가 부서졌지만 척수가 끊어지지 않았다면 도살을 통해 할랄이 되는데, 이 동물이 살아 있다고 보기 때문이다. 뇌나 두개골에서 무엇인가가 흘러나오거나 간, 심장, 비장과 같이 배 속에 들어 있는 장기들이 흘러나오거나 끊어졌다면 죽었다고 보아 식용을 금지한다.

하나피 법학파는 목이 졸린 동물들을 포함하여 동물들의 생명이 조금이라도 붙어 있을 때 도살을 하면 할랄이 된다고 본다. 도살하기 전 동물이 움직이지 않거나 피를 내뿜지 않더라도 생명이 있다는 것을 알았다면 할랄이다. 도살할 때 생명이 있는지를 알지 못한 상태였다면 움직임이나 피의 분출로 할랄이 된다. 동물이 움직이지도 않고 피를 분출하지도 않고 입을 벌리고 있었다면 식용할 수 없지만 입을 닫고 있었다면 할랄이다. 동물이 눈을 뜨고 있었다면 하람이지만 눈을 감고 있었다면 할랄이며, 다리를 쭉 뻗고 있었다면 하람이지만 다리를 수축하고 있었다면 할랄이다. 털이 누워 있다면 하람이지만 털이 쭈뼛 서 있었다면 할랄이다. 동물이 조금이라도 살아 있다면 도살을 통해 할랄이 된다.

샤피이 법학파는 도살 전 생명이 붙어 있는 모든 동물은 할랄이라고 본다. 한발리 법학파는 목이 졸린 동물들을 포함하여 동물들의 할랄 여부를 도살할 때 생명이 붙어 있느냐에 따라 판단한다. 동물이 다리나 눈꺼풀, 꼬리를 움직인다고 하더라도 도살될 때의 움직임보다 더 커야만 살아 있다고 판단한다. 그렇지 않다면 이 동물은 살아 있다고 볼 수 없으므로 하람이다.

(2) 바다 동물에 대해

"바다의 사냥과 그 음식은 너희들에게 허락되었으니 이는 너희들과 여행자들을 위한 것이다."(제5장 96절)라는 코란 구절에 대해 사도 무함마드는 특별한 언급을 하지 않았다. 그러나 순니 4대 법학파들은 코란의 기본 원칙에 대해 독자적인 견해(금지, 허용, 혐오, 예외)를 내어 놓았다.

일반적으로 법학파들은 바다에 사는 모든 바다 동물의 식용을 허용하며, 물고기의 모습이 아닌 돼지나 인간의 모습을 한 것(하마, 인어)도 허용한다. 뱀의 모습을 한 뱀장어를 비롯하여 모든 종류의 생선도 허용하지만, 악어는 금지한다.[183] 쓰레기를 먹은 모든 동물의 식용은 허용하지만, 먹은 쓰레기의 냄새가 악취를 풍기거나 고기를 변화시키면 그 동물의 젖이나 계란의 식용은 마크루흐(혐오)가 된다. 도살하기 전 악취를 풍기는 경우 냄새를 제거할 때까지는 식용을 보류해야 하는데, 이 마크루흐를 제거하기 위해서는 낙타는 40일 동안, 소는 30일 동안, 양은 7일 동안, 닭은 3일 동안 식용을 보류해야 한다. 이러한 일반적인 규범들에 대해서도 법학파들 간에는 세부적으로 이견이 있다.

하나피 법학파는 사람, 돼지, 말 모양의 생선(인어, 하마, 해마)의 식용은 허용하지 않지만, 뱀 모양의 뱀장어 식용은 허용한다. 물속에서 자연사한 뒤 뒤집어져 배를 보이는 생선은 식용을 금지한다.

말리키 법학파는 모든 바다 동물의 식용을 예외 없이 허용한다. 쓰

---

183 하나피, 샤피이, 한발리 법학파는 악어가 물에 살지만 송곳니로 다른 동물들을 사냥한다는 이유를 들어 식용을 금지한다(https://fatwa.islamweb.net/fatwa/index.php?page=showfatwa&Option=FatwaId&Id=192733). 이는 송곳니가 있는 모든 짐승의 식용은 금지한다는 하디스(무슬림본 1934a)에서 근거를 찾을 수 있다.

레기를 먹은 바다 동물의 식용도 허용하지만, 그 동물의 젖은 마크루흐로 본다. 한발리 법학파는 쓰레기를 먹은 바다 동물의 젖은 식용을 금지하고, 그 동물에 올라타는 것은 마크루흐라고 본다. 이를 식용하기 위해서는 3일을 기다려야 한다.

(3) 송곳니가 있는 짐승과 발톱이 있는 새에 대해

"송곳니가 있는 모든 짐승과 발톱이 있는 모든 새의 식용은 금지되어 있다."(무슬림 하디스 1934a)는 하디스(순나)의 직접적인 근거가 되는 코란의 언급은 발견되지 않는다. 순니 4대 법학파들은 이와 같은 사도 무함마드의 하디스(순나)에 대해 독자적인 견해(금지, 허용, 혐오, 예외)를 내어놓았다.

일반적으로 법학파들은 매(송골매, 인도매)와 독수리처럼 사냥에 사용되는 발톱을 가진 모든 새는 식용이 금지된 조류로 본다. 비둘기처럼 발톱이 있더라도 사냥에 사용되지 않는다면 식용을 허용한다. 맹수들 중에서는 송곳니를 가지고 있고 이 송곳니로 다른 동물들을 공격하는 모든 동물의 식용을 금지하는데, 이러한 동물들에는 사자, 표범, 늑대, 곰, 코끼리, 원숭이, 치타, 자칼, 집에서 기르거나 야생인 고양이 등이 포함된다. 송곳니는 있지만 이것으로 해를 끼치지 않고 다른 동물들을 공격하지 않는 낙타의 식용은 허용한다. 그 외 후투티, 제비, 부엉이, 박쥐, 까치, 까마귀는 식용이 금지된 새들이지만, 검은

색 부리와 붉은 다리를 가진 갈가마귀와 날개가 큰 갈가마귀는 식용을 허용한다. 이러한 일반적인 규범들에 대해서도 법학파들 간에는 세부적으로 이견이 있다.

말리키 법학파는 다른 사람의 권리(소유)가 아닌 깨끗한(해롭지 않은) 모든 동물의 식용을 허용하므로 매나 독수리 같이 발톱을 가진 모든 새들도 할랄이라고 본다. 사자나 표범 같은 모든 육식 맹수들의 식용은 하람이 아닌 마크루흐로 본다. 원숭이와 유인원의 경우는 하람이라는 주장도 있고 마크루흐라는 주장도 있는데, 마크루흐가 좀 더 우세하다. 제비, 독수리, 까마귀와 같은 새들의 식용은 할랄이라고 보지만, 후투티에 대해서는 할랄과 마크루흐라는 주장, 박쥐에 대해서는 하람과 마크루흐라는 두 가지 주장이 있다.

하나피 법학파는 제비와 부엉이의 식용은 허용하지만, 후투티는 마크루흐로, 박쥐는 마크루흐와 하람이라는 주장을 한다. 까치는 곡식과 시체를 먹기 때문에 마크루흐로 본다.

(4) 당나귀, 도마뱀, 메뚜기에 대해

"사도는 집에서 기른 당나귀 고기를 금지하셨다."(무슬림본 1407f), "나(칼리드 빈 알왈리드)는 도마뱀 고기를 집어서 먹었고 사도는 나를 바라보았다."(부카리본 5391), "나는 도마뱀을 먹는 사람도 금지하는 사람도 보지 못했다."(무슬림본 1943a), "우리는 알라의 사도와 7번의 원정을 갔고 메뚜기를 먹었다."(무슬림본 1952a)는 하디스(순나)의 직접적인 근거가 되는 코란의 언급은 발견되지 않는다. 순니 4대 법학파들은 이와 같은 사도의 순나에 대해 독자적인 견해(금지, 허용, 혐오, 예외)를 내어놓았다.

일반적으로 법학파들은 집에서 기르는 당나귀는 하람, 야생 당나귀는 할랄이라고 본다. 어미가 당나귀인 노새는 하람이며, 어미가 말이거나 소이고 아비가 야생 당나귀인 노새는 할랄이다. 말, 기린, 가젤, 야생 소, 고슴도치, 날쥐는 할랄이며, 도마뱀, 하이에나, 여우, 검은 단비, 다람쥐, 아프리카 여우, 족제비는 하람이다. 참새, 메추리, 종달새, 찌르레기, 까딴새, 도요새, 꾀꼬리, 앵무새, 타조, 공작, 갈매기, 오리, 거위, 그 외 알려진 새들, 메뚜기는 할랄이다. 구더기가 들어 있는 과일과 유충이 들어 있는 콩이나 밀도 할랄이다. 이러한 일반적인 규범들에 대해서도 법학파들 간에는 세부적으로 이견이 있다.

말리키 법학파에는 집에서 기르는 당나귀, 말, 노새를 하람 또는 마크루흐, 노새와 어린 당나귀를 마크후르, 말을 마크루흐 또는 할랄이라고 보는 견해가 있다. 메뚜기의 식용은 하람이라고 본다.

사과나 무화과의 애벌레처럼 음식에서 생겨난 애벌레는 죽은 것이든 살아 있는 것이든 할랄이다. 음식에서 생긴 것이 아닌 애벌레는 살아 있다면 먹을 수 있지만, 죽어 있는 것이 구별되면 음식에서 골라 버려야 하며, 구별되지 않고 음식이 더 많으면 먹을 수 있다. 음식이 애벌레보다 더 적거나 비슷하면 식용이 허용되지 않는다. 어느 것이 더 많은지 의심스럽다면 먹을 수 있는데, 음식은 의심으로 버리지 않기 때문이다.

해로운 모든 것을 금지하는 것에 대해 법학파 내에 이견이나 논쟁은 없다. 따라서 해충을 먹는 것은 허용되지 않는다. 해충을 먹는 것이 습관이 되어 있고 해롭지 않으며 거부감이 없으면 금지가 아니다. 뱀을 토막 냈을 때 독이 없는 꼬리는 식용이 허용되는데, 나머지 곤충들도 이와 같다. 일부 말리키 법학자들은 곤충을 해롭다고 보고 식용을 금지한다. 해충을 불, 뜨거운 물, 또는 이(치아)로 죽였다면 식용이 허용된다. 개에 대해서도 마크루흐와 하람이라는 두 가지 견해를 보인다. 바다거북은 도살 후에 식용을 허용한다.

샤피이 법학파는 족제비의 식용은 허용하지만, 앵무새와 기린, 공작은 하람이라고 보았다. 치즈와 사과의 애벌레는 자체적으로 생긴 것이면 식용이 허용된다. 꿀과 섞여 있는 벌은 하람이다.

하나피 법학파는 말을 마크루흐, 날쥐와 도마뱀을 하람으로 본다. 하이에나의 식용을 금지하는데, 해악을 끼치고 불행을 가져오는 동물이라고 보기 때문이다. 전갈, 뱀, 쥐, 개구리, 개미와 같이 땅 위에 사는 작은 곤충들, 육지나 바다에 사는 거북(자라), 돼지, 개, 합법적인 도살이 아닌 것으로 죽은 것, 간과 비장을 제외한 피의 식용을 금지한다. 고슴도치, 여우, 다람쥐, 검은 단비, 아프리카 여우의 식용도 금지한다. 죽은 애벌레는 식용을 허용한다.

한발리 법학파는 애벌레와 벌레(유충)의 식용을 허용하며, 사과나 치즈, 식초에 있는 애벌레의 식용도 허용한다. 그러나 이들이 별도로 있을 경우 식용을 허용하지 않는다. 육지 거북의 식용은 금지하지만, 바다거북은 도살 후에 식용을 허용한다. 고슴도치, 여우, 다람쥐, 검은 단비, 아프리카 여우의 식용은 금지한다.

음식에 관한 샤리아 규범은 코란의 포괄적인 기본 원칙이 하디스(순나)에서 좀 더 폭넓게 확대되었으며, 순니 4대 법학파에 이르러 구체적이고 세부적인 규정들로 제정되었다.

3. 의복에 대한 샤리아 제정과 세부 규정

이 절에서는 의복의 할랄과 하람에 관해 언급한 코란의 관련 구절을 정리하고, 순니 하디스 6서 중 가장 믿을 수 있는 것으로 평가되는 부카리 하디스와 무슬림 하디스에 언급된 관련 구절을 정리하였다. 또한 상위법인 코란 구절과의 관계 속에서 하디스 구절이 좀 더 구체적으로 설명하는 부분이 무엇인지를 짚어 보았다. 마지막으로 코란과 하디스(순나)의 규범들을 바탕으로 이즈마으와 끼야스 등의 2차법원들을 통해 좀 더 구체적인 규정들을 제정하였던 순니 4대 법학파들의 관련 규정들을 코란과 하디스(순나)와의 관계 속에서 정리하였다.

1) 코란

○아담의 자손들이여, 알라는 너희들에게 음부를 감추고 치장을 위해 의복을 내려주었다. 깊은 신앙심의 의복이 최고니라. 그것이 알라의 징표들 중의 하나이다. 그들은 훈계를 할 것이다. 아담의 자손들이여, 사탄이 의상을 벗기고 음부를 드러내게 하여 너희들의 선조를 천국에서 내쫓았듯이 사탄이 너희들을 유혹하지 못하게 하라. 그와 그의 부족은 너희가 보지 못하는 곳에서 너희들을 보고 있다. 우리는 사탄을 믿지 않는 이들을 친구로 만들었다.(제7장 26-27절)

○아담의 자손들이여, 너희가 예배하는 모든 시간과 장소에 착용하라. 먹고 마셔라. 그러나 낭비하지 말라. 알라는 낭비하는 이들을 사랑하지 않는다. 말하라, 종들을 위하여 창조하신 알라의 아름답고 깨끗한 양식을 누가 금지하느냐. 말하라, 이것은 현세에 살며 믿음을 가진 이들과 심판의 날 이들을 위한 것이라.(제7장 31-32절)

○알라가 한 마을을 멸망시키길 원했을 때 호의호식하는 사람들에게 명령했다. 그러나 그곳에 있는 그들은 옳지 않은 길로 들어갔다. 알라의 말이 그곳에 확고해졌고, 우리는 그곳을 철저히 파괴했다.(제17장 16절)

○믿는 여성들에게 일러 가로되, 시선을 아래로 내리고, 음부를 보호하며, 드러나는 것 외에는 유혹하는 부분을 드러내지 않고, 가슴 위에 덮개를 착용하여 남편, 자신의 아버지, 남편의 아버지, 자신의 자식,

남편의 자식, 자신의 남자 형제, 자신의 남자 형제의 자식, 자신의 여자 형제의 자식, 여성 무슬림, 그녀의 오른손이 소유하고 있는 여자 노예, 성욕이 없는 남자 노예, 여성의 부끄러운 곳을 알지 못하는 아이 외에는 치장을 드러내지 말라. 감추고 있는 유혹하는 부분을 알 수 있도록 발걸음을 두드리지 말라. 모두 알라에게 회개하라. 믿는 이들이여 너희들은 행복을 누릴 것이다.(제24장 31절)

ㅇ알라는 낭비를 일삼는 사람들이 당신들이 보냈던 것을 부정한다고 말하지 않았다면 경고자(예언자)를 어떤 마을에 보내지 않았다.(제34장 34절)

ㅇ지나간 것에 슬퍼하지 아니하고 너희들에게 온 것에 기뻐하지 말라. 알라는 거만하고 오만한 모든 이를 좋아하지 않는다.(제57장 23절)

의복의 할랄과 하람에 관한 코란 구절은 모두 8개이며, 이는 부끄러운 곳과 유혹하는 곳을 감춘다는 기본 원칙과, 치장은 허용하지만 낭비나 오만스런 의복은 피해야 한다는 기본 원칙으로 구분해 볼 수 있다. 코란은 가족 구성원이나 어린아이들 앞에서 외에는 음부와 유혹하는 부분을 가리는 옷을 입을 것을 요구하며, 치장하는 것은 허용하지만 사치스럽고 오만스런 의상과 장신구를 착용하거나 낭비하는 것은 금지한다.

2) 하디스(순나)

의복과 관련된 20여 개의 구절이 발견되었다. 이 구절을 부끄러운 곳과 유혹하는 곳을 감춘다는 것과 치장은 허용하지만 낭비나 오만스런 의복은 피해야 한다는 코란의 기본 원칙에 따라 분류하였다. 그 외금지의 예외에 해당하는 하디스(순나)는 별도로 정리하였다.

(1) 부끄러운 곳과 유혹하는 곳을 감춘다

○사도는 두 종류의 옷을 금지하셨다. 첫 번째는 음부를 가리지 않는 옷이며, 두 번째는 몸의 절반을 가리지 않는 옷이다….(부카리본 5821)

하디스 구절은 부끄러운 곳과 유혹하는 곳을 감춘다는 코란 구절(제7장 26-27절, 제24장 31절)의 기본 원칙을 확인하면서 해설·제약·한정하는 경우이다. 코란의 메시지가 명백하기 때문에 하디스(순나)에서 여러 구절을 통해 언급할 필요가 없는 경우이다.

(2) 낭비나 오만스런 의복은 피해야 한다

○한 사람이 사도에게 "사도시여, 무흐림[순례를 하기 위해 이흐람(순례

자가 바느질하지 않은 두 장의 천으로 하체와 상체를 가리는 것) 상태에 들어간 사람은 어떤 종류의 옷을 입어야 합니까?" 하고 묻자, 사도가 "셔츠, 터번, 바지, 모자가 달린 옷, 두꺼운 천이나 가죽으로 만든 양말을 착용하지 마세요. 샌들을 신지 않았다면 발목 아래까지 짧게 자른 양말은 신을 수 있습니다. 사프란 같은 향수가 닿은 옷은 입지 마세요" 라고 대답했다.(부카리본 5803)

○사도는 옷을 거만하고 오만하게 끌고 가는 사람은 알라께서 부활의 날 바라보지 않으신다고 말했다.(부카리본 5791)

○우리가 우트바와 함께 있었는데 우스만이 "사도가 이 세상에서도 저 세상에서도 비단옷은 입어서는 아니 된다고 말씀하셨다"라는 서신을 보냈다.(부카리본 5830)

○후다이파가 마다인에 있었을 때 물을 청했고 마을 촌장이 은으로 만든 컵에 물을 담아 왔다. 후다이파는 그것을 집어 던지면서 "내가 그것을 집어던진 것은 사용이 금지되었기 때문입니다. 사도는 금, 은, 비단은 이 세상에선 불신자들을 위한 것이지만, 저 세상에선 무슬림을 위한 것이라고 말했습니다"라고 말했다.(부카리본 5831)

○사도는 이 세상에서 비단옷을 입은 사람은 누구든지 저 세상에선 입지 못할 것이라고 말했다.(부카리본 5832)

○사도는 무슬림이 와르스나 사프란으로 염색한 옷을 입는 것을 금지하셨다.(부카리본 5847)

○사도는 금반지나 은반지를 끼고 있었고 그것을 손바닥에 놓았다. 사람들 또한 그와 같은 금반지를 끼기 시작했고, 사도가 그것을 보고는 금반지를 벗어던져 버린 다음 은반지를 착용했다.(부카리본 5865)

○사도는 금반지를 금지하셨다.(무슬림본 2066d)

○우마르는 상점에서 비단옷을 발견하고는 그것을 사서 사도에게 가지고 가 "사도시여, 이것으로 명절이나 대표단으로 갈 때 꾸미세요"라고 했다. 사도는 "이것은 저 세상에서 아무런 몫이 없는 사람의 옷입니다"라고 말했다. 이후 사도는 우마르에게 비단 망토를 보냈다. 우마르는 그것을 가지고 사도에게 가 "사도시여, 이것이 저세상에서 아무런 몫이 없는 사람의 옷이라고 말씀하시면서, 이것을 왜 저에게 보내셨습니까?" 하고 묻자, 사도는 "그것을 팔아서 필요한 것을 얻도록 하세요"라고 말했다.(무슬림본 2068d)

○우마르는 자비야라는 장소에서 "사도는 두 손가락 또는 세 손가락 또는 네 손가락 정도가 아닌 비단의 착용을 금지하셨다"라고 연설했다.(무슬림본 2069i)

○사도가 비단 외투를 선물로 받고는 그것을 나(알리)에게 보내셨다. 내가 그것을 입었는데, 사도가 화난 얼굴을 하고 있는 것을 발견했다. 사도는 "내가 그것을 입으라고 너에게 보낸 것이 아니다. 그것을 잘라서 너의 부인들에게 베일로 쓰게 하라고 보낸 것이다"라고 말했다.(무슬림본 2071a)

○나(아나스 빈 말릭)는 어느 날 사도의 손가락에 은반지가 끼어 있는 것을 보았다. 사람들 또한 은반지를 만들어 끼었다. 사도는 그의 반지를 버렸고, 사람들 또한 그들의 반지를 버렸다.(무슬림본 2093a)

하디스(순나) 구절은 치장을 하는 것은 허용하지만 낭비나 사치스런 의복 또는 오만하거나 거만한 의복은 금지한다는 코란 구절(제7장 31-32절, 제17장 16절, 제34장 34절, 제57장 23절)에 대한 확인이면서 동시에 해설·제약·한정하는 경우이다. 코란에서 '낭비하지 말고, 거만하고 오만한 이를 좋아하지 않으신다.'와 같이 매우 포괄적으로 표현한 것을 하디스(순나)에서는 '비단옷과 사프란으로 염색한 옷, 금반지와 은반지 착용을 금지한다.'와 같이 구체적으로 제시하였다.

(3) 금지의 예외

○사도는 주바이르와 압두라흐만에게 비단옷을 허용하셨다. 그들이 이 때문에 고통을 당하고 있기 때문이었다.(부카리본 5839)

○아나스 빈 말릭은 사도의 딸인 움 쿨쑴이 붉은 색의 비단옷을 입고 있는 것을 보았다.(부카리본 5842)

○나(아나스 빈 말릭)는 사도의 새끼손가락에서 반지가 반짝거리는 것을 보았다.(부카리본 5874)

하디스(순나)들에서 보았듯이 무슬림의 의복은 부끄러운 곳과 유혹하는 부분을 가려야 하며, 낭비나 사치스런 의복 또는 오만하거나 거만한 의복은 하람이다. 그럼에도 불구하고 하디스(순나)에서는 이에 대한 예외가 있음을 보여준다. 비단옷은 사치스러운 옷이기에 하람이지만, 이가 들끓어 몸이 너무도 간지러운 경우 허용하는데, 이는 어쩔 수 없이 필요한 경우에 해당되어 금지가 일시적으로 해제된 경우이다. 비단옷이 여성에게는 허용된다는 것과 새끼손가락에 반지를 끼는 것이 허용된다는 것은 일반적인 금지 원칙의 예외라 할 수 있다.

3) 순니 4대 법학파

순니 4대 법학파는 1차법원인 코란과 하디스(순나)의 규범들을 바탕으로 하여 이즈마으와 끼야스 등의 2차법원들을 통해 동시대의 현실 생활에 필요한 세부적인 규정들을 제정하였다. 법학파들은 하디스(순나)에서 언급되었던 비단(옷)과 염색한 옷, 금과 은에 대해 매우 구체적인 법적 견해들을 내놓았다.

(1) 비단(옷)과 염색한 옷에 대해

"알라는 거만하고 오만한 이를 좋아하지 않으신다."(제57장 23절)와 "낭비하지 말라."(제7장 31절)의 코란 구절에 대해 사도 무함마드는 하디스(순나)를 통해 비단옷이나 사프란으로 염색한 옷의 착용을 금지하였다. 이후 순니 4대 법학파들은 코란과 하디스(순나)의 기본 원칙들을 바탕으로 비단(옷)과 염색한 옷에 대해 독자적인 견해(금지, 허용, 혐오, 예외)를 내어놓았다.

샤피이 법학파는 죽은 애벌레로부터 뽑아낸 비단(이브리스마)과 살아 있는 애벌레로부터 뽑아낸 비단(깟즈)을 남성이 착용하는 것을 금지한다. 그 외 남성의 비단(옷) 사용(착용)에 대한 샤피이 법학파의 세부 규정들은 다음과 같다.

남성이 비단 위에 앉는 것을 허용하지 않지만, 비단 위의 매트(깔개, 양탄자)가 솜으로 만든 홑이불일 경우 위에 앉는 것을 허용한다. 솜이나 (양 또는 낙타의) 털 등으로 된 안감이 비단을 둘러싸고 있다면 그 위에 앉는 것을 허용하며, 비단이 다른 것의 속인 경우에도 위에 앉는 것을 허용한다. 보온을 위해 비단을 착용하거나 그 위에 앉는 것 또는 그곳에 기대는 것을 허용하지 않지만, 에워싸는 안감을 댄 경우에는 이를 허용한다. 안감을 대지 않은 비단으로 만든 모기장에서 자는 것이나, 비단으로 만든 천막 아래로 들어가는 것도 금지이다. 남성이 비단 위에 글을 쓰거나 그림을 그리는 것은 금지이며, (양해를 구하지 않는다면) 결혼식 날 담장에 비단 천막을 치는 것도 금지이다. 카으바신전의 덮개(키스와)를 금이나 은이 없는 비단으로 만드는 것, 집짐승(말, 노새, 당나귀)이 비단을 덮는 것, 사내아이나 미친 사람이 비단옷을 입는 것은 허용한다. 남성이 비단으로 만든 수건을 가지거나 사용하는 것은 금지이지만, 여성이 남성의 몸에 있는 무엇인가를 닦기 위해 비단 손수건을 사용하는 것은 허용한다. 비단으로 만든 책 주머니, 책 걸이, 칼 걸이는 허용되나 비단 돈 가방은 금지이다. 저울과 열쇠의 줄, 염주의 줄을 비단으로 만드는 것은 허용되나, 줄의 장식(술)을 비단으로 만드는 것은 금지된다. 주전자, 항아리, 단지의 덮개를 비단으로 만드는 것은 허용된다. 남성의 터번을 비단으로 만드는 것은 금지이나, 여성이 옷끈이나 모자 장식 술을 비단으로 만드는 것은 허용된다. 남성이 일부는 비단이고 일부는 면이나 털과 같은 것으로 된 옷을 입는 것은 허용된다. 이때 비단이 다른 것보다 같거나 작아야 하며, 많을 경우 허용되지 않는다. 남성이 비단으로 된 문양을 사용할 수는 있는데, 그때는 비단의 크기가 네 손가락보다 넓어서는 아니 된다.[184]

그러나 피부병(옴)과 이(벼룩)의 퇴치, 예배할 때나 사람들의 눈으로부터 음부를 가리기 위한 무엇인가가 없을 경우와 같이 어쩔 수 없거나 반드시 필요한 경우에는 남성의 비단 사용을 허용한다. 목욕탕에서 몸을 가릴 만한 것을 발견하지 못할 경우 비단을 사용할 수 있지만, 다른 무언가가 있다면 비단의 사용은 금지이다. 여성의 경우에는 비단옷을 입는 것도 비단 깔개를 사용하는 것도 허용되며, 어린 소년이나 미친 사람에게도 허용된다. 여성처럼 행동하는 사람도 남성과 같

---

184 기본적으로 남성의 비단 사용은 금지이나, 크기가 네 손가락보다 작은 경우에는 허용한다. 이는 무슬림본 2069i에 수록된 사도의 순나를 근거로 한다.

은 규범이 적용된다.

하디스(순나)에서는 사프란으로 염색된 옷의 착용을 금지하는데(부카리본 5847), 샤피이 법학파는 이를 좀 더 세부적으로 규정하였다. 사프란으로 전체나 많은 부분을 염색한 옷을 입는 것은 하람이지만, 작은 점만큼 염색한 것은 허용한다. 노란색의 잇꽃으로 전체나 앞의 매듭을 부분적으로 물들인 옷은 마크루흐인데, 잇꽃으로 작은 점만큼 염색한 것은 마크루흐가 아니다. 그 외의 검은색, 흰색, 노란색, 빨간색, 줄무늬가 쳐진 것들은 하람이나 마크루흐가 아니다.

한발리 법학파는 다른 것으로 안감을 대었다 하더라도 남성이 비단옷을 입거나 비단을 사용하는 것을 금지한다. 바지의 끈이나 염주(미스바하)의 끈을 비단으로 만드는 것도 금지한다. 비단 단추나 장식 술의 경우는 허용한다. 비단 위에 앉거나 비단에 기대거나 비단을 베거나 걸거나 비단으로 벽(담)을 가리거나 하는 것은 금지이지만, 카으바 신전을 비단으로 덮는 것은 허용한다. 남성이 일부는 비단이고 일부는 털이나 면, 그 외의 것으로 된 옷을 입는 것은 허용한다. 이때는 비단이 다른 재료와 같거나 더 작을 경우이다. 비단이 대부분이면 허용되지 않는데, 비단의 무게가 더 나가더라도 다른 것이 시각적으로 옷의 더 많은 부분을 차지하면 허용한다.

한발리 법학파는 어린 소년, 미친 사람인 경우에도 비단옷을 입는 것은 허용하지 않지만 비단옷을 입는 것이 도움이 되는 병이 있는 경우에는 허용한다. 전쟁에서 갑옷의 안감으로 비단을 사용하는 것과 더위나 추위를 피하기 위해서나 적으로부터 방어하기 위해서도 허용한다. 네 손가락 크기를 넘지 않는 정도의 비단 문양, 네 손가락 크기를 넘지 않는 비단으로 옷을 수선하는 것, 네 손가락 넓이를 초과하지 않는 옷깃을 비단으로 만드는 것은 허용한다. 비단으로 책의 주머니를 만들거나 비단으로 꿰매거나 단추를 만드는 것은 허용한다. 주밥(소매가 터진 상의)의 속과 매트의 속을 비단으로 넣는 것은 허용하는데, 비단을 보이지 않는 속으로 사용하는 것은 코란과 하디스(순나)에서 금지하는 거만이나 오만이 아니라고 보기 때문이다. 남성이 사프란으로 염색한 옷과 망토를 입는 것은 하람이 아니라 마크루흐라고 본다.[185] 여성들이 모든 종류의 비단옷을 입거나 사용하는 것은 허용하며, 혐오스런 색이 아니라면 온갖 색으로 염색한 옷도 허용한다.

하나피 법학파는 반드시 필요한 경우를 제외하고 남성이 누에로부터 나온 비단으로 만든 옷을 입는 것은 금지한다. 비단으로 만든 깔개나 비단 위에서 잠을 자는 것, 비단 베개를 사용하는 것은 허용하며, 네 손가락 크기의 비단을 사용하는 것도 허용한다. 손가락보다 긴 비

---

185 부카리본 5847은 사프란으로 염색한 옷을 금지하였다. 이에 대해 샤피이 법학파는 전체나 많은 부분을 사프란으로 염색한 것은 금지하지만 작은 점만큼 염색한 것은 허용하는 부분적인 금지의 견해를 제시한다. 한발리 법학파는 사프란 염색은 하람이 아니라 마크루흐라고 본다. 말리키 법학파는 노란색 염색을 마크루흐 또는 할랄이라고 보며, 하나피 법학파는 특정한 견해를 제시하지 않는 것으로 보아 하디스의 견해에 동의한다고 볼 수 있다.

단을 문양으로 사용하거나 옷의 단추로 사용할 경우 네 손가락 크기를 초과하지 않으면 허용한다. 옷의 가장자리에 네 손가락 크기의 비단을 사용하는 것은 허용하며, 바지의 끈이 네 손가락 크기를 초과하지 않으면 허용한다. 옷의 속을 비단으로 하는 것은 허용하지만, 비단 안감을 대는 것은 마크루흐이다. 남성이 몸에 비단을 병풍처럼 둘러 입는 것은 금지하는데, 이맘 하부 하니파는 비단이 몸과 접촉하면 하람이지만 병풍처럼 두르고 있으면 하람이 아니라고 보았다.[186] 비단으로 돈 가방을 만들어 사용하는 것은 허용하지만, 비단으로 부적을 거는 가방을 만드는 것은 마크루흐이다. 비단으로 만든 양탄자 위에서 예배를 하는 것은 할랄이며, 염주의 줄, 시계 줄, 저울과 열쇠의 줄을 비단으로 만드는 것도 허용한다. 비단 위에 글을 쓰는 것, 주머니나 문, 창문의 덮개를 비단으로 만드는 것, 어린 소년의 침대나 자는 곳에 비단 덮개를 사용하는 것은 허용하지만, 비단 이불을 사용하는 것은 마크루흐이다.

말리키 법학파는 성인 남성들에게 비단은 하람이지만, 어린 소년들이 비단옷을 입는 것에 대해서는 일부는 허용하고 일부는 금지하고 일부는 마크루흐라고 규정한다. 일반적으로 피부병(옴)이나 이의 예

---

186 하나피 법학자들과 대표 법학자인 이맘 아부 하니파 간에 이견과 차이(이크틸랍)가 존재하고 있다. 대다수의 하나피 법학자들은 남성이 비단을 병풍처럼 둘러 입는 것을 금지하는데 반해, 이맘 아부 하니파는 이를 허용하고 있다. 이처럼 이크틸랍은 법학파들 간에도 존재하지만, 동일 법학파 내에서도 존재한다.

방을 위해서도 비단옷을 입는 것은 허용하지 않으며, 부인의 비단 깔개에 앉는 것도 허용하지 않는다. 일부 법학자들은 남편이 부인의 비단 깔개에 앉는 것은 할랄이라고 본다. 비단으로 안감을 대거나 속을 넣은 옷 또는 비단으로 번호를 단 옷은 허용하지 않지만, 비단이 네 손가락 크기보다 작다면 허용한다. 비단이 네 손가락보다 넓은 경우 할랄, 하람, 마크루흐라는 주장이 공존한다. 문이나 창문 위에 커튼처럼 걸어 놓는 것과 비단 위에 글을 쓰는 것은 허용한다. 크지 않은 손수건처럼 신체 부위를 닦는 비단 천 조각을 사용하는 것은 허용하지만, 식사를 할 때 바닥에 까는 천 조각(바슈키르)을 비단으로 만들어 사용하는 것은 마크루흐이다. 전쟁에서 비단(옷)을 사용(착용)하는 경우는 적의 무기가 주는 상해를 방어하기 위해 비단을 두껍게 사용하는 경우와 적을 두렵게 만들 때 허용한다. 이 두 가지 조건이 아니라면 전쟁에서 비단(옷)을 사용할 수 없으며, 평화 시에는 비단 사용을 허용하지 않는다. 남성이 빨간색과 노란색으로 염색한 옷을 입는 것은 마크루흐인데, 일부에서는 어느 색이든 마크루흐가 아니라고 주장한다. 여성들이 모든 종류의 비단을 입거나 사용하는 것은 허용하며, 색깔도 어느 것이든 허용한다.

(2) 금과 은에 대해

"알라는 거만하고 오만한 이를 좋아하지 않으신다."(제57장 23절)와

"낭비하지 말라."(제7장 31절)의 코란 구절에 대해 사도 무함마드는 하디스(순나)를 통해 금반지 착용을 구체적으로 금지하였다. 이후 순니 4대 법학파들은 코란과 하디스(순나)의 기본원칙들을 바탕으로 금반지 착용에 대해 독자적인 견해(금지, 허용, 혐오, 예외)를 내놓았다.

일반적으로 법학파는 남성과 여성이 금과 은을 사용하는 것을 금지한다. 지나친 낭비가 이를 보는 가난한 사람들의 마음을 아프게 만든다고 보기 때문이다. 이런 이유 때문에 샤리아는 꼭 필요한 경우가 아니라면 남성과 여성의 금과 은 사용(착용)을 금지한다. 그러나 여성이 자신을 치장하는 것을 허용하는데, 여성이 스스로를 꾸미는 것은 반드시 필요하다고 보기 때문이다. 남성이 은으로 된 반지를 끼는 것, 남성이 향수나 기름을 바르는 것이나 사용하지 않고 소유하는 것도 하람이다. 그러나 사용이 허용된 이들에게 빌려주기 위해 소유하는 것은 예외이다. 금과 은으로 만든 식기를 사용하는 것, 금과 은으로 된 수저로 식사를 하는 것, 금과 은으로 된 눈 화장 연필, 거울, 만년필, 빗, 향로, 향수병을 갖는 것은 하람이다. 금과 은으로 된 커피잔, 시계 케이스, 쉬샤 병(세트)을 갖는 것도 하람이다. 이러한 일반적인 규범들에 대해서도 법학파들 간에는 세부적으로 이견이 있다.

하나피 법학파는 자랑과 과시가 아닌 경우 금과 은 그릇(용기)들로 집을 장식하는 것을 허용한다. 자랑하고자 함이 아니라면 비단 위에 앉거나 비단 베개를 사용하는 것도 허용한다. 금과 은으로 만든 그릇에 있는 음식을 손과 숟가락으로 먹는 것은 허용하지만, 금과 은으로 만들어진 그릇을 손으로 움켜쥐고 사용하는 것은 마크루흐이다. 화장실(욕실)에 있는 은으로 만든 단지에 들어 있는 물을 떠서 머리에 붓는 것(머리를 감는 것) 또한 마크루흐이다. 일부분을 금이나 은으로 만든 그릇으로 먹거나 마시는 것은 허용하며, 금과 은이 있는 부분을 직접 사용하지 않는다면 금과 은으로 된 의자, 침대를 사용하는 것도 허용한다. 금과 은이 있는 부분에 앉지 않는다는 조건하에서는 금이나 은으로 만든 말의 굴레(자갈)나 말안장을 사용하는 것은 허용한다. 여성들이 금과 은으로 만든 귀고리를 착용하는 것은 허용한다.

말리키 법학파는 남성이 칼을 금이나 은으로 장식하는 것은 허용하지만, 여성이 칼을 장식하는 것은 금지한다. 여성이 금과 은을 착용하지 않고 다른 용도로 사용하는 것이나 칼 이외의 전쟁 도구들을 금이나 은으로 장식하는 것은 금지한다. 찬미의 의미로 책표지를 금이나 은으로 장식하는 것은 허용하지만, 책의 내부나 글씨 또는 책의 일부를 금과 은으로 장식하는 것과 코란을 제외한 나머지 책들을 금으로 장식하는 것은 금지한다. 떨어져 나간 치아를 금과 은으로 대체하는 것과 코가 잘린 사람이 금과 은으로 코를 대체하는 것은 허용한다. 남성이 2디르함 무게의 은으로 만든 반지를 착용하는 것은 허용한다. 사도 무함마드가 2디르함 무게의 은반지를 착용했으며, 사도를 모방할 목적으로 반지를 착용하는 것은 허용되기 때문이다. 2디르함의 무게라 하더라도 여러 개의 반지를 착용하는 것은 허용하지 않는다. 반지의 일부가 금이고 일부가 은인 경우 금이 적은 경우라면 허용한다. 반지는 왼쪽 새끼손가락에 주로 착용하며, 오른손에 착용하는 것은 마크루흐이다. 금과 은이 아닌 금속으로 도금한 뒤 금과 은으로 코팅을 한 것에 대해서는 일부에서는 하람이라고 하고 일부에서는 할랄이라고 하는데, 하람과 할랄의 의견이 동등하다. 금과 은으로 만들고 동이나 연으로 코팅을 한 것 또한 일부에서는 금지라고 하고 일부에서는 이를 허용이라고 하는데, 금지가 우세하다. 나무로 만든 그릇(용기)에 금이나 은으로 만든 줄(선)을 용접한 경우 일부에서는 하람이라고 하고 일부에서는 마크루흐라고 하는데, 하람과 마크루흐가 동등하다. 그릇(용기)을 걸 수 있는 고리의 경우도 마찬가지이다. 진주나 옥 같은 보석을 붙인 그릇의 경우 금지와 허용이 동등하게 주장된다. 말안장, 칼, 단검, 말굴레와 같은 것을 금이나 은으로 코팅한 경우에도 금지와 허용의 주장이 공존한다. 칼의 손잡이를 금이나 은으로 만드는 것은 금지이다. 남성과 여성이 쇠, 연, 동으로 만든 반지를 끼는 것은 마크루흐이며, 홍옥수(마노)로 만든 반지를 끼는 것은 할랄이다.

샤피이 법학파는 남성과 여성이 코를 금과 은으로 만드는 것은 허용하며, 이가 깨진 사람이 금이나 은으로 이를 대체하거나 손끝을 금으로 만드는 것은 허용한다. 남성이나 여성이 경전을 은으로 장식하는 것은 허용하지만, 금으로 장식하는 것은 여성에게만 허용한다. 이

때 장식은 작은 조각 모양이어야 하는데, 장식을 금과 은을 녹여 코팅하는 도금은 허용하지 않는다. 경전을 금과 은으로 쓰는 것은 남성과 여성에게 모두 허용한다. 동으로 두껍게 코팅된 금과 은그릇을 사용하는 것은 허용한다. 남성이 전쟁 도구를 은으로 장식하고 코팅하는 것은 허용하나 여성에게는 허용하지 않는다. 작은 그릇을 은으로 만든 줄이나 판으로 수리하는 것은 허용하지만, 그릇이 크다면 마크루흐이다. 남성이 금과 은 장식품을 획득하는 것과 그것이 허용되는 사람에게 빌리는 것도 허용한다. 남성이 은반지를 끼는 것은 허용하나 오른손 새끼손가락에 끼는 것을 권장하며, 반지는 손바닥 안에 들어갈 정도로 작아야 한다. 남성이 금반지를 끼는 것은 절대적인 하람이지만, 쇠나 동으로 만든 것은 허용한다.

의복에 관한 샤리아 규범은 코란의 포괄적인 기본 원칙이 하디스(순나)에서 조금 더 확대되었으며 순니 4대 법학파에 이르러 구체적이고 세부적인 규정들로 제정되었다.

4. 낭비와 사치를 금하다

음식과 의복의 샤리아 규범은 각 분야마다 근거와 특징이 있는데, 두 분야에 대한 샤리아 규범의 공통점은 낭비나 사치스러운 것은 하람이라는 것이다. 음식과 의복의 할랄과 하람에 대한 샤리아 제정 과정은 제1법원인 코란의 규범을 기본 원칙으로 사도의 하디스(순나)에서 이를 확인하거나 해설·제약·한정, 또는 새로운 규범을 제정하기도 하였다. 이후 순니 4대 법학파들은 코란과 하디스(순나)의 규범들을 바탕으로 이즈마으와 끼야스 등의 법원들을 통해 복잡다단한 현실 세계에 적용할 수 있는 구체적인 규정들을 제정하였다. 이 과정에서 코란과 순나의 규범들을 확인하거나 해설·제약·한정, 또는 코란과 순나의 규범들을 바탕으로 새로운 규범을 제정하기도 하였다.

특정 사안에 대해 법학파들마다 독자적인 규범이 있으며, 방대한 순니 이슬람 세계의 지역에 따라 신봉하는 법학파가 다르다. 무슬림이라면 누구나 이들 법학파들 중의 하나를 믿고 따라야 한다는 점을 고려해 보면 지역에 따라 특정 사안에 대한 샤리아 규범의 적용이 조금씩 다를 수 있다는 것을 알 수 있다. 이런 점에서 법학파와 해당 지역을 고려하지 않고 특정 음식과 의복을 일괄적으로 할랄이다 하람이다 마크루흐다라고 단정 짓는 것은 또 다른 오류와 오해를 만들 가능성이 있다. 따라서 음식과 의복에 대한 할랄과 하람의 여부는 코란과 하디스(순나)뿐만 아니라 법학파와 해당 지역과의 상관성을 고려하여 판단해야 한다. 동남아시아로 할랄제품을 수출하려면 이 지역의 지배적인 법학파인 샤피이 법학파의 법적 견해에 주목해야 하며, 사우디아라비아로 제품을 수출하려면 한발리 법학파의 법적 견해에 주목해야 한다.

[부록1] 코란 114개 장의 특징

번호	장의 명칭	구절 수	계시 장소	계시 순서
1	알파티하(시작)	7	메카	5
2	알바까라(암소)	286	메디나	87
3	알이므란(이므란 가문)	200	메디나	89
4	알니사으(여성들)	176	메디나	92
5	알마이다(식탁)	120	메디나	112
6	알안암(가축)	165	메카	55
7	알아으랍(아으랍)	206	메카	39
8	알안팔(전리품)	75	메디나	88
9	알타우바(회개)	129	메디나	113
10	유누스(요나)	109	메카	51
11	후드(에벨)	123	메카	52
12	유숩(요셉)	111	메카	53
13	알라아드(천둥)	43	메디나	96
14	이브라힘(아브라함)	52	메카	72
15	알히즈르(히즈르)	99	메카	54
16	알나흘(꿀벌)	128	메카	70
17	알이스라으(밤 여행)	111	메카	50
18	알카흡(동굴)	110	메카	69
19	마르얌(마리아)	98	메카	44
20	따하(따하)	135	메카	45
21	알안비야으(예언자들)	112	메카	73
22	알핫즈(순례)	78	메디나	103
23	알무으미눈(신자들)	118	메카	74
24	알누르(빛)	64	메디나	102
25	알푸르깐(구별)	77	메카	42
26	알슈아라으(시인들)	227	메카	47
27	알나믈(개미)	93	메카	48

28	알까싸스(이야기)	88	메카	49
29	알안카부트(거미)	69	메카	85
30	알룸(로마인들)	60	메카	84
31	루끄만(루끄만)	34	메카	57
32	알사즈다(엎드려 절하기)	30	메카	75
33	알아흐잡(연합)	73	메디나	90
34	사바으(시바)	54	메카	58
35	파띠르(창조자)	45	메카	43
36	야 신(야 신)	83	메카	41
37	알쌉파트(줄 지어 있는 자)	182	메카	56
38	싸드(싸드)	88	메카	38
39	알주마르(그룹)	75	메카	59
40	가피르(용서하는 자)	85	메카	60
41	풋씰라트(설명되었다)	54	메카	61
42	알슈라(협의)	53	메카	62
43	알주크룹(금 장식)	89	메카	63
44	알두칸(연기)	59	메카	63
45	알자시야(무릎 꿇기)	37	메카	64
46	알아흐깝(모래 언덕)	35	메카	66
47	무함마드(무함마드)	38	메디나	95
48	알파트흐(정복)	29	메디나	111
49	알후주라트(방들)	18	메디나	106
50	까프(까프)	45	메카	34
51	알다리야트(흩뜨리는 바람)	60	메카	67
52	알뚜르(뚜르 산)	49	메카	76
53	알나즘(별)	62	메카	23
54	알까마르(달)	55	메카	37
55	알라흐만(가장 자비로운 분)	78	메디나	97
56	알와끼아(일어난 일)	96	메카	46
57	알하디드(철)	29	메디나	94

58	알무자달라(토론하는 여성)	22	메디나	105
59	알하슈르(집합)	24	메디나	101
60	알뭄타하나(검증 받는 여성)	13	메디나	91
61	알쌉프(전투 대열)	14	메디나	109
62	알줌아(금요일)	11	메디나	110
63	알무나피꾼(위선자들)	11	메디나	104
64	알타가분(손익)	18	메디나	108
65	알딸락(이혼)	12	메디나	99
66	알타흐림(금지)	12	메디나	107
67	알물크(소유)	30	메카	77
68	알깔람(펜)	52	메카	2
69	알학까(피할 수 없는 시간)	52	메카	78
70	알마아리즈(승천)	44	메카	79
71	누흐(노아)	28	메카	71
72	알진느(진)	28	메카	40
73	알무잣밀(옷을 둘러 쓴 자)	20	메카	3
74	알뭇닷시르(덮어 쓴 자)	56	메카	4
75	알끼야마(부활)	40	메카	31
76	알인산(인간)	31	메디나	98
77	알무르살라트(보냄을 받은 자)	50	메카	33
78	알나바으(긴박한 소식)	40	메카	80
79	알나지아트(혼을 빼앗아 가는 자)	46	메카	81
80	아바사(찡그렸다)	42	메카	24
81	알타크위르(어둠에 가리워짐)	29	메카	7
82	알인피따르(쪼개짐)	19	메카	82
83	알무땁피핀(사기꾼들)	36	메카	86
84	알인시깍(산산이 갈라짐)	25	메카	83
85	알부루즈(별자리)	22	메카	27
86	알따릭(따릭 별)	17	메카	36
87	알아을라(지고하신 분)	19	메카	8

88	알가시야(섬뜩하게 하는 사건)	26	메카	68
89	알파즈르(새벽)	30	메카	10
90	알발라드(읍, 소도시)	20	메카	35
91	알샴스(태양)	15	메카	26
92	알라일(밤)	21	메카	9
93	알두하(아침)	11	메카	11
94	알샤르흐(마음을 염)	8	메카	12
95	알틴(무화과)	8	메카	28
96	알알락(응혈)	19	메카	1
97	알까드르(권능의 밤)	5	메카	25
98	알바이나(명백한 증거)	8	메디나	100
99	알잘잘라(지진)	8	메디나	93
100	알아디야트(질주하는 여성)	11	메카	14
101	알까리아(강타)	11	메카	30
102	알타카수르(축재)	8	메카	16
103	알아쓰르(오후)	3	메카	13
104	알함자(중상하는 자)	9	메카	32
105	알필(코끼리)	5	메카	19
106	꾸라이시(꾸라이시부족)	4	메카	29
107	알마운(도움)	7	메카	17
108	알카우사르(풍부)	3	메카	15
109	알카피룬(불신자들)	6	메카	18
110	알나쓰르(승리)	3	메디나	114
111	알마사드(마사드)	5	메카	6
112	알이클라쓰(진심)	4	메카	22
113	알팔락(동틀녘)	5	메카	20
114	알나스(인류)	6	메카	21

부카리본	무슬림본	나사이본	아부 다우드본	티르미디본	이븐 마자본
계시 시작	믿음	청결	청결	청결	청결과 순나
믿음	청결	물	쌀라(예배)	예배	예배
지식	생리	생리	기우 예배	위트르 예배	아잔과 순나
우두으	예배	구슬과 타얌뭄	여행 중의 예배	금요 예배	모스크와 집회
구슬	모스크와 예배 장소	예배	자발적 예배	두 명절	예배의 근행과 순나
생리	여행자의 예배와 예배의 단축	예배 시간	라마단	여행	장례
타얌뭄	금요 예배	아잔	코란 낭송	자카트	단식
예배	두 명절의 예배	모스크	위트르 예배	단식	자카트
예배 시간	기우 예배	끼블라 (예배 방향)	자카트	핫즈(대 순례)	결혼
아잔	일식(월식)	이마마(통치)	주은 물건	장례	이혼
금요 예배	장례	예배 시작	순례 의식	결혼	속죄(물)
두려움의 예배	자카트	타뜨빅	결혼	수유	무역
두 명절	단식	예배의 망각	이혼	이혼과 저주 (리안)	규범
위트르 예배	이으티캎	금요 예배	단식	판매	선물
기우 예배	핫즈	예배의 단축과 여행 중의 예배	지하드	사도의 판결	싸다까(자선)
일식(월식)	결혼	일식(월식)	희생물	디야(몸값)	담보
코란 경배	수유	기우 예배	사냥	핫드(후두드)	선매
예배 단축	이혼	경외 예배	유언	사냥, 도살	주은 물건
밤샘 예배	리안(저주)	두 명절 예배	미덕	희생물	노예 해방
메카와 메디나 모스크에서의 예배 장점	노예 해방	밤 예배와 자발적인 낮 예배	이탈, 이마라 (통치), 전리품	경고, 맹세	핫드(후두드)
예배의 행동	판매	장례	장례	원정	디야(몸값)
예배의 망각	관개	단식	맹세와 경고	지하드의 미덕	유언
장례	종교적 의무	자카트	판매	지하드	미덕

자카트	선물	대 순례 의식	대부	의복	지하드
핫즈(대 순례)	유언	지하드	판결	음식	업적
우므라(소 순례)	경고	결혼	지식	음료	희생물
순례 시 금지된 것	맹세	이혼	음료	선함과 사도의 특성	도살
사냥에 대한 처벌	맹세, 전사, 끼싸쓰, 디야	말	음식	의학	사냥
메디나의 미덕	핫드(후드드)	감금	의학	사도의 미덕	음식
단식	판결	유언	예언과 나쁜 징조	유언	음료
타라위흐 예배	주은 물건	예물	노예 해방	충성, 선물	의학
권능의 밤의 미덕	지하드와 원정	선물	글자와 낭송	운명	의복
이으티캅	이마라(통치)	루끄바(기부)	목욕탕	피트나(분쟁)	예절
판매	사냥, 도살, 동물들 중 먹을 수 있는 것	우므라(소 순례)	의복	꿈	두아으(간구 기도)
선물 구매	희생물	맹세와 경고	머리 빗기	증언	꿈 설명
슈프아(선매권)	음료	농업	반지	금융주의	피트나(분쟁)
대여	의복과 치장	10명의 여성	피트나와 전투	심판의 날의 특성, 선함, 경건한 신앙	금욕
하왈라(송금)	예절	피 금지	마흐디(구세주)	천국의 특성	
보증	인사	전리품의 분배	전투들	지옥의 특성	
대리인	예의바른 말	바이아(충성 맹세)	핫드(후두드)	믿음	
농업	시	아끼까	디야	지식	
관개	꿈	파르으, 아티라	순나	허락, 예절	
대부	미덕	사냥과 도살	예절	사도의 예절	
논쟁, 소송	싸하바의 미덕	희생물		사도에 관한 속담	
주운 물건	선함, 유대관계, 예절	판매		코란의 미덕	
억압, 학대	운명	맹세		낭송	
동업	지식	절도범의 절단		코란 탑시르	

저당, 담보	(알라를) 언급, 기도, 회계, 용서	믿음과 샤리아		다으와(선교)	
노예 해방	선함	치장		사도의 공적	
서신 왕래	회개	판관의 예절			
선물의 장점과 선동	위선자들의 특성과 규범	알라의 보호			
증언	최후 심판의 특성, 천국, 지옥	음료			
화해	천국, 천국의 특성, 천국의 사람들				
조건	피트나, 심판의 날의 징조				
유언	금욕주의와 동정심				
지하드와 원정	탑시르				
쿰스의 의무					
지즈야와무와다아					
창조의 시작					
예언자들의 이야기들					
(사도와 싸하바의) 업적들					
사도의 교우들의 미덕					
안싸르의 업적					
사도의 군사원정					
탑시르					
코란의 미덕					
결혼					
이혼					
부양					
음식					
아끼까					
도살과 사냥					
희생물					

음료					
환자					
의학					
의상					
예절					
허락					
초대					
선함					
까다르(운명)					
맹세와 경고					
맹세의 속죄					
종교적인 의무					
핫드(후두드)					
디얘(몸값)					
배교					
혐오					
책략					
해몽					
피트나(분쟁)					
판결					
소망					
사람들에 대한 소식					
코란과 순나에 대한 보호					
타우히드(신의)					

[부록3] 시아 하디스 4서의 주제들

우쑬 알카피	만 라 야흐두루후 알파끼흐	키탑 알이스팁싸르	키탑 알타흐딥
지식	쌀라(예배)	청결: 물과 규범	청결
타우히드(신의 유일성)	자카트	우물(샘) 규범	쌀라
권위	단식	우두으	자카트
역사	재판과 규범	구슬	핫즈
믿음과 불신앙	생활	불결한 상태	사도 무함마드
두아으(간구 기도)	결혼	생리	무역
코란	이혼	따얌뭄	결혼
관계	핫드(후두드)	불결한 의복과 몸을 청결하게 하는 법	이혼
청결	디야(몸값)	장례	노예 해방, 관리, 기록
생리	의무와 상속	예배	맹세, 경고, 불신앙
장례		여행 시 예배	사냥과 도살
예배		예배 시간	와끄프와 싸다까
여행		끼블라(예배 방향)	유언
자카트		예배 방법	의무와 상속
푸루으 알카피		루쿠으와 수주드	핫드(후두드)
싸다까(자선)		알라에 대한 복종	디야
단식		무관심과 망각	
여행		예배 시 허용되는 것과 의복과 장소에서 허용되지 않는 것	
핫즈(대순례)		예배가 중단되는 경우와 중단되지 않는 경우	
사냥		집회와 규범	
방문		두 명절 시의 예배	
지하드		일식 예배	

생활		장례 예배	
결혼		자카트	
아끼까		이드 알피뜨르 자카트	
이혼		단식	
노예 해방, 관리, 기록		단식이 무효되는 경우	
사냥		여행 규범	
희생물		이으티캅	
음식		핫즈	
곡물		이흐람의 특징	
과일		회피가 금지인 경우	
음료		불신앙이 금지인 경우	
술		따와프	
치장, 화장, 여성다움		사이	
가축		도살	
유언		이발	
상속		순례 시 돌을 던지는 행위	
핫드(후두드)		핫즈 의무예배	
디야(몸값)		순례 여성가 관계된 것들	
증언		기타	
재판과 규범		우므라	
맹세, 경고, 불신		지하드	
수유		부채	
		증언	
		재판과 규범	
		이득	
		판매	
		결혼	
		무트아(임시혼)	
		알라가 허용하는 계약과 금지하는 계약	
		수유	

		노예 소녀와의 계약	
		마흐르	
		보호자(후견인)	
		결혼	
		청혼	
		이혼: 결혼 취소	
		이혼 형식	
		이혼	
		이혼의 횟수	
		리안(저주)	
		노예 해방	
		관리	
		맹세, 경고, 불신앙	
		경고	
		불신앙	
		사냥과 도살: 물고기 잡이	
		사냥	
		음식과 음료	
		와끄프와 싸다까	
		유언: 고백	
		의무	
		핫드(후두드)	
		중상모략	
		술의 해악	
		절도	
		디야(몸값)	
		각 부위별 몸값	

끼싸스: 살인에는 살인, 상해에는 상해로 보복하는 동형동태의 처벌.

끼야스: 원전(코란, 하디스)에 판결이 없는 새로운 사안을 동일한 합법적 이유를 가진 원전의 사안으로 판결하는 것.

리바: 부당하게 재산이 증가되거나 감소되는 일체의 상행위.

마크루흐: 이슬람에서 구분하는 인간의 5가지 행위들 중 혐오스런 행위.

무슬림: 이슬람교도(이슬람신자)로 알라에게 절대적으로 복종하는 사람.

무즈타히드: 이즈티하드(법적 해석을 위한 최대한의 노력)를 하는 사람으로서, 순니에서는 정통 칼리파(아부바크르, 우마르, 우스만, 알리)를 포함하는 싸하바(교우)와 법학파(법학자)이며, 시아에서는 이맘과 법학파(법학자).

무하지룬: 622년 사도 무함마드를 따라 메카에서 메디나로 이주한 사람들.

법학파: 공통의 법적 견해를 가진 법학자들의 집단으로, 주요 법학파로는 하나피, 말리키, 샤피이, 한발리, 자히리(이상 순니), 자으파리, 자이디(이상 시아), 이바디 법학파가 있음.

비드아: 새로운 것, 혁신, 개혁이라는 뜻으로, 선례가 없거나 코란이나 순나에 반하는 것(행위).

사도와 예언자: 사도(라술)는 절대자의 계시를 경전의 형태로 전달하고 적용하는 방법을 보여주는 이들(모세, 예수, 무함마드 등)이며, 예언자(나비)는 절대자의 계시를 단순히 전달한 이들(노아, 아브라함, 욥 등).

샤리아: 마실 수 있는 물의 발원지(로 가는 길), 올바른 길이란 뜻으로, 모든 무슬림이 따라야만 하는 믿음과 실천의 지침 및 기준.

순나: 무슬림 공동체(움마)의 관습 또는 사도 무함마드의 말, 행동, 결정사항(침묵).

순니: 순나를 따르는 사람이란 뜻으로, 정통 칼리파를 사도 무함마드의 합법적 후계자(칼리파)로 인정하는 사람들.

시아: 시아 알리(알리의 당)에서 유래된 말로, 사도 무함마드의 합법적 후계자로 사촌이며 제4대 정통 칼리파인 알리를 인정하고 이맘의 무요류성을 믿는 사람들.

싸하바: 사도 무함마드의 교우들로서 사도를 한 번이라도 보았던 사람들.

쌀라와 두아으: 쌀라는 하루 다섯 번 정해진 시간에 정해진 절차에 따라 행하는 예배 의례이며, 두아으는 개별적이고 자발적인 간구 기도.

아으랍: 천국과 지옥 사이에 있는 격벽으로, 선행과 악행이 동일한 사람이 알라의 심판을 받기 전까지 머무는 곳.

안싸르: 원조자들이란 뜻으로, 622년 히즈라(메카에서 메디나로의 이주) 당시 메디나에서 사도 무함마드와 무하지룬들에게 도움을 주었던 메디나 주민들.

알라: 바로 그 신이란 뜻으로, 무슬림이 신봉하는 절대자.

와끄프: 경건한 일이나 공공의 선한 일에 쓰도록 유언이나 증여를 통해 이슬람 국가에 영구히 재산을 기증하는 것이며, 이 재산은 아우까프라는 정부 부서가 관리함.

우두으: 예배를 하기 전에 정해진 순서에 따라 물로 손, 얼굴, 머리, 발을 씻는 세정이며(소정), 구슬은 물로 온몸을 씻는 세정(대정)이고, 따얌뭄은 물이 없을 경우 흙, 모래, 돌 등으로 하는 세정 의식.

울라마: 지식인들 및 학자들이란 뜻으로, 이슬람 학자들을 의미함.

움마: 무슬림 공동체 또는 이슬람 공동체.

위트르 예배: 밤기도(이샤으) 이후 새벽기도(파즈르) 사이에 하는 기도 중 홀수 번에 해당하는 자발적인 기도.

이맘: 인도하는 사람이란 뜻으로, 무슬림 공동체의 수장, 사도 무함마드의 계승자, 알리와 그의 자손들, 유명한 이슬람 학자 및 법학자의 존칭.

이즈마으: 원전(코란과 순나)에 규정되지 않은 새로운 사안 발생 당시 무슬

림사회(움마) 다수의 합의.

이즈티하드: 무즈타히드가 코란, 순나(하디스)를 토대로 법적 해석을 하려
는 최대한의 노력.

잇다: 무슬림 미망인의 재혼 금지 기간.

자카트: 순소득의 2.5%를 내는 모든 무슬림의 의무이며, 싸다까는 자발적
자선.

정통 칼리파: 올바르게 인도된 칼리파들이란 뜻으로, 632년 사도 무함마드
사망 후 그를 계승한 4명의 후계자들(아부바크르, 우마르, 우스만,
알리).

지즈야: 비무슬림 성인 남성들에게 부과된 인두세.

지하드: 무슬림이 자신들의 신앙을 위해 행하는 내면적 노력(대지하드)이
나 이교도에 맞서 싸우는 투쟁(소지하드).

코란: 이슬람의 경전. 아랍어 발음은 꾸르안이며 낭송이라는 뜻으로 샤리
아의 제1법원.

쿰스: 5분의 1의 뜻이며, 전리품들 중 칼리파나 술탄에게 제공되는 5분의 1
의 몫.

타비운: 싸하바(교우)를 추종하는 사람들.

파트와: 샤리아 전문가인 무프티의 공식적인 법적 견해.

하디스: 사도 무함마드의 순나를 기록한 책으로서, 순니 6서(부카리, 무슬
림, 아부 다우드, 티르미디, 나사이, 이븐 마자)와 시아 4서(알카피,
만 라 야흐두루후 알파끼흐, 키탑 알이스팁싸르, 키탑 알타흐딥).

하람: 이슬람에서 구분하는 인간의 5가지 행위들 중 금지(금기)된 행위.

할랄: 이슬람에서 구분하는 인간의 5가지 행위들 중 허용된 행위.

히즈라: 사도 무함마드와 무하지룬들이 메카에서 메디나로 이주한 사건으
로, 이슬람력(히즈라력)의 기원(622).

참고문헌

〈한국어 자료〉

공일주(2008). 『코란의 이해』, 한국외국어대학교출판부.

김용선역(2002). 『코란』, 명문당.

김정위(1986). 『이슬람철학사』, 대광문화사.

김정위편(2002). 『이슬람사전』, 학문사.

박현도(2015). "이즈티하드의 문 폐쇄에 대하여: 할락의 비판이 주는 의미와 파장", 『한국이슬람학회논총』 제25-2집, 한국이슬람학회, 1-19.

손주영(2005). "이슬람법과 법학파의 형성에 관한 연구", 『한국이슬람학회논총』 제15-1집, 한국이슬람학회, 49-80.

손주영(2007). 『이슬람: 교리, 사상, 역사』, 일조각.

손주영(2008). "무슬림의 경전관과 신의 말씀, 꾸란", 『중동연구』 제27권 2호, 한국외국어대학교 중동연구소.

손주영(2009). 『꾸란선』, 한국외국어대학교출판부.

손주영외(2012). 『1400년 이슬람 문명의 길을 걷다』, 프라하.

손태우(2013). "샤리아(이슬람법)의 법원에 관한 연구", 『법학연구』 제54권 제1호, 부산대학교 법학연구소, 143-174.

송경숙외(1992). 『아랍문학사』, 송산출판사.

안정국(2007). "무트아 혼인의 종교사회적 배경에 관한 연구", 『아랍어와 아랍문학』 제11집 1호, 한국아랍어아랍문학회.

앨버트 후라니저, 김정명&홍미정역(2010). 『아랍인의 역사』, 심산.

엄익란(2011). 『할랄, 신이 허락한 음식만 먹는다』, 도서출판 한울.

이상훈(2016). 『현대 아랍세계의 혼납금 관행에 관한 연구』, 명지대학교대학원 아랍지역학과 석사학위논문.

이원삼(2002). 『이슬람법사상』, 아카넷.

이훈동 외(2016). 『파트와를 통해 본 이슬람 사회의 규범과 현실』 제1권, 세창출판사.

임병필(2014). "샤리아에 규정된 동성애와 이슬람 사회의 동성애 인식", 『한국중동학회논총』 제34-4호.

임병필(2014). "순나가 샤리아 제2법원으로 인정된 근거에 관한 연구", 『지중해지역연구』 제16권 제4호, 부산외대 지중해지역원, 21-49.

임병필(2014). "이슬람의 돼지 금지와 샤리아의 근거", 『한국중동학회논총』 제32권 2호, 한국중동학회.

임병필(2014). "코란과 순나를 통해 본 샤리아의 금주 근거와 법 제정 논리", 『중동문제연구』 제13-1호.

임병필(2015). "8개 이슬람 법학파의 특성과 이크틸랍 원칙", 『아랍어와 아랍문학』 19집 4호, 한국아랍어·아랍문학회, 175-206.

임병필(2015). "음악에 대한 이슬람 샤리아의 견해", 『중동문제연구』 제14-1호.

임병필(2015). "절도에 대한 샤리아 규범 연구", 『한국중동학회논총』 제36권 2호, 한국중동학회.

임병필(2016). "이즈마으의 특성과 현대적 적용 가능성", 『지중해지역연구』 제18권 제2호, 부산외대 지중해지역원, 85-111.

임병필(2016). "하디스 전문용어학의 분류와 적용에 관한 연구: 부카리 하디스를 중심으로", 『지중해지역연구』 제18권 제4호, 부산외대 지중해지역원.

임병필(2017). "끼야스의 개념과 법적 근거 및 현대적 적용 가능성 재론", 『중동문제연구』 제16권 3호, 명지대중동문제연구소, 65-92.

조희선(2015). 『변화하는 무슬림 여성』, 세창출판사.

최영길(1985). 『이슬람의 생활규범』, 명지대학교출판부.

최영길(1997). 『성 꾸란, 의미의 한국어 번역』, 메디나 파하드국왕 성꾸란출판청.

최영길(2004). 『이슬람문화』, 도서출판 알림.

최영길역(2010). 『Sahi Al-Bukhari가 수집한 사도 무함마드의 언행록』, 제1권. 도서출판 알림.

최영길역(2011). 『이슬람의 허용과 금기』, 세창출판사.

최영길역, 유숩 까르다위저(2012). 『이슬람의 허용과 금기』, 세창출판사.

최영길역주(2010). 『꾸란주해』, 세창출판사.

최영길편(1989). 『이슬람문화사』, 송산출판사.

키스 스와틀리편, 정옥배역(2005). 『인카운터 이슬람』, 예수전도단.

프랜시스 로빈슨외저, 손주영외역(2014). 『사진과 그림으로 보는 케임브리지 이슬람사』, 시공사.

한덕규(2003). "이슬람 세계와 이자금지", 『한국이슬람학회논총』 제13-1집, 137-162.

〈영어 자료〉

Abdullah Yusuf Ali trans.(2013). The Meaning of The Glorious Qur'an, Sultanate of Oman: Islamic

Adigun, Tajudeen Muhammed B.(2004). "The relevance of Qiyas(Analogical deduction) as a source of Islamic law in contemporary time", A thesis submitted to the faculty of law, Institute of Administration, Ahmadu Bello University, Zaria.

Ahmed, Shoayb(2005). "The development of Islamic jurisprudence(Fiqh) and reasons for juristic disagreements among schools of law", Master of arts in University of South Africa.

al-Albaanee, Muhammad Naasir al-Deen. A return to the Sunnah, www.troid.org.

al-Alwani Taha Jabir(1993). The Ethics of Disagreement in Islam, 1s ted., USA: The International Institute of Islamic thought.

Ali Quli Qara'i(2003). The Qur'an, Lodon, Islamic College for Advance Studies(ICAS) Press.

al-Qardawi, Yusuf(1960). The lawful and the prohibited in Islam, Al-Falah Foundation for translation, publication & distribution.

Al-Salami, Muhammad Al-Mukhtar&Mohammad Hashim Kamali trans. Al-Qiyas(Aalogy) and its modern applications, Islamic Development Bank: Islamic Research and training Institute.

Al-Siba'ee, Mustafa. Ibn Muhammad Shafeeq, ed.(2009). The Sunnah and its role in Islamic legislation, International Islamic Publishing House.

Bilal, Philips A.A.(2007). Usool al-Hadeeth: The methodology of Hadith evaluation, International Islamic Publishing House.

Brill Academic publishers(2004). The encyclopedia of Islam.

Brown, Jonathan A. C.(2009). Hadith: Muhammad's Legacy in the Medieval and Modern World, Oxford: Oneworld Publications.

Chapra, M. Umer(2006). "The nature of Riba in Islam", The Journal of Islamic Economics and Finance(Bangladesh), Vol.2, No.1, 7-25.

Farooq, Mohammad Omar(2006). "Qiyas(Analogical reasoning) and some problematic issues in Islamic law".

Fazlur, Rahman(1964). Islamic methodology in history, Pakistan: Islamic Research Institute.

Ghani, Hafiz Abdul.(2011). "'Urf-o-Ādah(Custom and Usage) as a source of Islamic law", American International Journal of Contemporary Research 1-2.

Hallaq, Wael B.(2009). An Introduction to Islamic law, Cambridge University Press.

Hasan, Aznan(2003). "An Introduction to collective Ijtihad (Ijtihad Jama'i): concept and applications", The American Journal of Islamic Social Sciences. 20:2.

Kamali M. H. Abbreviation of Principles of Islamic Jurisprudence(I , II).

Khan, Hamid(2013). Islamic law, International network to promote the rule of law(INPROL).

Maghniyyah, Muhammad Jawad(2003). The five schools of Islamic law, Ansariyan Publications.

Makdisi, George(1979). "The Significance of the Sunni Schools of Law in Islamic Religious History", International Journal of Middle East Studies 10-1, Cambridge University Press.

Martin Richard C.(2004). Encyclopedia of Islam and the Muslim world, Macmillan Reference.

Miftah, A. A.(2014). "Refusal on Qiyas and implications for development contemporary Islamic law(Study on the Ibn Hazm critics to Qiyas)", International Journal of Innovation and Applied Studies, vol. 8, No. 8.

Moghul, Umar F.(1999). "Approximating certainty in ratiocination: How to ascertain the 'Illah(Effective cause) in the Islamic legal system and how to determine the Ratio decidendi in the Anglo-American common law", The Journal of Islamic Law 125(Fall/Winter).

Montgomery, Watt W.(1958). Islamic philosophy and Theology, Edinbrugh University Press.

Noorzoy, M. Siddieq(1982). "Islamic laws on Riba(Interest) and their economic implications", International Journal of Middle Eastern Studies 14, No.1, 3-17.

Okon, Etim E.(2012). "The sources and schools of Islamic jurisprudence", American Journal of social and management sciences 3-3.

Philips, Abu Ameenah Bilal(2007). Usool al-Hadeeth: The methodology of Hadith evaluation, International Islamic Publishing House.

Sharif, Muhammad Junaid&Ijaz, Muhammad(2014). "Madhhab in Islamic law and the dissemination of Sunni's legal text", VFAST 5-2.

Watt, W. Montgomery(1985). Islamic philosophy and Theology, Edinburgh University Press.

Zaman, M. Raquibuz(2008). "Usury(Riba) and the place of bank interest in Islamic banking and finance", International Journal of Banking and Finance Vol.6, No.1, 1-15.

Zarabozo, Jamaal al-Din M.(2000). The authority and importance of the Sunnah. Al-Basheer Publications &Translation.

〈인터넷 자료〉

"비드아". http://en.wikipedia.org/wiki/Bid%E2%80%98ah(검색: 2015.02.02).

"지하드", 네이버지식백과(두산백과) (검색: 2015.12.14). Abdul Wadud. Quranic Laws, https://deenrc.files.wordpress.com/2008/03/quranic-laws-by-ga-parwez.pdf(검색: 2015.12.07).

한겨레신문, "이혼이야! 남편이 세 번 외치면 이혼, 마침내 폐지될까"(검색: 2015.08.11).

"Bid'ah", https://www.britannica.com/topic/bidah(검색: 2017.06.12).

"The rule of Qiyas: Its meaning, justification, types, scope, application, feasibility and reform proposals"http://ufaoil.blogspot.kr/2008/02/rule-of-qiyas-its-meaning-justification_09.html(검색: 2017.05.23).

Al-Haj, Hatem. Abbreviation of principles of Islamic Jurisprudence. Part 2. http://d1.islamhouse.com/data/en/ih_books/parts/Principles_of_Islamic_Jurisprudence/en_Principles_of_Islamic_Jurisprudence_Part_2.pdf(검색: 2016.01.05).

Amanullah, Muhammad(2010). "Possibility of conducting Ijma' in the contemporary world", http://irep.iium.edu.my/620/1/Article_on_Ijma%60.Pdf (검색: 2016.01.04).

David, F. Forte. "Islamic Law and the Crime of Theft", http://works.bepress.com/david_forte/20/(검색: 2015.03.30).

Ebrahim Desai. "Introduction to Hadith", www.al-inaam.com(검색: 2016.03.06).

Farooq, Mohammad Omar(2006). "Qiyas(Analogical Reasoning) and Some Problematic Issues in Islamic law", https://www.google.co.kr/?gws_rd=cr&ei=rxGAUtGVLoG-kAWn5oF4(검색: 2017.05.28).

Farooq, Mohammad Omar(2006). "Riba, Interest and Six Hadiths", https://papers.ssrn.com/sol3/papers.cfm?abstract_id=15287709(검색: 2017.09.06).

Farooq, Mohammad Omar(2006). "The Doctrine of Ijma: Is there a consensus?", http://www.google.co.kr/(검색: 2015.01.01).

Hannan, Shah Abdul(1999). "Usul al Fiqh(Islamic Jurisprudence)", ttps://thequranblog.files.wordpress.com/2008/06/usul-al-fiqh.pdf(검색: 2016.01.28).

Hasan, Ahmad (1983). "The critique of Qiyas", Islamic Studies 22:3.

Hassan, Suhaib. "Introduction to the science of Hadith Classification". https://asimiqbal2nd.files.wordpress.com/2009/06/scieceofhadith-suhaibhassan.pdf(검색: 2016.08.31).

Islam International Publications(1998). 『코란』, Seoul: Po Chin Chai Printing Co., LTD. http://www.parwez.tv/ebooks/qurani%20qawaneen/qurani%20qawaneen.html(검색: 2015.12.19).

Joseph David. "Legal reasoning(Ijtihad) and judicial analogy(Qiyas) in Jewish and Islamic jurisprudential thought", http://www.law.nyu.edu/sites/default/files/upload_documents/grfdavidpaper.pdf(검색: 2017.05.31).

Joseph David. "Legal reasoning(Ijtihad) and judicial analogy(Qiyas) in Jewish and Islamic jurisprudential thought", http://www.law.nyu.edu/sites/default/files/upload_documents/grfdavidpaper.pdf(검색: 2017.05.31).

Kamali, M. H,. Abbreviation of principles of Islamic jurisprudence(part2), https://d1.islamhouse.com/data/en/ih_books/parts/Principles_of_Islamic_Jurisprudence/en_Principles_of_Islamic_Jurisprudence_Part_2.pdf(검색: 2017.05.24).

Khaddur, Majid. Al-Risalah (fi Usul al-Fiqh). http://www.razvinetwork.net/Books/ENGLISH%20BOOK'S/Shaafi_Risaala_fi_Usul_al_Fiqh.pdf(검색: 2016.08.31).

Mohammad Raqi(2008). "Riba in Islam", http://www.kantakji.com/media/3012/p205.pdf(검색: 2017.09.06).

Shehab, Wael (2013). "Modern Zahirists: Features and methods", http://www.onislam.net/english/shariah/contemporary-issues/islamic-themes/449846-literalists-approach-and-complications-part-2.html(검색: 2015.08.20).

Zacharias, Diana (2006). "Fundamentals of the Sunni schools of law", http://zaoerv.ce/(검색: 2015.08.27).

"A comparative study of the Iddah(Waiting period) in Iran jurisprudence and the laws of other countries", http://www.irjabs.com/files_site/paperlist/r_1676_131014110236.pdf(검색: 2016.11.19).

"Amman Message". http://ammanmessage.com/index.php?option=com_content&task=view&id=99&Itemid=64(검색: 2015.08.20).

"Hadith", http://sunnah.com/(검색: 2017.07.10).

"Halal and Haram foods in Quran", http://parsquran.com/eng/subject/halal.htm(

검색: 2016.10.23).

"Halal Meat: The Quranic truth", http://submission.org/halal_meat.html(검색:2016.10.23).

"Importance of following the Sunnah", http://harunyahya.com/en/Articles/3471/importance-of-following-the-sunnah(검색: 2014.09.02).

"Importance of the Sunnah", http://www.wisdom.edu.ph/Sunnah/3SunnahImprotance.htm(검색: 2014.07.08).

"Koran", http://www.holyquran.net/(검색: 2017.06.25).

"madhhab". https://en.wikipedia.org/wiki/Madhhab(검색: 2015.08.20).

"Muwatta". https://en.wikipedia.org/wiki/Muwatta(검색: 2015.09.02).

"Notes on Ibn Hazm's rejection of Analogy(Qiyas) in matters of religious law", http://i-epistemology.net/v1/attachments/321_V2N2%20December%2085%20-%20F%20Abdallah1%20-%20Notes%20on%20Ibn%20Hazm%20Rejection%20of%20Analogy.pdf(검색: 2017.05.23).

"Qiyas(Analogical Deduction)", https://thequranblog.files.wordpress.com/2010/04/qiyas.pdf(검색: 2017.05.29).

"Qiyas", https://en.wikipedia.org/wiki/Qiyas(검색: 2017.05.28).

"Role of Messenger", http://scanislam.com/articles/role-of-messenger-sas/(검색: 2014.09.02).

"The 'iddah of a woman divorced by talaaq", https://islamqa.info/en/12667 (검색: 2016.10.24).

"The authority of Sunnah", Usmani, Muhammad Taqi, http://www.central-mosque.com/(검색: 2014.07.09).

"The Sunnah: the second source of legislation", http://islamweb.net/emainpage/index.php?page=articles&id=151024(검색: 2014.07.08).

"Understanding Illah(legal reason) and Qiyas(analogy)", http://islamicsystem.blogspot.kr/2005/12/understanding-illah-legal-reason-and.html(검색: 2017.05.23).

"What is the clear difference between consensus and analogy", https://islamqa.info/en/202271(검색: 2017.05.28).

"What is the objective of iddat in muslim law?", https://www.quora.com/What-is-the-objective-of-iddat-in-muslim-law(검색: 2016.11.14).

"Zahiri's views". https://en.wikipedia.org/wiki/Dawud_al-Zahiri(검색: 2015.09.21).

찾아보기

키타불히크마HK총서 05

샤리아, 알라가 정한 길

등록 1994.7.1 제1-1071
1쇄 발행 2018년 7월 15일
2쇄 발행 2019년 12월 25일

지은이 임병필
펴낸이 박길수
편집장 소경희
편 집 조영준
관 리 위현정
디자인 이주향
펴낸곳 도서출판 모시는사람들
　　　03147 서울시 종로구 삼일대로 457(경운동 수운회관) 1207호
전 화 02-735-7173, 02-737-7173 / 팩스 02-730-7173
홈페이지 http://www.mosinsaram.com/

인 쇄 천일문화사(031-955-8100)
배 본 문화유통북스(031-937-6100)

값은 뒤표지에 있습니다.
ISBN 979-11-88765-20-1　　04340
세트 978-89-97472-21-5　　04340

이 도서의 국립중앙도서관 출판예정도서목록(CIP)은 서지정보유통지원시스템 홈
페이지(http://seoji.nl.go.kr)와 국가자료공동목록시스템(http://www.nl.go.kr/
kolisnet)에서 이용하실 수 있습니다.(CIP제어번호: CIP2018018039)

** 이 저서는 2010년 정부(교육과학기술부)의 재원으로 한국연구재단의 지원을
　받아 수행된 연구임(NRF-2010-362-A00004).